KB040511

리더라면 정조처럼

리더라면 정조처럼

정조대왕의 숨겨진 **리더십 코드** 5049

김준혁 지음

더봄

正祖大王 御眞

정조 표준영정(수원시 제공)

프롤로그

오늘날 우리는 융복합 시대에 살고 있다. 다양한 문화와 사상이 소통하고 과학과 인문학이 만나 새로운 문화를 창조하는 시대가 온 것이다. 그런 측면에서 보면 본격적으로 다가올 융복합의 시대는 참으로 멋진 세상이 될 것이다. 그런데 한편으로 우리 시대는 소통이 존재하지 않는 시대이기도 하다. 계층 간의 불화, 지역 간의 불화, 정치의 불화, 나아가 남북 간의 불화로 소통이 이루어지지 않는 현실 속에 살고 있다. 한쪽에서는 융복합의 시대라고 하고, 다른 한쪽에서는 불통의 시대라고 하고 있다.

그렇다면 우리는 어떠한 시대를 만들어야 하는 것일까? 당연히 소통이 원활한 시대를 만들어야 할 것이다. 모든 사람들이 소통하여 근원적 불신을 해소하고 서로를 돕고 살아갈 수 있는 시대를 만들고자 하는 것이 우리가 이 땅에서 이루어내야 할 진정한 과제가 아닐까. 그 목표를 위해 한 역사적 인물의 소통 방법과 리더십을 배우고 익힌다면 이 어려운 시기도 능히 헤쳐 나갈 수 있을 것이다. 그에 가장 들어맞는 모델은 바로 조선 후기의 개혁군주 정조正祖이다.

정조는 비극적인 개인의 삶을 뛰어넘어 역사에 이름을 남긴 훌륭한 군주로서의 삶을 살았다. 그는 아버지 사도세자의 죽음 이후 자신에 대한 반대 세력들의 온갖 음모와 폐출 위기를 겪었고, 나아가 국왕이 된 이후에도 1777년(정조 1) '존현각 시해기도사건'(정유역변) 등 숱한 죽음의 위기를 맞이하였다. 그럼에도 불구하고 정조가 당대 개혁군주로서 한 시대를 이끌고, 현재까지 우리 역사상 최고의 지도자로 인정받는 것은 그만이 가지고 있던 특별한 리더십과 정치적 기술이 있었기 때문이다.

아무리 사소한 행동이라 해도 군주의 사적 행위는 곧 공적 행위일 수 있다. 그렇기 때문에 정조는 말과 행동에 있어 매사 신중하고, 늘 근엄함을 잃지 않았다. 정조는 신료들에게 늘 '사중지공私中之公, 손상익하損上益下'를 강조했다. 사적인 일로부터 시작하지만 반드시 공적인 것으로 연결되도록 강조했고, 윗사람은 덜 가져도 아랫사람에게 더 많은 이익이 돌아가야 한다고 했다. 공적인 일을 하면서 사적인 이익을 취하는 사람들, 그리고 이익을 얻었을 때 함께한 이들에게 고른 분배를 하지 않고 독식하려는 사람들이 있어서는 안 된다는 것이다.

정조는 소통을 중요시했고, 군신공치君臣共治를 내세우며 신하들과 함께 국정을 운영하였다. 국왕으로서 사적인 이익을 철저히 배제하고 오로지 공적인 이익만을 추구하며, 누구보다 따스하면서도 친인척과 측근들의 잘못은 추상같이 다스리는 위엄도 보여주었다. 특히 그는 군주로서 엄청난 양의 정무를 소화하면서도 학문에 소홀하지 않았고, 신체 단련도 충실히 했다.

또한 불교와 도교, 그리고 서학西學을 이단으로 규정하고 무조건 배척당하던 그 시대에 정조는 성리학만이 세상을 움직이는 사상은 아니라고 단호히 이야기했다. 성리학, 그것도 주자 성리학을 이야기하지 않으면 사문난적斯

文亂賊이라고 배척하고 죽이던 그 시절에 군사君師를 자처했던 조선 역사상 최고의 유학자 군주가 또 다른 사상과 종교를 인정한 것이다. 그러한 정조의 정신은 보다 높은 단계의 실학으로 발전하였고, 정조시대 조선의 문화는 세계적인 수준으로 발전했다.

길을 나서서는 백성들의 억울함을 들어주고 스스로 공부한 의학지식을 가난한 백성들을 위하여 사용하며, 외세의 침입을 막고 강력한 군사력을 키우기 위해 스스로 병법과 무예를 익혔다. 이러한 솔선수범과 소통의 리더십은 관료와 양반사대부 그리고 백성들을 감동시켜 우리 역사상 가장 위대한 진경문화의 시대를 만들어냈다. 그래서 정조는 늘 우리에게 존경의 대상이고 새로운 시대를 만들어내고자 하는 이들의 모델이 됐다.

현재 대한민국을 이끌어가는 리더인 문재인 대통령도 정조의 영향을 많이 받았다. 실제로 지난 19대 대통령 선거 당시 마지막 TV 연설에서 문재인 후보는 자신이 대통령이 된다면 정조의 개혁정책을 계승하겠다고 밝힌 바 있으며, 문재인 정부가 추진하는 대부분의 정책 역시 정조의 개혁정책을 계승하는 것이라 해도 과언이 아니다.

한편 정조는 조선 역사상 매우 특별한 신궁神弓이었다. 그가 활을 쏠 때면 50발 중 49발을 쏘아 명중시켰다. 그런데, 마지막 한 발은 과녁을 향해 쏘지 않고 허공으로 날리곤 했다. 초정 박제가는 그의 문집에서 정조가 50발 중 49발을 쏜 것은 겸양하기 위함이라고 하였다. 50발을 모두 명중시킬 수 있었으나 스스로 겸손하기 위해 마지막 한 발을 쏘지 않은 것이라는 것이다.

하지만 필자가 생각할 때 정조의 본 의도는 그것이 아니라고 본다. 여기에는 주역周易에 통달했던 정조의 깊은 뜻이 숨어 있다. 주역 점占을 칠 때는 보통 시초蓍草라고 하는 50개의 산가지를 사용하는데, 그중 1개는 태극太極

을 상징해 사용하지 않고 49개의 산가지만 가지고 주역 점괘를 뽑는다. 그리고 그 점괘를 통해 세상의 이치와 변화의 숨은 뜻을 찾아낸다. 정조는 여기에 착안해 50개의 화살을 들고 다녔고, 마지막 1발의 화살을 제왕의 산가지로 여겨 아예 사용하지 않은 것이다. 여기에 바로 '정조의 리더십 코드 5049'가 숨겨져 있다.

그래서 이 책에서는 정조의 리더십 코드인 '5049'의 의미를 담아 그의 생애와 국가 지도자로서의 리더십을 49가지로 정리해 독자들에게 제시하고자 한다. 정조의 리더십은 비단 봉건왕조 시대에 통용됐던 군주로서의 리더십이 아니라 21세기 통일한국을 준비하는 대한민국의 모든 분야에 응용될 수 있는 리더십이라고 생각하기 때문이다.

이 책은 개인적으로 필자의 '정조 시리즈' 3부작의 완결편이기도 하다. 1부는 정조 개혁의 상징인 화성 건설의 역사적 의미를 담아낸《화성, 정조와 다산의 꿈이 어우러진 대동의 도시》이고, 2부는 정조의 군사개혁의 핵심인 장용영의 창설과 의미를 밝힌《정조가 만든 조선의 최강 군대─장용영》이다. 이제 마지막 작품인《리더라면 정조처럼》을 통해 국가의 지도자는 어떻게 행동해야 하는가를 집중적으로 이야기하고자 한다. 이 책을 통해 독자들이 온갖 어려움을 극복해낸 정조의 리더십을 이해하고 새로운 미래를 만들어가는 리더로 성장하는 데 조금이나마 도움이 되길 바란다.

2020년 6월, 수원화성 홍재연구소에서
김준혁

차례

1장

공부하는
군주

홍재전서(수원화성박물관 소장, 경기도유형문화재 제292호)

학문을 사랑한 정조의 시문집 100책.

01

엄청난 독서를 통해
지식을 넓히다

지식이 많다는 것은 비단 리더만이 아니라 누구에게나 장점이 된다. 리더라면 남들에 비해 더 많은 지식과 정보를 가지고 있는 것이 큰 도움이 될 것이다. 그러한 지식과 정보를 통해 조직을 이끌어 갈 수 있기 때문이다. 그러나 지식은 그냥 얻어지는 것이 아니다. 지식을 얻기 위한 부단한 노력이 있어야만 가능하다. 끊임없이 독서를 하고 새로운 정보를 얻고자 하는 노력을 해야 한다.

정조는 천성적으로 책을 통해 지식 얻기를 좋아한 것도 있지만 스스로 노력도 엄청나게 했다. 정조는 어린 시절부터 공부하는 것을 게을리 하지 않았다. 할아버지 영조가 감탄할 정도였다. 아들인 사도세자가 공부를 하지 않은 것에 반해 손자가 독서에 집중하니 얼마나 좋았겠는가?

《정조 행장》에 영조가 손자인 정조가 얼마나 책을 많이 읽는지에 대해 이야기하는 부분이 있다.

"세손의 성품이 보통과는 아주 달라 털끝만큼도 법도를 이탈하려는 생각이 없는 사람이다. 금원禁苑에 꽃이 필 때도 나를 따라서가 아니고는 한 번도 구경 나가는 일이 없고 날마다 독서가 일인데, 그것은 그렇게 하려고 노력해서 그러는 것이 아니다."

영조는 손자인 정조가 독서를 열심히 하는 것은 단순히 책을 읽어야 한다는 의무감으로 읽는 것이 아니라 천성적으로 책을 좋아하는 것이라고 말하고 있다. 영조는 나이가 먹은 이후 병치레가 많았다. 정조는 할아버지 영조의 병간호를 위해 늘 옆에 있었다. 영조가 마시는 탕약은 거의 정조가 올렸다. 그러다가 영조가 조금이라도 나아지면 자신의 처소로 가서 서연書筵을 열었으며, 언제든지 영조가 깊이 잠들기를 기다렸다가 새벽이 되도록 촛불을 밝히고 책을 읽고 글씨 연습을 했다. 그리고 다시 닭이 울어 날이 환해지면 영조의 병간호를 하러 갔다. 이처럼 정조는 영조의 병간호 중에도 공부를 게을리 하지 않았다.

《정조 행장》에 보면 정조가 어린 시절 얼마나 엄청나게 책을 읽었는지에 대한 이야기가 나온다. 5~6세 된 정조가 얼마나 책을 많이 읽는지 사도세자와 혜경궁은 잘 알고 있었다. 부부는 아들이 공부를 열심히 하는 것이 대견스럽기도 했지만 한편으로는 어린 아들이 너무 공부를 하다가 병이 날까 걱정을 했다. 그래서 해가 지면 책을 읽지 않고 잠을 자게 하려고 저녁에 촛불을 켜지 못하게 했다. 정조는 너무도 책을 읽고 싶어 방문을 이불로 가려 촛불 빛이 새나가지 못하게 하고 책을 읽었다. 흡사 세종이 어린 시절 너무 책을 읽어 태종과 원경왕후가 아들의 방 안에 있는 책을 모두 빼냈는데, 그중 책 한 권이 병풍 뒤에 있어 세종이 그 책을 백번도 더 읽었다는 이야기와 유사하다. 가히 독서왕이라는 이름이 붙을 만하다.

조선의 국왕이 된 후에도 정조의 책 읽기는 지속되었다. 신하들은 정조가 건강을 해칠까 염려하여 더 이상 책을 보지 말라고 건의하자고 했다. 그러나 정조는 환관이나 궁녀들과 노닥거리기보다는 사대부들과 더불어 경전을 논의하고 함께 책읽기를 즐겼다. 책을 읽다 보면 자신의 마음에 꼭 드는 말을 발견하곤 했는데 이때마다 피곤함을 잊고 다시 책을 보았다.

그렇다면 정조의 독서법은 어떠한가?

정조는 어린 시절부터 반드시 책을 두 번씩 보았다. 이는 정조와 혜경궁의 기록으로 알 수 있다. 혜경궁은 어린 시절 정조가 책을 다 읽으면 떡을 해서 나누어 주었다. 일종의 책거리를 해준 것이다. 정조는 일단 책의 전체적인 내용을 한 번 익히고, 두 번째로 다시 정독을 해서 그 책이 갖고 있는 내용을 깊이 파악하는 방법을 취했다. 이는 혜경궁인 어머니로부터 배운 독서법이라고 할 수 있다. 어려서부터 그런 독서법을 하다 보니 성인이 되어서도 자연스럽게 그런 독서법이 몸에 배었다.

정조는 글을 읽을 때 미리 계획을 세워두고 읽었다. 그렇게 하지 않으면 국정을 보다가 시간이 부족해서 읽고자 했던 글을 읽을 수 없기 때문이었다.

《일득록》日得錄에 "나는 하루에 어떤 글을 몇 번 읽고, 어떤 글을 몇 줄 읽는다고 반드시 과정을 정해 놓고서 아무리 바쁘더라도 그만둔 적이 없다. 이는 문자文字 공부에 유익할 뿐 아니라 마음을 잡는 공부도 된다. 승지가 승정원에 있을 때라도 공무를 보는 여가에 매일 일정한 규식을 두어 글을 보면 비록 정신을 오로지하여 공부하는 것만은 못하지만 전혀 하지 않는 것보다는 오히려 나을 것이다." 했다.

정조는 이처럼 독서에 대해 매우 근면한 태도를 취했다. 미리 계획해놓은 책 분량을 반드시 읽어야 한다는 것은 어찌 보면 강박증일 수도 있겠지만 신하들과 국가의 통치를 위해 군주가 더욱 많은 지식을 얻어야 한다는 리더로서의 책임감이 있었던 것이다.

정조는 여인들과 놀고 즐기는 것을 좋아하지 않고 정무를 끝낸 여가 시간에 홀로 책읽기를 즐겼다. 어린 시절에는 사서삼경 중 경전 공부에 충실했고, 동궁으로 있는 동안에는 역사공부에 치중했다.

"제왕帝王의 학문은 응당 경전經傳을 위주로 해야 하지만, 역사책 역시 우선적으로 익숙히 읽어야 할 것이다. 성스럽고 명철한 제왕의 치법治法과 정책, 이름 있는 신하와 훌륭한 보좌輔佐의 크나큰 공렬을 어릴 때에 익혀서 알지 않으면 안 된다."

"역사책은 보지 않으면 안 된다. 선한 일을 보면 문득 감동하는 바가 있고, 악한 일을 보면 문득 경계하고 두려워하는 마음을 갖게 된다. 당唐나라는 환시宦侍 때문에 망했으니 경계하여 멀리하고, 송宋나라는 소인小人 때문에 망했으니 거울삼아 물리친다. 나라를 다스리는 도道는 생각이 반이다. 그러나 말하는 것이 어려운 것이 아니고 실행하는 것이 어려운 것이다."

정조가 얼마나 역사공부를 중요시 여겼는지 알 수 있는 대목이다. 역대 국왕들의 제왕학 교육의 70%가 역사교육이다. 정조의 말대로 역사교육은 역대 제왕들의 국가 운영과 정책 그리고 뛰어난 신하들의 이야기를 알 수 있기 때문에 현실의 정책 추진에 가장 중요한 기반이 된다. 현재 대한민국의 대기업 신입사원 논술고사에 한국사를 주제로 시험이 치러지는 것도 이제 기업들이 역사의 중요성을 알게 되었기 때문이다.

정조는 국왕이 된 이후에는 실용적인 학문에 힘써 독서를 했다. 당대 백성들 사이에는 중국에서 들어온 《서유기》, 《홍루몽》, 《금병매》 등 패관문학이 인기를 끌었으나 이러한 책들은 비실용적인 책이기에 정조는 한 번도 읽으려고 하지 않았다.

정조는 독서를 함에 있어 글 뜻을 깊이 음미하려면 참을성 있게 독서를 해야 하는데 이를 잘 기억하려면 반드시 기록해 놓아야 한다고 했다. 자신이 어떤 책을 읽고 어떤 대목에 감동받았는지, 혹은 깊이 생각할 내용이 무엇인지 기록을 했다. 그 기록들의 상당수가 그의 문집인《홍재전서》에 수록되어 있다.

"요즈음은 평소에 독서하는 사람이 드무니, 나는 이 점이 무척 이상하게 생각된다. 세상에 책을 읽고 이치를 연구하는 것만큼 아름답게 여길 만하고 귀하게 여길 만한 일이 어디 있겠는가. 나는 일찍이 '경전을 연구하고 옛날의 도를 배워서 성인聖人의 정미精微한 경지를 엿보고, 널리 인용하고 밝게 분변하여 천고千古를 통해 판가름 나지 않은 안건에 대해 결론을 내리며, 호방하고 웅장한 문장으로 빼어난 글을 구사하여 작가作家의 동산에서 거닐고 조화造化의 오묘함을 빼앗는 것, 이것이야말로 우주 간의 세 가지 유쾌한 일이다'라고 생각했다. 이것이 어찌 과거科擧에 응시하기 위해서 하는 공부나 옛사람의 글귀를 따서 시문詩文을 짓는 학문과 견주어 논의할 수 있는 바이겠는가. 그러나 애석하게도 습속習俗이 이미 고질화되어 말로 해서 돌이킬 수가 없다."

정조는 독서에 있어서는 많은 책을 읽는 것이 중요한 것이 아니라 정밀하고 치밀하게 읽는 것이 중요하다고 했다. 그리고 신기한 것을 보려고 힘쓸 것이 아니라 평상적인 것을 보아야 한다고 했다. 정밀하고 치밀하게 읽다 보면 절로 환히 깨닫는 곳이 있고, 평상적인 내용 중에 자연히 오묘한 부분이

들어 있다는 것이다. 정조는 당대의 사대부들이 책을 읽을 때 대부분 많이 보려고만 들고 치밀하게 읽는 데는 힘쓰지 않으며, 신기한 것만 좋아하고 평상적인 것은 달가워하지 않기 때문에 도道를 얻을 수 없는 것이라고 안타까워했다. 많은 책보다도 한 권을 깊이 있게 읽어 그 안에서 저자가 이야기하는 세상의 진리를 얻는 것이 중요하다고 본 것이다.

그러기 위해서 정조는 책을 읽을 때는 먼저 대요大要를 파악하라고 했다. 대요를 파악하면 만 가지 현상이 하나의 이치로 꿰어져서 반만 노력하고도 효과를 배로 거둘 수 있지만, 대요를 파악하지 못하면 모든 사물이 서로 연관되지 않아서 종신토록 힘써 외우고 읽어도 이루는 바가 없게 된다는 것이다. 참으로 독서에 대한 이치를 알고 있는 것이다.

정조는 책을 읽는 독특한 방식이 있었던 듯하다. 그는 늦은 밤 글을 읽을 때 무릎을 쳐서 장단을 맞추어 가며 글을 읽었다. 음률을 적용하여 읽었던 듯하다. 이렇게 읽다 보면 음악을 연주하는 분위기가 된다고 했다.

여름 더위를 식히는 방법도 독서가 가장 좋고 깊은 겨울밤 적막할 때도 책을 읽으면 좋다고 했으니 천생 독서광이었다고 할 수 있다

정조는 신하들에게 독서의 중요성을 다음과 같이 강조했다.

"뜻은 배움으로 인하여 확립되고, 이치는 학문으로 인하여 밝아진다. 독서의 공부에 힘입지 않고도 뜻이 확립되고 이치에 밝은 사람이 있다는 말을 나는 들어보지 못했다."

세상의 이치를 알고 백성을 위한 정치를 하려면 반드시 실용적인 독서를 해야 한다는 것이 정조의 생각이었다.

오늘날 이 땅의 리더들은 얼마나 많은 책을 읽고 있을까? 지금은 책을 읽는 시대가 아니라 유튜브를 통해 지식을 얻는 시대로 변했다. 이것이 시대의 대세이니 어찌 막을 수 있겠는가? 그러나 유튜브를 통해 영상으로 만나

는 지식과 깊은 밤 홀로 앉아 종이책을 읽으며 깨닫는 지식은 비교할 수 없다. 세상을 이끌어나가고 싶은 리더들은 반드시 정조처럼 역사공부를 기본으로 실용적인 책을 선택하고 정밀하게 책을 읽고 자신이 읽은 것을 기록하여 그 지식을 자신의 것으로 만들기 바란다. 그리고 그 지식을 세상을 위해 사용하기 바란다.

02

끊임없이 공부하여
군사^{君師}의 지위를 얻다

아마도 우리 역사에서 정조처럼 어렵게 국왕이 된 사람은 없을 것이다. 아버지 사도세자의 죽음은 단순히 사도세자 개인만의 죽음이 아니었고 아들인 정조에게도 큰 부담을 주는 것이었기 때문이다. 아들을 미워한 영조는 사도세자가 죽은 이후 무려 13년간이나 세손인 정조를 사도세자의 묘소에 참배하지 못하게 했다. 이렇듯 영조의 사도세자에 대한 미움은 컸다. 그 미움의 근원을 들여다보자면 아마도 아들이 자신의 뜻을 어기고 제왕학 공부를 하지 않은 것이 일차적인 것이고, 이차적인 것은 자신에 대한 정치적 지지를 충분히 하지 않는 소론과 연대를 하고 있었기 때문이라고 할 수 있다. 여기에 더해 사도세자가 자신을 죽이고 국왕이 되려 했다는 나경언의 상소를 믿었다. 즉 아들이 아비인 자신을 죽이려 했다는 거짓정보가 영조를 분노하게 했고, 그 결과 사도세자의 명예를 회복시키는 일은 이루어지기 힘들었다.

이러한 저간의 사정을 꿰고 있는 노론 입장에서는 정조가 조선의 국왕으로 등극하는 것을 원하지 않았다. 영조가 1775년(영조 51) 동궁인 정조에게 대리청정을 시키려 하는 것을 끝까지 막으려 했던 것도 정조가 국왕이 되는 것을 원하지 않았기 때문이다.

그래서 이들은 정조의 국왕 등극을 막을 명분을 찾고자 했다. 그것이 바로 '팔자흉언'八字凶言이다. 《영조실록》이나 《정조실록》에 단 한 번도 등장하지 않은 이야기, 아니 《승정원일기》나 《비변사등록》에도 단 한 번도 등장하지 않은 이야기가 바로 '팔자흉언'이다.

'팔자흉언'이란 말 그대로 8글자로 된 흉측한 이야기다. '역적지자 불위군왕'逆賊之子 不爲君王 혹은 '죄인지자 불위군왕'罪人之子 不爲君王이 바로 팔자흉언이다.

다시 말해 역적의 아들인 정조는 국왕이 되어서는 안 된다는 것이다. 사도세자가 역적으로 죽었기 때문에 그의 아들인 정조는 절대 국왕이 되어서는 안 된다는 말이다. 이 말을 퍼뜨린 사람들은 당연히 사도세자를 죽인 세력들이었을 것이다. 일국의 왕세자를 죽일 정도의 세력이라면 이들은 엄청난 힘이 있는 이들이리라. 국왕을 거의 허수아비로 두고 나라의 정치, 경제, 사회, 문화 모든 부분을 장악하고 있었을 세력이다. 이들 세력에 대항한다는 것은 결코 쉬운 일이 아니었다.

정조가 즉위한 후에 자객들이 경희궁 존현각에 침입하여 정조를 죽이려 한 사건부터 정조의 왕세자인 문효세자의 죽음, 그리고 구선복의 모반 사건 등을 통해 정조를 시해하여 권력을 장악하고자 하는 노론 세력들의 의지가 얼마나 강했는지를 알 수 있다.

이러한 것을 타파하기 위해서 정조는 자신에 대한 정통성을 세우는 것이 무엇보다 중요했다. 이를 위해 정조는 자신이 신하들보다 학문적 우위에 있어야겠다고 생각했다.

조선시대 관료들은 모두 사대부 출신들이다. 사대부 출신들은 거의 대부분이 문과에 합격하기 위해 경학經學 공부에 충실했다. 경전 공부를 하지 않고는 과거시험을 볼 수 없기 때문이다. 경전 공부만 한다고 과거에 합격하는 것은 절대 아니다. 과거를 보기 위해서는 반드시 '과문'科文을 공부해야 한다. 아주 쉽게 이야기하자면 철학 공부나 문학 공부 혹은 경전 공부를 아무리 많이 했다 하더라도 행정고시나 외무고시, 사법시험 등에는 합격할 수 없다. 학문적으로 높은 성취에 이른 것과 요즘의 국가고시에 합격하는 것은 차원이 다르다. 서울대학교 법대 교수들 중에서 사법시험에 합격하지 못한 교수가 있거나 행정학과 교수들이 행정고시에 합격하지 못하는 경우도 많다. 즉 시험 합격과 학문은 별개일 수 있다.

조선시대 역시 오늘날과 크게 다르지 않았다. 조선시대는 과거를 보기 위해 경전 공부를 하지 않고서는 과거시험 답안을 쓸 수가 없었다. 과거시험이 국가 정책을 제시하는 것이 대부분이지만 이를 답안지로 작성하기 위해서는 경전에 있는 성현의 온갖 말씀을 인용하면서 자신의 생각을 정리해야 하기 때문이다. 그렇기 때문에 조선시대 사대부들은 모두 학자들일 수밖에 없었다.

그렇기 때문에 조선시대 사대부들 대부분은 학문적으로 우위에 있는 사람을 존중하고 이들을 따랐다. 사제 관계와 학문의 도통道通이 만들어지는 이유가 여기에 있는 것이다. 학문적으로 우위에 있는 사람들이 보다 중요한 위치에서 정치적 영향력을 행사할 수 있는 것이 조선의 특징이기도 했다.

정조는 자신의 정통성이 취약한 것을 극복하기 위하여 학문의 우위로 신하들을 제압하기로 했다. 어려서부터 영조에 의해 착실하게 제왕학 교육을 받았고, 스스로가 학문연구를 즐겨했던 정조였기에 당대의 기라성 같은 학자들을 제압하는 것은 어렵지 않았다.

참으로 특이한 것은 조선시대 학자 관료들은 과거에 합격한 후부터는 공부를 하지 않는다는 것이다. 우리는 흔히 조선시대 관료들이라면 학자로서 끊임없이 공부할 것이라고 생각한다. 사대부라고 하면 관직에 나가지 않을 때는 '사士' 즉 선비이고, 관직에 나가면 '대부大夫가 되는 것이다. '대부'로 있다가 관직을 그만두면 '선비'로 돌아가는 것이기에 당연히 공부에 침잠할 것이라 생각하지만 당시의 현실은 그렇지 않았다. 우리가 알고 있는 매우 유명한 학자관료들은 관료로서의 역량도 뛰어났고, 학문적으로도 뛰어났는데 그런 이들은 소수에 불과했다.

정조는 이러한 사대부들의 이중성을 잘 알고 있었다. 그래서 정조는 자신이 이들을 교육하는 스승으로서의 역할을 하고자 했다. 그래서 문치文治의 나라 조선 그 자체를 이용하고자 했다.

조선시대는 국왕의 학문적 능력을 매우 중요시했다. 그래서 조선이 건국된 이후부터 조정에서는 경연제도經筵制度를 실시했다. '경연'이란 국왕이 신하들로부터 학문을 배우는 것이다. 국왕은 동궁 시절부터 스승을 두고 공부를 했다. 잘 알려져 있다시피 동궁 시절에 성균관에 입학을 하는 것이 기본이었고, 이때 성균관 대사성을 스승으로 삼기도 한다.

동궁시강원을 만들어 당대 최고의 학자 관료를 임명하여 그를 스승으로 삼는데, 그렇게 되면 평생 국왕의 은사恩師가 된다. 효종孝宗의 사부인 고산 윤선도와 우암 송시열이 그 대표적인 사례이다. 이처럼 동궁 시절부터 끊임없이 학문적 자질과 능력을 고취시키기를 요구하는 조선시대에 국왕은 경연을 통해 다양한 학문적 성과와 현실 정치에 대한 논의를 하고 지식을 얻었다. 이때 임금은 제자였고 유학에 능했던 엘리트 집단 출신의 신하들은 스승이었다. 유학의 경전을 텍스트 삼아 높은 학문과 식견을 지녔다고 인정받은 조정의 대신들이 임금에게 그 내용을 설명하거나 강의하는 것이 경연의 일반적인 풍경이었다. 그러니 경연제도는 사실상 신하들이 우위를 독점하는 시간이었다.

신하들의 질문과 가르침은 국왕에게 매우 큰 도움이 되기도 하지만 한편으로는 국왕의 왕권을 침해하기도 한다. 가르침을 받는 국왕의 입장이기 때문에 스승인 관료들을 함부로 대할 수 없기 때문이었다. 국왕은 비록 신분은 더할 나위 없이 고귀한 지존至尊이지만 조선의 임금은 끊임없이 학문을 닦고 가르침을 받아야 할 학생과 다름없었다.

그런데 정조는 이러한 관계를 역전시켜버렸다. 즉위 6년 후부터 경연시간을 유지하되 관료들에게 배우는 국왕의 모습이 아니라 가르치는 스승으로 변신한 것이다. 학문적으로 우위에 있는 그가 더 이상 신하들에게 배울 것이 없다고 하여 국왕이 신하들을 가르치는 시간으로 바꾸어버린 것이다. '군사'君師 즉 임금이자 스승이 된 것이다.

물론 영조도 '군사론'君師論을 추구했다. 동양의 가장 이상적인 국왕은 바로 '요순'堯舜이었다. 요임금과 순임금은 중국의 영향을 받는 국가에서는 가장 이상적인 군주였다. 정조도 요임금을 가장 이상적인 군왕으로 인정하고 이를 따르려 했다. 그 과정에서 나타난 것이 바로 화성華城이라고 했다. 화성의 이름은 요임금과 매우 밀접한 인연이 있고, 요임금의 수도와 같은 공간으로 만들기 위해 화성의 공간을 계획했다.

중요한 것은 바로 요임금과 순임금이 '군사론'을 바탕으로 정치를 한 인물들이라는 것이었다. 이들은 임금이자 스승으로서의 역할을 했다. 이후로는 주나라 문왕文王이 '군사론'을 계승하고 실천하였다.

영조는 요순과 주나라 문왕과 같은 군사론을 갖고서 자신의 취약한 정통성을 해결하고자 했다. 영조 역시 경종景宗을 죽이고 조선의 국왕이 되었다는 콤플렉스가 있었고, 자신이 국왕으로 등극하는 데 결정적 지원을 한 노론 세력으로부터 왕권을 강화하기 위해 '군사론'을 내세워 강력한 국왕이 되고자 했다. 그래서 영조는 더욱더 사도세자의 학문적 능력을 키우기 위해 가혹하리만큼 공부를 강요한 것이다. 그러나 영조는 학문적 자질과 능력 그리고 끊임없는 노력을 했음에도 군사로서의 모습을 확고히 보여주지 못했다. 신하들의 대응이 너무도 강했기 때문이다.

정조는 할아버지 영조의 내력을 알고 있었기에 신하들의 학문적 반격에 대한 대비를 했다. 유교 경전만이 아니라 다양한 학문을 공부한 그는 자신감이 충만하여 거칠 것이 없었다. 당대 최고라고 인정되는 학자들과의 대화에서도 전혀 모자람이 없고 더 나아가 충분히 제압할 수 있다고 판단한 그는 경연 시간을 자신이 신하들을 가르치는 시간으로 전면 재조정했다. 이 부분에 대하여 일부 반발은 존재했지만 어느 누구도 그 시간을 다시 되돌리지 못했다.

정조의 문집인 《홍재전서》弘齋全書의 상당 부분이 바로 신하들을 가르친 내용이다. 신하들에게 과제를 주고 그 과제에 대한 신하들의 견해를 수정해주거나 보완해주는 스승으로서의 모습이 대부분이다. 이처럼 학문적인 우위에 서서 군사로서의 역할을 하게 되자 취약한 정통성은 사라지게 되었고, 정조의 리더십은 이때부터 강력해지기 시작했다. 정조의 군사론은 성공한 것이다.

현대의 리더들 역시 자기가 정통한 분야 혹은 자신이 주도하는 분야에 대한 확고하고 뛰어난 지식을 갖고 있어야 한다. 자신이 제대로 알고 있지 못하면 아랫사람들에게 정당한 대우를 받지 못하게 된다. 예전처럼 대표라는 이름으로 모든 것을 해결하고 조직을 이끌어 나갈 수는 없다. 정조처럼 자신의 정통성과 리더십을 위해 끊임없이 공부를 하고 그 공부를 바탕으로 우위에 서야 한다.

03

무예 수련으로
신체를 단련하다

리더는 신체적으로 건강할수록 좋다. 신체가 강건하지 않다고 해서 리더가 될 수 없는 것은 아니나 가급적 건강하면 더욱 좋다는 것이다. 강건한 육체가 없다면 자신이 하고자 하는 일을 계획대로 추진하지 못하는 경우가 많게 된다. 대표적인 사례로 애플의 창업자 스티브 잡스가 암에 걸려 상대적으로 건강하지 못했기 때문에 더 나아갈 수 있었음에도 멈춰야 했던 것을 우리는 잘 알고 있다.

만약 세종이 건강했다면 아마도 그의 시대에 더욱 엄청난 일이 있었을 것이다. 그러나 세종은 심한 비만에 당뇨가 있었고, 그로 인하여 일찍 시력이 저하되어 노년에는 정무를 제대로 보기 힘들었다. 그가 나름의 체력 관리를 위해 승마 등의 운동을 하긴 했으나 건강을 회복하지는 못했다.

리더가 건강이 좋지 않으면 조직이 다른 구성원들에 의해 관리가 되는데, 이때 원래의 목적과는 다르게 운영될 수가 있다. 그래서 리더는 항상 건강한 체력을 유지해야 한다. 건강을 유지하기 위해서는 운동이 필수이고,

운동을 적극적으로 하는 모습 역시 리더십의 중요한 기본이다.

정조는 공부도 많이 했지만 신체단련을 위한 운동도 중요시했다. 정조가 가장 많이 한 신체단련은 단연코 활쏘기이다. 활쏘기는 정조에게 그 무엇보다도 중요한 일이었다. 정조는 "활쏘기는 우리 왕실의 오랜 가법家法이다."라고 하며 매우 중요시 여겼다. 그러나 활쏘기를 본격적으로 하기 전에 정조는 검술과 창술도 함께 연마했다. 기초적인 체력훈련을 지속적으로 한 것이다.

정조가 이처럼 검술, 창술, 활쏘기 등의 훈련을 집중적으로 한 것은 사도세자의 영향도 있다고 본다. 사도세자는 무예광武藝狂이었다. 실제로 엄청난 무예의 고수이기도 했다. 우리가 흔히 부르는 '18기 무예'라고 하는 것이 바로 사도세자가 정리한 무예이다.

사도세자는 임수웅이라는 금위영 교련관과 함께 조선의 무예와 중국 무예 그리고 일본 무예를 정리하여 조선의 군사들을 위한 18기 무예를 정립하고 군사들에게 보급했다. 이를 실현하기 위해 본인이 먼저 무예의 달인이 되어야 했다.

사도세자는 어린 시절부터 효종을 닮았다는 소리를 들으며 성장했다. 효종은 북벌을 꿈꾼 왕이었고, 북벌을 위해 본인이 무예인이 되고자 했다. 그래서 효종은 국왕이 되자마자 《삼국지》의 주인공인 관우가 사용했던 72근의 청룡언월도를 제작하라고 했고, 이 언월도로 무예 훈련에 집중했다. 무려 40kg에 이르는 청룡언월도를 가지고 무예훈련을 했으니 효종의 체력과 무예 실력은 상당했을 것이다.

효종이 죽고 난 후 이 청룡언월도는 '저승전'儲承殿이란 창덕궁 전각에 보관되어 있었는데, 사도세자는 15세에 대리청정을 하면서 이 언월도를 가져오라고 명했다. 사도세자는 효종이 사용하던 청룡언월도를 자신의 신물神物

로 만들어 사용했다. 선대 국왕이 사용하던 무기를 후대의 대리청정하는 세자가 사용했으니 사도세자는 무예 훈련과 더불어 자신의 위상을 높이려는 의도도 있었을 것이다.

정조는 사도세자의 다양한 모습을 모두 계승하려고 노력했다. 그래서 정조는 어린 시절부터 공부에 열중하면서도 아버지처럼 검술과 창술 연마도 열심히 했다. 정조가 이덕무, 박제가, 백동수에게 《무예도보통지》武藝圖譜通志를 간행할 것을 명령한 것도 본인이 이 무예에 정통했었기 때문에 지시할 수 있었던 것이다. 그러니 정조는 보통의 무예인들보다 더 높은 수준의 무예 능력을 가지고 있었다. 국왕이 무사들보다도 더 뛰어난 무예 실력을 가지고 있었으니 일반 문반들은 말할 것도 없었고, 무반들 역시 머리를 조아릴 수밖에 없었다.

정조가 이렇게 무예 실력을 기를 수 있었던 것은 시간을 정해놓고 꾸준히 운동을 했기 때문이었다. 그는 늘 시간을 정해놓고 그 시간에는 반드시 무예를 수련했다고 한다. 현대의 리더들 역시 시간을 정해놓고 운동하는 이들이 많은데 이는 매우 효율적인 것이다.

정조가 신체단련을 위해 가장 많이 힘쓴 부분은 앞서 이야기했듯 활쏘기이다. 정조의 활쏘기는 태조 이성계의 수준과 비슷하다고 할 수 있다. 그러나 이성계는 전쟁터에서 단련된 활쏘기였기 때문에 정조와 우열을 가릴 수는 없는 일이다. 실전에서 목숨을 걸고 활쏘기를 한 사람과 훈련을 통해 명사수가 된 이와는 비교 자체가 타당하지 않다. 그럼에도 대다수의 무예연구자들은 이성계와 정조의 활쏘기 능력이 비슷하다고 말한다. 그만큼 정조의 활쏘기 능력이 대단한 것이다.

그렇다면 정조는 어떻게 활쏘기를 연마해서 위대한 궁사弓師가 된 것일까? 정조는 정사政事를 보고 난 후 대부분 활쏘기를 하러 나왔다. 이 때의 활쏘기는 신하들과 함께할 때도 있지만 대부분은 본인이 혼자 활쏘기를 하는 경우이다. 활쏘기를 하면 두 가지 좋은 점이 있다. 신체를 단련하는 것과 정신을 집중할 수 있다는 것이다.

활쏘기는 하체가 단단하지 않으면 절대 할 수 없는 운동이다. 흔히들 상체의 힘, 특히 양팔의 힘이 있어야 활쏘기를 할 수 있다고 생각하는데, 그것은 당연한 것이고 간과하기 쉬운 중요한 점은 바로 다리가 튼튼하게 지탱을 해주어야 하기 때문에 하체 훈련이 상당히 중요하다는 것이다. 결국 활쏘기는 전신에 강한 체력을 키워준다.

두 번째로 활쏘기는 정신을 집중시켜준다. 정조는 이를 '삼매법'三昧法이라고 했다. 삼매는 불교용어로 보다 높은 경지에 오름을 말한다. 정조는 바로 높은 경지에 이르러 정신을 집중한 것을 '삼매'라고 하고 자신이 '삼매법'을 이용하여 활을 쏘았다고 했다. 정무를 보면서 얻는 스트레스를 활쏘기를 통해 풀어낸 것이다. 정조는 가장 좋은 스트레스 해소법을 선택한 것이다.

《홍재전서》에 활쏘기를 통한 삼매법에 대해 이렇게 이야기하고 있다.

후원後苑에 거둥하여 유엽전柳葉箭으로 활쏘기 시범을 보였는데, 과녁이 오히려 큰 것을 싫어하여 이에 과녁을 작게 하니, 장혁掌革은 작기가 손바닥만 한 것이고, 편포片布와 편혁片革은 베로 만든 과녁으로 아주 작은 것이고, 적的은 곧 철전鐵箭을 막아내는 것이다. 또 이보다 작은 것이 있으니 곤棍, 접선摺扇, 단선團扇이다. 매번 쏘아 맞추지 않음이 없고 맞추면 반드시 관통했다. 하교하기를, "활쏘기의 묘미는 정신을 집중하는 데 있다. 그러므로 표적이 작을 수록 정신이 전일專一해져서 비로소 작은 이蝨 한 마리가 수레바퀴와 같이 크게 보이는 경지를 알 것이니, 이것이 진실로 삼매법三昧法이다."

삼매의 경지에 올랐음을 이야기하고 있는데, 이 말을 통해 알 수 있는 것은 몽둥이인 곤이나 작은 부채 등도 과녁으로 사용하여 모두 명중시켰다는 것이다. 가히 신궁의 경지이다.

정조는 신하들과도 수시로 활쏘기를 하면서 자신의 체력도 강화하고 신하들과 소통도 했다. 이렇듯 몸으로 신하들과 함께 움직여서 공동체 연대를 만들어내는 것이 정조의 가장 큰 리더십 중의 하나이다.

《홍재전서》에서 정조는 또 이와 같이 말하고 있다.

> "나는 활쏘기에 숙업宿業이 있어 맞힐 때마다 좌우의 신하들에게 상을 내리곤 했는데, 이것이 세속에서 말하는 '고풍古風의 옛 사례'라는 것이다. 일찍이 가까운 신하들과 짝이 되어 활을 쏜 후 규장각의 고풍첩古風帖에다 '왕이 마음이 편안하니, 이때에는 다툼도 없도다'王心載寧 時魔有爭라고 썼다."

'고풍'古風이라는 것은 역대 군주들이 신하들과 활쏘기를 하고 상을 내리는 것을 말한다. 정조는 시간을 정해놓고 활쏘기를 하면서 같이 활을 쏜 신하들에게 상을 내렸다. 활을 잘 쏜 신하들에게 꿩, 농어, 숭어 등 음식물을 하사하고, 연회 중 먹던 음식을 싸서 집으로 보내주기도 했다. 참으로 특별한 행동이었다.

정조가 신하들과 함께 활쏘기를 한 것은 올바른 신하들과 함께하기 위해서였다. 동양의 유교적 전통에서 천자가 제사를 지낼 때 반드시 먼저 활쏘기를 하여 참여할 제후를 선발했다. 그 이유는 활쏘기를 하는 과정에서 사람들의 덕德을 살펴볼 수 있기 때문이었다. 활쏘기를 하다 보면 자연스럽게 그 사람의 성정이 나타난다. 조급해하는 사람, 버럭 화를 내는 사람, 조용히 잘 인내하는 사람, 남을 배려하는 사람……. 아무리 국왕의 앞에 있다 하더라도 타고난 본성은 감출 수 없기 때문에 활쏘기를 통해 참된 신하를 뽑는 것이다. 정조도 역시 이와 같은 연유로 활쏘기를 통해 신하들과 아름다운 연대를 하는 동시에 그의 심성도 확인할 수 있었다.

정조는 엄청난 명사수로서 50발을 쏘면 49발을 명중시키고 마지막 한 발은 허공으로 날려 보냈다. 정조는 이런 자신의 행동에 대해 "활쏘기는 참으로 군자의 경쟁이니, 군자는 남보다 더 앞서려 하지 않으며, 사물을 모두 차지하는 것도 기필期必하지 않는다."고 했다.

정조 옆에서 자주 활을 쏘았던 박제가는 정조의 이 같은 행동에 대해 정조가 군주로서 겸손함을 보여주기 위해 마지막 한 발을 쏘지 않았다고 했다. 정조는 수원도호부에 가서 활쏘기를 하여 연달아 다섯 발을 적중했는데 "매사를 적중하기란 어려우니, 내가 우연히 연달아 적중했을 뿐이다."라고 겸손한 태도를 취했다. 모든 화살을 과녁에 명중시키면 오만해 보일 수 있어 스스로 가득 차지 않기 위해서였다는 것이다.

이와 같이 정조의 궁술에 대한 깨달음은 승부를 대하는 군자의 마음가짐을 잘 나타낸다. 승부가 군자의 마음에 아무런 영향을 미치지 못한 것은 군자는 이미 꾸밀 것도 없다는 것이다. 이를 통해 높은 경지에 도달하면 다음은 그 무엇보다도 오르지 못한다는 말은 사심을 버려야 비로소 정상에 우뚝 설 수가 있다는 의미인 것이다. 참으로 새겨볼 만한 대목이다.

정조의 무예 능력이 신하들보다 우위에 있고, 이것이 군주로서의 정치력에 상당한 영향을 주었음을 정조가 죽은 이후 그의 일대기를 기록한 대제학 이만수가 정리한 행장行狀에도 나와 있다.

왕은 타고난 용지勇智와 세상에 없는 신무神武로 수많은 역경을 겪으면서 뭇 탐관오리를 소탕하고, 태아太阿를 손에 들고 왕강王綱을 통치하면서 문무백관들이 그 속을 감히 엿볼 수 없었을 뿐만 아니라, 모든 사건을 시기와 상황에 따라 적재적소에 해결했더라. (중략) 활쏘기에 있어서는 또 타고난 천분이어서 50발 중에 49발을 과녁에 명중시켰는데, 이때 왕은 이르기를, "무엇이든지 가득 차면 못 쓰는 것"이라고 했더라.

이때 "무엇이든지 가득 차면 못쓰는 것이라고 했더라."고 하는 것이 바로 마음에 있어서 무심無心을 강조한 것이다. 아무리 막강한 권력을 가진 왕이라도 사심을 버려야 나라의 정사를 공명정대하게 펼칠 수 있었다고 믿었기 때문이다.

정조에게 있어 활쏘기는 자기 자신을 다스리는 스승이자 정신수양 그리고 신하들과의 참다운 교유였다. 이러한 무예 수련과 활동을 통해 그는 역경과 고난을 이겨낼 수 있었으며, 또한 국가의 정사를 공명정대하게 펼칠 수 있었다.

건강하지 못하면 세상을 활기차게 이끌어 나갈 수 없다. 육체가 건강하지 못하면 정신도 건강하지 못하는 경우가 많기 때문이다. 제대로 된 일을 추진하려는데 건강 때문에 일을 하지 못한다면 그 얼마나 억울한 일이 되겠는가!

그러니 오늘날 세상을 바꾸려 노력하는 리더들은 반드시 건강을 위해 시간을 정해놓고 운동을 하기 바란다. 그도 아니라면 짜투리 시간에라도 걷기를 통해 신체의 건강을 유지해야 한다. 그래야만 세상을 제대로 이끌어 갈 수 있다.

04

검소함을
실천하다

우리 사회는 시간이 갈수록 심각한 양극화로 흐르고 있다. 아무리 부익부 빈익빈이라고 하지만 부유층들은 점점 더 사치스러워지고 가난한 이들은 끝 간 데 없이 가난의 밑바닥으로 내몰리고 있다. 몇 억짜리 최고급차를 타고 다니는 젊은이들의 모습을 보면 도대체 스스로 노동하지 않고 얻는 부富가 과연 공평한 것인가에 대한 생각을 하지 않을 수 없다.

양극화가 심각해지다 보면 또 다른 문제가 생긴다. 부유하거나 혹은 높은 지위에 있는 사람들에 대한 불신이 그것이다. 물론 전부는 아니지만 그들이 가지고 있는 물질적 풍요가 너무도 과도하게 드러나거나 아니면 그들이 부를 드러내는 것을 삼가지 않으면 자칫 지탄의 대상이 될 수 있다. 만약 가진 자가 몸가짐을 조심하고 겸손하게 처신한다면 그는 오히려 주목을 받으며 이 나라의 존경받는 지도자가 될 수 있다.

우리는 이런 모습을 정조에서 배울 수 있다. 가장 높은 존재이자 모든 것을 다 소유한 국왕의 신분으로 일반 사대부보다도 더욱 검소하게 생활한 그를 우리는 깊이 살펴보아야 한다. 정조의 검소함은 그대로 조정의 관료들에게 이어지고 나아가 조선의 전 백성들에게 전파되었다. 한 사람의 힘이 널리 퍼진다는 '홍재'弘齋라는 말의 의미가 단순히 학문적 상황이나 정치적 모습만이 아닌 일상생활까지 널리 퍼진 것이다.

정조는 "부지런히 일하고 검소함을 밝히는 것은 우리 왕가의 법도이다."라고 늘 말하곤 했다. 그의 문집 중 핵심 내용인 《일득록》日得錄에는 그의 검소함에 대한 이야기가 상당히 많이 등장한다. 식사에서 의복 그리고 침소에 대한 내용을 보다 보면 그가 얼마나 검소함을 추구했는지 알 수 있다. 그러나 그는 개인적인 검소함을 넘어 국가 예산의 절감에까지도 검소함을 확대시키고 다시 일상에서도 검소함을 유지했다.

1776년(정조 즉위년) 3월 16일, 정조는 자신이 등극하기 전에 궁중에 있던 내시와 액정서 소속의 인원 108명과 궁녀들을 줄이라는 뜻밖의 하교를 내렸다. 군주가 자신을 도와주는 내시와 액정서 소속의 인원, 여기에 더해 궁녀를 줄이라고 명하는 것은 조선시대 왕실에서 매우 특별한 일에 속한다. 왜냐하면 군주가 이런 일까지 신경 쓸 이유가 없기 때문이다. 특히 자신의 일거수일투족을 도와주는 내시와 궁녀는 많이 있을수록 편한 것인데, 이들을 대거 궁에서 내보내라고 하니 아주 특별한 일이 아닐 수 없었던 것이다. 이때 정조가 내보낸 궁녀가 무려 300여 명이었으니, 이는 왕실 궁녀의 절반 가까이 해당되는 인원이었다.

정조가 이렇게 내시와 궁녀들을 많이 내보낸 것은 다름 아닌 국가 재정 때문이었다. 숙종대부터 시작된 기후 이상이 영조대까지 이어졌고, 그래서 영조는 재위 52년 중 40여 년을 금주령을 내릴 수밖에 없었다. 백성들이 먹을 쌀도 부족한데 그 귀한 쌀로 술을 빚어 먹으면 안 된다는 것이 영조의 생각이었다. 그래서 영조는 조정의 명을 어기고 술을 빚어 먹은 이들을 잔혹하리만치 강하게 사형으로 다스리기도 했다.

이러한 모습을 보았던 정조는 국가 재정을 안정시키는 것이 그 무엇보다도 중요하다고 생각했다. 물론 국가 전체로 보면 구조적인 문제가 분명히 있었다. 정조가 즉위하고 국가 재정에 대한 전반적인 보고를 받았는데, 당시 호조 예산의 56%가 국방비로 사용되고 있었다. 엄청난 비용이 군대의 장수들 급여로 고스란히 나가는 것을 확인하게 된 것이다. 그래서 이를 해결하기 위해 한양 일대의 군대에 대한 통폐합을 단행하는 구조조정을 하였다.

그러나 이것만 가지고 국가의 재정을 안정시킬 수는 없다고 생각했다. 공적인 것은 공적으로 처리해야 하겠지만 군주가 스스로 모범을 보여 재정 낭비를 막는 것도 중요하다고 생각한 것이다. 그래서 우선 자신이 솔선수범하여 국가 재정을 줄이는 검소함을 보여야겠다고 생각했다. 그래서 첫 번째 지시한 것이 바로 내시와 궁녀를 대궐 밖으로 내보내 이들에게 지출되는 경비를 줄이는 것이었다. 내시와 궁녀들은 거의 정3품의 봉록에 해당되는 급여를 받았기 때문에 이들을 대폭 감축하는 것은 국왕에게는 불편한 일이지만 재정적 측면에서는 적지 않은 효과를 볼 수 있었다.

정조는 국왕으로 즉위한 지 얼마 뒤에 하루에 두 끼, 그리고 한 끼 당 반찬을 다섯 가지만 먹겠다고 선언했다. 국왕의 아침과 저녁 수라는 고기와 반찬 11가지 이상이 들어가는 최고의 음식이었다. 국왕의 건강을 생각한다면 최고의 음식을 마련하는 것이 당연한데, 정조는 이를 거절하고 최소한의 식사만을 하고자 한 것이다. 이는 정조가 국왕으로 있는 24년간 변함없이 지켜졌다.

정조는 여기에 더해 비단옷을 입지 않기로 했다. 고급 비단옷 대신에 그는 무명옷을 입었다. 정조 스스로 자신은 비단옷이 곤룡포와 강사포(임금이 입는 붉은 색의 조복) 말고는 없었다고 이야기할 정도로 그는 평소에는 무명옷을 입고 살았다.

정조는 자신이 무명옷을 입는 이유를 이렇게 설명하고 있다.

"명주옷이 편리한 무명옷보다 못하다. 대체로 사람은 일용日用하는 의복이 한번 화려하게 되면 사치하고 싶은 마음이 쉽게 생기므로 사치하는 풍습이 점점 성하게 된다. 이는 재물을 축내는 것일 뿐 아니라 실로 끝없는 폐해와 연관된다. 나는 나쁜 옷이 좋다고 말하는 것이 아니다. 가볍고 따뜻한 옷을 입으면 가난한 여인의 고생하는 모습이 생각나고, 서늘한 궁전에 있을 때면 여름에 밭에서 땀 흘리는 농부의 노고가 생각나 경계하고 두려운 마음이 항시 간절하다. 옛사람이 이르기를, '검소함에서 사치로 가기는 쉬워도 사치에서 검소함으로 가기는 어렵다.'고 했으니, 이것이 경계해야 할 점이다."

정조는 무명옷만을 입은 것이 아니라 옷이 해지거나 버선에 구멍이 나면 이를 버리지 않고 꿰매어 입었다. 그는 어린 시절부터 늘 꿇어앉아 책을 읽었다. 그러다 보니 으레 바지 무릎이 먼저 떨어졌다. 나이가 먹어도 이 같은 행동은 변하지 않았다. 그러다 보니 계속 바지의 무릎과 버선 끝이 먼저 해어지게 되었다. 한 나라의 군주가 옷과 버선이 해어지면 꿰매어 입었다니, 이는 상상이 가지 않는 일이다.

정조가 몸이 아팠을 때 약원의 도제조인 채제공은 정조의 이불을 보고 너무도 놀라 입이 떡 벌어졌다. 국왕의 이불이 너무도 형편없었기 때문이다. 그가 한 말을 직접 들어보자.

"삼가 우리 전하께서 쓰시는 이불을 보고 우러러 존경하다 못해 황송하고 부끄러운 생각까지 듭니다. 우리 성상의 검박한 덕은 본디 나라 사람들이 다들 알고 있는 일이지만, 그래도 이처럼 검박한 줄은 생각지 못했습니다. 전하는 한 나라의 임금 자리에 계시어 만물의 주인이신데도 이렇게도 검박함을 숭상하고 있는데 신들은 도리어 그렇지 못합니다. 일반 사람들 중에도 대부분 명주로 이불을 만든 사람들이 많은데 어찌 황송한 일이 아니겠습니까."

이때 정조는 "나는 장복章服에 대해서는 정결한 것을 취하지만, 조용히 거처할 때는 좋고 나쁜 것을 가리지 않는다. 그것은 검박함을 숭상한다기보다도 아조我朝의 가법家法을 준수하는 것이다."라고 했다. 자신의 검소함이 조선 왕실의 가법일 뿐이라고 겸손해 한 것이다.

정조의 할아버지인 영조도 극도로 검소함을 추구한 국왕이었다. 그럼에도 영조는 궁중의 오랜 법통 때문에 의례에 사용하는 휘건揮巾 등의 물건을 무늬를 놓은 비단으로 만들도록 했다. 아마도 오랜 왕실 예법을 지켜야 한다는 영조의 생각 때문이었을 것이다. 하지만 정조는 이마저도 무명으로 만들어 의례에 사용하게 했다.

정조의 검소함은 여기에 그치지 않았다. 자신이 거처하는 작은 방을 화려하게 꾸미지 않고, 냇가에서 나는 부들로 만든 돗자리를 깔고 살았다. 창경궁 안에 있는 침전인 영춘헌迎春軒이 하도 낡아 비가 오면 빗물이 방안으로 스며들어 시간이 지나면서 곰팡이가 슬기도 했다. 그러나 정조는 이를 개의치 않고, 신하들에게 "나는 천성이 검소한 것을 좋아한다."라고 하며 새로 도배를 하게 하지도 않았다.

그럼에도 신하들은 국왕의 침전을 새로 지어 위엄 있게 거처해달라고 했다. 그때 정조는 이렇게 답하면서 끝내 신축 공사를 하지 않았다. 이 대목을 읽을 때 참으로 감동스러웠다.

"내가 거처하는 집이 임시로 나무를 얽어서 비가 새는 곳이나 메우다 보니 옛 구조물과 새 자재가 맞지 않아서 해마다 걸핏하면 수리를 더하고 있는데, 거기에 쓰인 물자와 노동력을 계산하면 충분히 새로 한 전우殿宇를 지을 만도 하다. 따라서 사람들이 대부분 새로 짓도록 하라고 권유한다. 그러나 지붕이나 이고 탈난 곳을 수리하는 것은 그 뜻이 그런대로 완전하다고 여겨 만족하는 데에 있는 것이고, 새로이 짓는 것은 그 사체事體가 공역을 일으키는 데 해당된다. 그러므로 지금에 이르기까지 옛 건물을 그대로 쓰고 있는 것이다."

이렇게 국왕이 검소하게 생활하니 자연스럽게 궁중의 모든 이들이 검소하게 생활할 수밖에 없었다. 정조는 이렇게 모은 돈을 궁중 재산으로 두지 않고 이를 모두 호조로 보내 백성들을 위해 사용하게 했다. 왕실 재산을 고리로 조정에 대여하여 이익을 얻은 대한제국 말기의 군주 고종과는 비교도 할 수 없는 고귀한 행동이다. 그런 정조의 검소함을 생생하게 옆에서 지켜본 정약용은 훗날 자신의 자식들에게 "거친 음식과 해진 옷을 부끄러워하는 이들과 친구를 맺지 말라"고 했다.

정조가 책을 읽기 위해 머물던 관물헌觀物軒은 매우 협소한 데다 좌우의 담장이 바짝 붙어서 더운 여름이 되면 뜨거운 햇볕이 사방에서 들어왔다. 그래서 연신筵臣이 별전別殿으로 옮겨서 더위를 피할 것을 주청하자, 정조는 "마음이 안정되면 기운이 정해지고 기운이 정해지면 몸이 편안해진다. 나는 어릴 때부터 고요한 곳에서 안정하는 것이 이미 습성이 되어서 비록 이처럼 작은 방에서라도 더운 줄을 모른다." 했다.

현재 대한민국은 경제가 어렵다고들 이야기한다. 사실 그러한 모습이 눈에 보이기도 한다. 이렇게 어려운 때에 사치가 만연하면 국가와 사회는 올바르게 발전할 수 없다. 이런 때일수록 특히 사회의 지도층들은 정조처럼 더욱 검소하게 살아가야 할 것이다. 그리고 검소함을 통해 얻은 이익을 어려운 이들과 함께해야 할 것이다. 그것이 진정한 노블레스 오블리주이다.

2장

시대의
변화를 읽다

규장각도(국립중앙박물관)
정조가 인재양성을 추진하고자 즉위한 해인 1776년 3월 궐내에 설립한 규장각

05

국가 개혁의 이념을
명확히 밝히다

국가를 건국할 때나 기업이 창업을 할 때 그리고 사회를 위한 조직을 만들때는 반드시 명확한 이념과 목표가 서야 한다. 대의명분大義名分이 올바르게 서 있지 않으면 비록 조직은 창립될 수 있지만 오래 지나지 않아 망가진다. 공자가 "정政은 정명正名이다"라고 한 것은 정치를 함에 있어 이름을 먼저 내세울 것이 아니라, 올바른 명분을 세우고 정치를 하라는 것이다.

정조는 정치를 함에 있어 명분을 충분히 마련하고 이를 재위 내내 실천하기 위해 수많은 개혁정책을 추진했다. 그가 국왕이 된 후 천명했던 명분, 즉 4대 개혁정책은 정조시대 가장 중요한 정당성이었다.

1778년(정조 2) 1월 1일은 정조가 국왕이 된 지 햇수로 3년째 되는 날이었다. 그는 이전 국왕들과 달리 새해 첫날 백성들을 위한 특별 신년사인 윤음綸音을 전국에 하교했다. 사실 정조는 자신이 아무리 개혁의 의지를 가지고 국왕이 되었다 하더라도 1년 만에 국가의 개혁을 이룰 수는 없다고 생각했다. 인조반정 이후 오랫동안 노론이 권력을 독점해 온 상황에서 자신이 국왕이 된 지 만 2년도 안 되어 개혁을 할 수 없는 구조인 것을 스스로가 잘 알고 있었다. 5년 내지 7년이 돼도 개혁이 될지 알 수 없는 일이었다. 그러나 백성들이 개혁을 학수고대하고 있는 것만은 너무도 잘 알고 있었다.

이러한 현실에서 정조는 스스로가 부족한 국왕임을 이야기하며 바로 지금이 국가 개혁을 추진할 때라고 강조했다.

"아, 내가 정사를 시작할 때 책임지고 잘해 보겠다고 다짐했는데, 선왕을 계승하려는 노력이 독실하지 못하고 크게 변화시키는 아름다움이 드러나지 않아 풍속이 어그러져서 인재人才가 흥기하지 못하고 기강이 무너져서 재용財用도 고갈되었다. 게다가 반역의 무리들이 연이어 생겨나 국세國勢가 안정되지 않으니, 오늘날의 정세를 옛날과 비교하면 어느 때에 해당하겠는가. 과인은 부덕하여 큰일을 하기에 부족하다 하더라도 아, 너희 모든 직위에 있는 백관들은 어찌 감히 각기 너희의 직위를 공경히 지키고 맡은 직분을 생각하여, 나 한 사람을 받들지 않는가. 더구나 지금 새해가 되어 봄기운이 돌아 만물이 모두 소생하고 있다. 천도天道는 만물을 발육시키는 계절에 이르렀고 왕정王政은 유신維新해야 할 기회이니, 시기에 맞게 만물을 발육시켜야 할 때가 바로 지금이다."

개혁의 의지를 천명한 정조는 백성들의 삶을 안정시키기 위한 경제활성화 정책을 제시했다. 농업과 잠업을 활성화 할 수 있는 경제적 토대를 만들고, 국가의 토목공사에 강제로 노동하는 각종 요역徭役과 세금을 가볍게 해주는 정책을 마련하겠다고 선언했다. 이로써 가혹하게 수탈당하는 고통을 없게 하고, 백성들의 살림을 넉넉하게 하여 안정된 생활의 즐거움을 만들어 주겠다고 했다. 그러나 이러한 개혁을 국왕 혼자 할 수는 없는 일이니 중앙의 관리들과 지방의 관리들이 모두 함께 참여해야 한다고 강조했다.

몇 달 뒤 영조의 삼년상을 마치고 정조는 1778년(정조 2) 6월 4일에 처음으로 대소신료들을 모아놓고 인정전에서 조회를 개최했다. 정조는 이 자리에서 국왕으로서 자신이 해야 할 4가지 개혁의 방향을 이야기했다. 이른바 '경장대고'更張大誥라는 것이다.

'경장'은 개혁을 말하는 것이고, '대고'大誥라는 것은 백성들에게 크게 고한다는 의미이다. 하지만 '대고'는 원래 중국 고대 이상국가인 주나라의 문왕文王이 백성들에게 자신이 국왕이 되고 나서 새로운 나라를 만들겠다는 것을 천명한 것을 말한다. 그러니 정조는 중국과 조선 등 아시아에서 가장 이상적인 군주로 여기는 주나라 문왕을 계승한 이상적인 군주라는 것을 조정 관료와 백성들에게 알리고 싶었던 것이다.

정조는 당시의 조선은 큰 병이 든 사람이 진원眞元이 허약해져서 혈맥이 막히고 혹이 불거진 상황과도 같다고 인식했다. 언제든 죽을 수도 있는 상황인 것이다. 그러니 이를 고치는 것이 국왕이 할 일이라고 정조는 생각하고 개혁을 선언한 것이다.

정조는 위로부터의 개혁을 추구하면서 불평등 관계에 있는 하층민의 소외정책을 개선하고 인권을 보호하려는 정책을 추진하고 싶었다. 아울러 기득권층의 특권을 분산시키고 싶었다. 정조는 양반사대부 중심의 사회에서 '민국'民國의 주체인 백성 중심의 사회로 만들고 싶었다. 더불어 백성들의 지지를 기반으로 노론 위주의 기득권층을 압박하여 조선의 변화를 추진하고자 했다.

정조는 이를 위하여 국가가 반드시 해야 할 4대 과제를 제시했다. '민산民産, 인재人才, 융정戎政, 재용財用' 네 가지 개혁이다. 이는 백성들의 재산을 풍부하게 하고, 인재를 육성하여 나라 발전의 기반이 되게 하고, 국방을 개혁하고, 국가 재정을 안정시키겠다는 것이다. 이 중에서 정조가 가장 중요하게 생각한 것이 바로 국방개혁이었다.

정조가 주창한 첫 번째 개혁 과제는 '민산'民産이었다. 정조는 백성들의 재산을 늘려 부유하게 하는 방법으로 농업과 상업의 개혁을 추진했다. 당시 백성의 대부분이 농민이기에 농업 개혁은 매우 중요했고, 이를 위해 토지제도의 개혁에 중점을 두었다.

정조는 즉위 초에는 궁방전宮房田에 대한 개혁을 추진하는 한편 경기, 영남, 호남의 3도에 토지 측량 사업인 양전量田을 추진하고 양전이 끝나기 전에는 수령을 교체하지 말도록 지시했다. 당시 노론 모두가 양전을 반대한 것은 아니지만 장령 최경악과 경상감사 정대용 등 기득권층의 상당수가 반대를 했다. 양전은 경상, 전라도의 일부만 시행되고 노론의 중심지인 경기도와 충청도는 양전을 추진하지 못했다. 대신 정조는 둔전의 확대와 저수지의 축조로 농업을 활성화하는 정책을 지속적으로 추진했다.

백성들의 재산을 증식하기 위한 정책에 있어 또 하나의 축은 바로 상업 정책이다. 정조는 1791년(정조 15) 1월에 시전상인들의 독점권인 '금난전권' 禁難廛權을 혁파하고 저자에 있는 백성들 모두가 난전을 차려 자유로운 상업 행위를 할 수 있는 '신해통공'辛亥通共을 선포했다.

이러한 난전 활성화 정책은 국가 기획으로 운영되던 기타 사업의 민영화 정책과도 같은 맥락에서 이해된다. 다시 말해 기간산업은 국가의 기획과 관리 하에 두되 세부 산업은 시대의 변화에 조응하여 자율화와 개방화를 허용함으로써 백성들의 경제력 향상을 추구했다. 오늘의 관점에서 보자면 사회주의의 장점과 자본주의의 장점을 아울러 살리려는 노력의 일환으로 평가할 수 있으며, 앞으로의 한국 사회의 경제 개방화 정책에도 도움이 될 것이다.

정조의 인재 양성 개혁 방안은 규장각 설립이 대표적이다. 규장각의 설립 목적은 왕실도서관과 인재양성이었다. 물론 산림세력과 문벌세력들을 대신하기 위한 친위세력의 양성이라는 목적이 겉으로 드러난 명분보다 더 깊은 의도가 있었지만 공개적인 거론을 하지는 않았다. 정조는 당대의 인재를 양성하는 엘리트 교육도 중요하다고 판단했지만 규장각 초계문신과 검서관을 배출하기 위해서는 기초 교육이 중요하다고 인식했다. 따라서 임진왜란 이후 약화된 향교의 기능을 강화했다.

정조는 인재양성과 평등정신의 두 가지 목적을 충족시키기 위해 '서얼허통'庶孽許通을 실시했다. 이에 더 나아가 도망간 노비를 잡아들이는 인간사냥꾼인 '노비추쇄관'奴婢推刷官 제도 혁파를 비롯하여 장기적으로 노비제도 자체를 없애는 파격적인 개혁을 주창했다.

전근대사회에서 신분의 차별은 기득권층을 유지하는 기본 사회질서였다. 이 질서를 파괴하는 것은 체제변혁을 추진하는 것과 동일한 의식의 소유자라고 할 수 있는데 정조는 스스로 봉건체제의 신분질서를 허물고자 했다.

정조의 4대 개혁에서의 핵심은 국방개혁이었다. 당시 국가 재정의 56%가 군사비용으로 지출되었고 백성들은 군역의 의무가 가장 큰 폐단이었다. 정조시대 중앙오군영은 17세기 이후 오랜 기간에 걸쳐 형성된 무반 가문에 의해 장악되었으며, 주요 무반들은 정치세력과 직접 혹은 간접적인 관계를 맺고 있었다. 더구나 군영의 난립은 필연적으로 양역의 폐단을 가중시켰기에 군영개혁이 군주들의 현안이 되었던 것은 너무나 당연한 일이었다.

정조는 국왕으로 재임하는 동안 군사통수권을 장악함과 아울러 군제개혁을 추진하겠다는 의지를 보여주었다. 그리고 정조는 필요 없는 병사들을 덜어내어 군제를 갖춘다는 원칙을 천명함으로써 군비 축소를 통해 민간 경제를 활성화하고자 했다.

더불어 정조는 국왕-병조판서-오군영대장의 군권 일원화를 적극적으로 추진했다. 평소에는 병조판서가 오군영을 통제하지 않다가 국왕이 친림하여 군사훈련을 할 경우에만 명령을 내렸던 영조대의 군권 지휘체계를 정조는 용인하지 않았다. 그래서 정조는 모든 상황에서 병조판서가 오군영을 통제하도록 군제개혁을 단행했다. 국왕이 오군영의 대장을 통제하게 된 것은 비정상적인 노론 위주의 정치체제를 전면적으로 교체한 것이었다. 이는 단순히 군사지휘권을 확보한 것만이 아닌 군제개혁의 전반을 주도할 수 있는 권한을 국왕이 가지게 되었다는 것을 의미했다.

마지막으로 정조의 개혁과제인 재용財用은 국가 재정의 안정이다. 정조는 국가 재정의 개혁을 위해 왕실 재정부터 개혁했다. 왕실 재정 개혁을 위하여 왕실 소유의 궁방전의 부정 면세결을 혁파하여 궁방전과 연관된 백성들의 고통을 끊었다. 더불어 정조는 국영농장인 둔전屯田이 궁방전으로 빠져나가 규모가 축소되는 것을 막고 그 토지를 다시 둔전으로 환원했다.

더불어 정조는 왕실 재정에 대한 대규모 감축을 추진했다. 일차적으로 즉위 후 궁녀의 반을 내보내 왕실재정을 강화했다. 그리고 스스로 검약함을 강조하고 왕실의 모든 이들이 자신을 따라 배우기를 권고했다.

이에 더하여 정조는 왕실 재정으로 둔전을 구입하거나 개발하여 토지가 없는 백성들이 농사를 짓도록 했다. 내수사에서 책정한 예산을 절감하기도 했고, 능행에 사용된 내수사 비용 중 남은 비용을 토지 없는 백성들이 농사를 지을 수 있는 둔전 개발에 투여했다.

이처럼 정조는 국왕으로 등극할 때 내세웠던 개혁의 명분과 구호를 끝까지 지켜냈다. 이는 처음 제안한 개혁의 명분이 백성들부터 지지를 받을 수 있었기 때문에 일관되게 실천할 수 있었던 것이다.

오늘날 리더들 역시 새로운 창업을 시작하거나 조직을 구성할 때 조직이 발전하고 성장할 수 있는 힘 있는 명분을 정확히 제시해야 한다. 이러한 제시 없이 시작하면 개인적인 이익을 얻기 위한 사심私心만 읽혀질 뿐이다. 반드시 올바른 명분을, 즉 정명正名을 만들어야 한다.

06

사적인 감정을 배제하고
탕평의 시대를 열다

1776년(정조 즉위년) 3월 10일. 경희궁 숭정전에서 정조가 조선의 22대 국왕으로 등극했다. 구장복을 입고 면류관을 쓴 그는 숭정문을 지나 숭정전崇政殿으로 올랐다. 천천히 몸을 돌려 조정의 대신들을 바라 본 그는 굵고 웅장한 목소리로 즉위 첫 일성을 토했다.

"과인은 사도세자의 아들이다."

그 순간 조정의 신하들은 모두 부르르 떨었다. 그 자리에 있는 인물들치고 사도세자의 죽음과 무관한 사람은 없었기 때문이다.

정조는 즉위 이전부터 죽음의 위기를 수시로 겪으며 살았다. 동궁 시절 자신의 전각에서 책을 볼 때면 동궁을 죽이겠다는 익명의 편지가 책상에 놓였고, 궁녀와 내시들의 끊임없는 감시가 있었다. 하다못해 영조가 동궁인 정조에게 대리청정을 시키라고 명령을 내린 전교를 좌의정 홍인한이 임금을 속이고 찢어버린 일도 있었다. '역적지자 불위군왕'逆賊之子 不爲君王, 역적인 사도세자의 아들은 국왕이 될 수 없다는 8자 흉언이 공공연히 나돌았다. 사도세자의 아들이라는 이유 하나만으로 그는 엄청난 고통에 휩싸였고 장차 왕위를 이을 동궁으로서의 권위는 무시되었다.

그러한 14년의 고통을 딛고 마침내 그는 조선의 국왕이 된 것이다. 이로써 반대편을 모조리 사형시키거나 유배 보낼 국왕으로서의 힘을 갖게 되었다. 그러니 그가 포효한 "과인은 사도세자의 아들이다"는 조정의 대신들에게는 저승사자의 음성과도 같았을 것이다. 하지만 정조는 자신의 원한을 가볍게 풀어내지 않았다. 자신을 반대한 사람들을 모조리 제거하는 것은 백성을 위한 정치가 아니라고 생각했다. 정조는 할아버지 영조의 뒤를 이어 탕평을 하고자 했다.

우리가 알고 있는 탕평정치는 실제로 영조대부터 시작되었다. 탕평정치의 시작은 아이러니하게도 영조를 죽이기 위한 이인좌의 반란으로 시작되었다. 전주 이씨이자 명문가 후손이었던 남인 이인좌는 영조가 숙종의 아들이 아니며 선대왕인 경종을 독살하고 왕이 되었기에 국왕을 교체하여 새로운 왕실을 만들어야 한다고 난을 일으켰다가 사형을 당했다. 이인좌는 영남 지역 남인과 충청 지역 소론들을 설득하여 내란을 일으켰고 이들에 대한 백성들의 지지는 예상외로 대단했다.

이인좌와 함께 담양부사 심유현과 태인현감 박필현도 내란에 참여했다. 심유현은 바로 경종의 첫 번째 왕비인 단의왕후 심씨의 친동생이었다. 박필현은 영조의 맏아들 효장세자의 사부를 역임했던 학자였다. 선대왕인 경종의 처남과 왕세자의 사부까지도 경종이 영조에 의해 시해되었다고 확신하고 영조 제거 쿠데타에 참여했던 것이다. 이들은 상당한 명망을 가지고 있어서 도성의 남산 아래 사는 사대부와 중인들 그리고 백성들까지도 영조를 제거하는 역모에 참여했다.

이들은 왜 그렇게 영조를 제거하려고 내란을 일으켰을까? 그것은 바로 정치적 탄압 때문이었다. 숙종 연간 조선의 당파는 군자당, 소인당 하는 철학적 싸움에서 피비린내 나는 목숨을 건 싸움으로 변질되었다. 각 당파들은 자신들이 지지하는 차기 대권 유력자를 지지하여 그로 하여금 국왕이 되게 하고 권력을 얻고자 했다. 그러한 결과로 나온 것이 바로 소론에 의한 경종의 등극이었고, 경종 사후 노론에 의한 영조의 등극이었다.

경종은 매우 허약한 체질이었다고 《인현왕후전》에 나오듯이 실제 성기능을 할 수 없었던 국왕이었다. 그러다 보니 왕위를 이을 왕세자를 만들어낼 수 없었기에 노론 신하들이 경종을 협박하여 숙종의 둘째 아들인 연잉군(영조)을 왕세제로 책봉하게 하고 4년 뒤 경종의 죽음 이후 조선의 21대 국왕이 되게 했다. 결국 영조를 국왕으로 만든 공로로 노론 세력들이 조정의 권력을 잡은 것은 너무도 당연했다.

이러한 정치권력의 다툼에서 패배한 소론은 권력에서 밀려나게 되었다. 그러자 이인좌를 중심으로 하는 일부 소론 세력들이 영남의 남인과 연대하여 권력을 되찾기 위한 내란을 일으켰고, 그 명분으로 영조가 숙종의 아들이 아닌 노론의 핵심 인물인 김춘택의 아들이고, 영조가 왕세제 때 경종에게 간장게장을 진상하여 이를 먹고 죽게 했다고 선전하고 다녔다. 실제 이들이 두 가지 가설에 대해 깊이 신뢰하고 있었던 것도 사실이다.

영조는 생각지도 못했던 내란을 해결하기 위해 군사력을 집중하여 이들을 가까스로 막아냈다. 하지만 내란을 마무리하고 스스로 생각해 보니 자신이 처음 즉위했을 때 모든 세력들을 아우르는 정책을 펼쳤으면 이러한 피비린내 나는 내란이 일어나지 않았을 것이라는 판단을 했다. 그래서 영조는 어느 한 당파가 정권을 독점하는 것이 아니라 모든 정치세력들이 고루 정치에 참여하여 백성들을 부유하고 행복하게 하는 탕평정책이 최선이라고 생각하고 이를 추진했다. 이것이 바로 영조의 탕평정책 추진의 배경이자 과정인 것이다.

정조는 영조의 탕평을 계승하며 보다 발전된 탕평정책을 쓰기로 했다. 그래서 친인척들을 배제하고 현인을 적극 등용했다. 당파별로 나누어주던 관직을 당파를 배제하고 필요한 인재들로만 채웠다. 사적인 감정은 철저히 배격하고 화합을 통해 백성을 위한 나라 만들기를 한 것이다. 정계에서 철저히 배제되거나 유배를 갈 것으로 생각했던 노론 세력들은 정조와 더불어 적극적인 개혁정치에 참여했다. 이것이 바로 오늘날 우리가 정조를 위대한 국왕으로 평가하는 이유이다.

정조는 경연시간에도 수시로 탕평을 강조했다.

"나는 침실寢室의 이름을 새로 지어 탕탕평평실蕩蕩平平室이라 했다. 탕평 두 글자는 곧 우리 성조聖祖 50년간의 성대한 덕업이다. 내가 밤낮없이 한 가지로 생각하는 것은 오직 선대의 공렬功烈을 뒤미처 이어받는 데 있다. 동東인지 서西인지, 남南인지 북北인지, 신지 짠지, 관대한지 준엄한지를 막론하고 오직 인물을 고르고 오직 인재를 취하여 온 세상으로 하여금 함께 협력하여 일을 해 나가 모두 대도大道에 이르러 길이 화평和平의 복을 누리도록 하는 것이다. 특별히 당堂의 편액扁額을 거는 것은 오늘날의 조정 신하들로 하여금 모두 내가 표준標準을 세운 뜻을 알게 하려는 것이다."

정조는 이처럼 탕평을 강조하기 위하여 자신의 방 이름까지 '탕탕평평실'이라고 바꾸었다고 한다. 자신이 연구하는 방의 이름을 붙이는 경우는 흔히 있지만 자신이 잠을 자고 거처하는 방의 이름을 짓는 이는 거의 없다. 정조의 탕평에 대한 절박성이 얼마나 컸는지를 엿볼 수 있다.

정조는 탕평을 통한 고른 인재 등용도 적극 추진했다. 그래야만 올바른 인재를 얻을 수 있기 때문이다.

"내가 사람을 등용하는 즈음에는 실제로 편벽되이 매이는 뜻이 없고 오직 인재만을 취한다. 그래서 전첩殿帖에 '팔황을 뜰이나 앞길처럼 살피고 호월을 일가처럼 여긴다'[庭衢八荒胡越一家]라는 여덟 글자를 써 놓았다. 조정 신하들이 나의 이러한 뜻을 인식한다면 필시 마음과 생각을 바꾸어 감히 알력을 일으키지 못할 것이다."

팔황八荒과 호월胡越은 모두 오랑캐를 뜻하는 것이나 이러한 오랑캐들도 모두 한 가족처럼 친하게 지내고, 이들 중에서도 좋은 인재를 찾아내어 등용하겠다는 것이다. 참으로 통 큰 마음이 아닐 수 없다.

한편으로 정조는 개혁정치가로서 요·순을 재해석하면서 일련의 인사 개혁조치를 취했다. 예컨대 그는 당쟁의 근원이 되었던 이조전랑과 한림翰林의 특권을 약화시키는 대신 국왕이 통제할 수 있는 이조·병조의 판서와 참판의 권한을 강화했다. 그는 또한 임금과 백성 사이에서 농간을 부리는 중간세력의 발호를 최소화하기 위해 대부분의 국정을 직접 관장하여 일일이 확인하는 친정親政과 근면의 정치를 계속했다.

정조는 붕당의 입장에 따라 임용되는 폐단을 지적하고 서얼을 비롯해 '침체되어 있는 사람을 소통'시키겠다고 말했다. 특히 이조전랑과 한림 등의 청요직이 '판서와 재상으로 진출하는 자리'로 이용되고 있으며, 편파적 등용의 폐단을 낳고 있다고 보았다. 청요직 혁파라는 정조의 개혁 인사정책은 이처럼 고른 임용이라는 목적과 함께 대신권을 강화하여 관료제의 기강을 확립하려는 의도 하에 추진되었다.

현대 정치에서도 '인사人事가 만사萬事'라는 표현이 있듯이 소수의 독점계층이 주요 권력 기구를 장악하지 못하게 하는 정치 운영을 추구하고 있다. 이러한 추구가 과거 붕당정치 시기 정조시대에도 여실히 나타나 있으며, 그러한 정조의 의지는 우리 시대의 귀감이 될 수 있다. 이는 비단 정치 분야뿐만 아니라 기업과 모든 조직에 동일하게 적용될 수 있다. 오늘날 우리 리더들은 과거에 비록 허물이 있는 사람이어도 철저하게 반성한 사람들이라면 포용하고 자신과 혹은 조직과 관련 있는 이들만이 아니라 정조처럼 통크게 조직 전체에서 좋은 인재를 찾아내고 그를 활용하는 것이 미래를 위해 큰 기반이 될 것이다.

<자휼전칙> 제정으로
사회복지를 강화하다

가난한 것도 힘든 인생이지만 그보다 더욱 가련한 인생은 어린 시절 부모가 돌아가시는 것이다. 따스한 사랑을 받으며 커야 할 나이에 부모가 돌아가셔서 온갖 고생을 하고 자란다면 그보다 힘든 일이 없을 것이다. 어린 나이에 아버지를 잃은 정조 역시 그와 비슷한 심정이었을 것이다.

정조는 11세 어린 나이에 아버지 사도세자를 잃어서인지 부모 없는 아이들에게 많은 관심을 기울였다. 전염병이 발생해 부모가 죽고 홀로 남겨진 아이들이나, 흉년과 가난 때문에 부모로부터 버려진 아이들을 누구보다도 애틋하게 여겼다. 그리고 이 어린아이들을 국가가 책임지고 길러야 한다고 강조했다. 자신이 버려진 아이는 아니었지만 아버지가 뒤주에 갇혀 돌아가시고, 어머니와 3년간 떨어져 할아버지 영조와 함께 살았기 때문에 실제 고아의 마음을 헤아릴 수 있었을 것이다.

정조가 왕이 되기 전 영조시대는 경제적으로 무척 어려웠다. 영조 이전인 현종대부터 조선의 기후는 심각한 어려움이 있었다. 하늘의 재난을 인간이 막을 수 있는 시대가 아니었다. 현종대에는 전염병으로 무려 100만 명 가까이 죽어나갔다. 숙종대에도 전염병이 창궐했고 영조대도 그에 못지않았다. 그리고 기후 이상으로 농사를 제대로 지을 수 없었다. 그러니 가난한 이들은 더욱 가난해질 수밖에 없었다. 가난한 이들이 자신의 아이들을 산에 데리고 올라가 나무에 묶어 놓고 도망간 사례도 흔히 있는 일이었다. 비극의 시대였다.

가난에 전염병까지 겹쳐서 부모들이 죽는 경우도 허다했다. 이러한 상황이 되면 양민의 자식들이라도 살기 위해 어쩔 수 없이 양반사대부의 노비로 들어가는 경우도 많았다. 부모가 죽으면 어린 자식들은 고통의 늪으로 빠지거나 아예 같이 죽을 수도 있었다.

조선의 국왕과 조정 관료들이 이런 안타까운 상황에 그저 눈을 감고만 있었겠는가? 그렇지 않았다. 그들 역시 가난한 백성들의 삶에 관심을 갖고 있었다. 그래서 건국 후 만들어진 《경국대전》經國大典에도 어린이를 구제하는 법령이 제정되었다. 요즘으로 치면 아동복지 정책이다. 《경국대전》 '혜휼조'惠恤條에 부모가 죽은 아이들을 보호하는 내용이 들어 있으나 매우 소략하고 구체적인 내용이 없었다. 그러나 조선 초기 버려진 아동 구휼은 중앙정부와 지방정부 사이의 원활한 의견교류가 이루어지지 않아 주로 한성부를 중심으로만 이루어졌다. 그러다가 1696년(숙종 22)에 숙종이 '수양임시사목'修養臨時事目을 만들었다.

1664년(현종 5) 북관어사 민정중閔鼎重은 국왕 현종에게 한 가지 건의를 했다. 가난 때문에 자식을 낳아도 기르지 못하는 임산부들이 많은데, 이들을 관아에 등록해 매달 일정한 양식을 지급해야 한다는 것이었다. 실제로 당시에는 먹고살기가 힘들어 자식을 낳은 뒤 아이를 버리고 도망가는 부모가 숱하게 많았다. 민정중은 이러한 안타까운 현실을 지켜보면서 위와 같은 제안과 함께 가난 때문에 자식을 키울 수 없는 사람이 관에 아이를 맡기면 아이를 키울 만한 사람을 물색해 경제적 지원을 해주어야 한다고 주장했다. 그는 남인과 정치적으로 대립하는 서인의 거두였지만 가난한 아이들을 살리는 정책에 있어서는 당파를 초월했다. 이런 민정중의 '유기아수양론'遺棄兒收養論은 당시에 완전한 법률로 나타나지 않다가 1695년(숙종 21) '유기아수양법', 1696년(숙종 22) '수양임시사목'으로 제정되었다. 이 수양임시사목에 의한 아동 구휼은 전국적으로 확대하여 어린 아이들을 보호해야 한다는 좋은 내용이 있었지만 이에 대한 구휼은 정부나 관료들이 하는 것이 아니라 지역의 유지가 해야 한다는 한계가 있었다. 만약 지역의 돈 있는 유지들이 모르쇠 한다면 버려진 어린 아이들을 구제할 길은 없는 것이다.

정조는 《경국대전》의 혜휼조나 숙종대의 버려진 아이들을 위한 유기아수양법의 한계를 넘어 국가가 책임 있게 구제하고 보호해야 한다고 생각하고 1783년(정조 7)에 버려진 아이들을 구제할 〈자휼전칙〉字恤典則이라는 법을 제정한 것이다.

"흉년이 들어 굶주리는 해에 우리 백성들 중 가장 말할 데 없고 괴로운 사람은 바로 어린 아이들이다. 장정들은 그런대로 살아갈 수 있지만, 어린 아이들은 이와 달라 제 힘으로 입에 풀칠을 할 수 없으므로 훌쩍거리며 살려주기를 바라며 의지할 데가 없게 된다."

정조는 〈자휼전칙〉을 제정한 이유를 이처럼 강조하며 힘없고 홀로 남은 아이들에 대해 조정과 지방 수령들이 책임지고 기르게 했다. 실제로 한양 5부五部에서 4~10세 걸식아동들을 진휼청에 보고하면 이곳에서 아이들이 굶어죽지 않도록 조치했다.

우선 이들을 진휼청 밖 빈터에 흙집을 지어 거처하게 하고, 병에 걸리면 혜민서에서 치료해 주었다. 그리고 이 아이들에게는 풍년, 흉년에 관계없이 매일 똑같은 양의 식사를 제공케 했다. 갓난아이의 경우 유리걸식하는 여인들 중에서 수유가 가능한 여인을 골라 한 명당 두 아이씩 맡겼으며, 그 여인에게도 매일 식량을 제공했다. 또 해당 관청은 만약 아이들에게 친척이 있으면 친척에게 보냈고, 아예 버려진 아이들은 국가 재정 상태와 관계없이 자립할 수 있을 때까지 돌보도록 했다.

정조는 〈자휼전칙〉이라는 법령이 만들어졌음을 전 백성들이 알게 하고 싶었다. 그래서 전국 민간에 보급하여 백성들이 귀와 눈으로 접할 수 있도록 하고, 보고 듣는 대로 각기 구제할 방도를 찾을 수 있게 했다. 한문으로 만들어진 〈자휼전칙〉을 훈민정음으로 번역하여 일반 백성들도 읽을 수 있게 했다. 정말 파격적인 일이었다. 정조시대는 훈민정음의 배급 시대라고 해도 과언이 아닌데 그중에서 가장 먼저 〈자휼전칙〉을 훈민정음으로 번역했다. 버려진 아이들을 친족들이나 이웃들이 관청에 알려줄 수 있는 기반을 마련한 것이다.

이러한 전국 배포를 위하여 지역별로 책을 나누어줄 수 있게 제목을 쓰게 하고 어보를 찍게 했다. 다른 책들은 어보를 찍은 사례가 별로 없는데 버려진 아이들을 구제하는 법령이 들어간 〈자휼전칙〉은 어보를 찍어 배포한 것이다. 정조의 의지가 얼마나 대단한지 알 수 있다.

정조는 자신이 만든 정책이 올바르게 시행되어 아이들은 안정되게 살아갈 수 있는지 알고 싶었다. 그래서 진휼청의 당상^{堂上}에게 경연 자리에서 양육 상황에 대해 물어보기도 했다. 이때 진휼청의 당상이 "배불리 먹고 따스하게 입어 마치 메말랐던 풀뿌리가 다시 소생하는 듯합니다."고 아뢰자 정조는 기쁜 얼굴빛을 띠며 이르기를, "교초^{蟭螟} 같은 미미한 곤충도 오히려 호흡을 조절해 자양^{滋養}하여 보전하려 하는데, 더구나 사람 목숨이야 말할 것이 있겠는가. 돌보아 구휼하는 혜택으로 시종 먹을 것을 걱정하지 않는 효과를 낸다면 내 마음의 즐거움으로 어찌 이보다 더 큰 것이 있겠는가. 경들은 나의 이러한 뜻을 체득하여 빈번히 감독하여 신칙하라."고 했다.

이로 인하여 정조시대에 버려진 아이들은 10살이 될 때까지 안정되게 살아갈 수 있었다. 지금에야 10살이라고 하면 아직 어린 아이들이지만 조선시대의 10살이면 산에 가서 나무를 하고 논에 나가 일을 하며 충분히 제몫의 일을 할 수 있는 나이였다. 그러니 정조시대에 10살까지 국가가 책임지고 키워준 것은 일할 나이가 될 때까지 최소한의 안정된 삶을 보장해 준 것이라고 하겠다. 물론 비용이 상당히 들어갔다. 그러나 가난한 아이들도 나라의 백성이기에 반드시 지켜내야 한다는 생각을 한 것이다.

이 〈자휼전칙〉의 반포와 시행은 정조의 애민정신을 상징화하는 정책으로 그 어떤 구휼정책보다 의미가 있다고 하겠다. 특히 아동을 국가에서 책임져야 한다는 정신이 내포되어 있어 현재의 유기아 정책보다 오히려 앞서는 정책이라 할 수 있다.

정조는 이 정책뿐 아니라 경제적 어려움으로 결혼하지 못하는 30세 이상의 남녀를 지방 수령의 책임 하에 결혼시키게 하는 법률까지 제정하는 등 소외 계층에 대한 전면적인 개혁정책을 단행했다.

정조의 복지정책은 시대의 변화와 인간에 대한 존중 의식을 그대로 법령에 투영한 것이다. 기득권보다는 가난한 백성들에게 더욱 마음을 두고 그들의 삶을 위한 정책을 만든 정조, 그런 마음과 정책 덕분에 백성들로부터 절대적인 지지를 받을 수 있었던 것이다. 더 이상 복지정책은 낭비가 아니라 새로운 창조다. 오늘의 리더들이 모든 분야에서 조금 더 깊이 고민하고 소외된 이들에 대한 배려를 한다면 결국은 기업을 위해서도 국가를 위해서도 도움이 되는 것이다.

08

금난전권을 혁파하여
경제를 개혁하다

개혁을 해야 하는데 기득권 세력들의 이익 때문에 도저히 손을 댈 수 없다면 리더들은 어떻게 할 것인가? 그냥 기득권과 연대하고 그들의 이익을 공유할 것인가? 아니면 국가나 조직의 미래를 위해 과감한 개혁을 할 것인가? 참으로 어려운 문제가 아닐 수 없다. 우리는 새로운 미래를 역사에서 찾는다고 늘 말하곤 하는데, 바로 이런 어려운 문제를 역사에서 찾아야 할 것이다. 바로 정조의 과감한 상업개혁인 '신해통공'辛亥通共을 통해서다.

조선시대 최고의 개혁을 많은 이들이 '대동법'大同法이라고 한다. 잘못된 세금제도를 개선한 대동법은 정말 대단한 개혁이 아닐 수 없다. 영화 〈광해〉에서 대동법을 역설하는 가짜 광해임금의 사자후는 정말 대단했다. 보는 이로 하여금 감동의 눈물을 흘리게 했다. 그 이유는 바로 백성을 위한 대동법의 진정성 때문이다. 이 대동법과 쌍벽을 이룰 만한 개혁이 바로 '신해통공'이라고 생각한다.

그렇다면 '신해통공'辛亥通共이란 과연 무엇인가? '신해'辛亥란 말은 신해년을 의미하는 것이다. 신해년은 1791년, 즉 정조 즉위 15년이 되는 해이다. '통공'通共이란 무슨 말인가? 통공이란 모든 백성들이 자유롭게 장사를 할 수 있다는 말이다. '신해통공'이란 1791년에 모든 백성들이 자유롭게 상업행위를 할 수 있는 정책이 만들어져 시행되었다는 것을 의미한다.

그렇다면 1791년 이전까지는 조선의 모든 백성들이 자유롭게 장사를 하지 못했다는 것인가? 그렇다. 우리가 흔히 시전상인이라고 이야기하는 국가로부터 공인받은 상인, 즉 도고都賈를 제외하고 조선의 백성들은 장사를 할 수 없었다. 상인들은 국가의 정책을 결정하는 조정 관료들과 연대하여 그들에게 정치적 자금을 지원하고 경제적 이익을 독차지했다. 요즘으로 치면 정경유착인 셈이다. 그러니 시장에서 거래되는 각종 품목에 대해 독점권을 갖고 있는 이들 입장에서는 모든 백성들이 어떠한 품목도 고지하지 않고 장사를 할 수 있게 되는 개혁을 결코 원하지 않았다. 그러나 정조는 백성들이 모두 자유롭게 장사를 할 수 있어야 국가의 경제가 발전할 수 있다고 생각했고, 이를 채제공을 비롯한 자신을 지지해주는 고위 관료와 실무경제 관료들과 함께 정책을 추진하고 진행했다.

이 '신해통공'은 조선 건국 후 399년 만에 이루어진 개혁이었다. 그러니 얼마나 대단한 개혁인가? 지금 우리 정부나 기업 등도 과거에 만든 정책에 묶여 과감하게 개혁을 하지 못하는 일이 허다한데 정조는 399년 동안 이어진 잘못된 정책을 단숨에 혁파해 버렸다. 이와 같은 규제개혁은 우리가 절대적으로 배워야 할 대목이다.

그렇다면 '신해통공'은 어떻게 이루어졌는가? 이 당시 통공정책을 추진하는 데 별다른 문제는 없었는가?

조선시대는 독점권을 갖고 있는 시전상인들에게 특별한 권한을 주었다. 그것은 바로 '금난전권'禁亂廛權이다 바로 난전을 금하는 권리이다. 백성들이 각자 팔고자 하는 물품을 가져와 난전을 만들어 팔려고 하면 시전상인들은 자신들이 가지고 있는 권한을 내세워 무력으로 장사를 못하게 했다. 그러니 일반 백성들은 장사를 할 수 없었다. 그리고 시대가 갈수록 금난전권을 가진 상인들의 권한은 더욱 커져 나갔다. 기득권들이 자신들의 힘을 계속 키워 나간 것이다.

그러나 금난전권의 강화는 도시의 경제 질서를 경직되게 만들어 융통성이 없어지고, 독점권으로 인한 물가 상승을 초래하여 영세상인 및 수공업자 그리고 도시빈민층의 생계에 위협을 주었다. 앞서 이야기했지만 이는 금난전권을 소유한 특권상인들이 노론 계열의 힘 있는 가문들과 깊이 연결되어 있었기 때문이었다.

이들이 특정 가문과 정치 관료들에게 경제적 후원을 하고 있었으므로, 금난전권의 유지는 탕평정책을 하는 개혁 세력들에게는 반드시 없애야 할 제도였다. 정조는 도시빈민층과 영세상인 및 소생산자들을 보호하는 정책을 만들어야 하는 시대적 과제도 실천하고 한편으로는 노론 핵심 세력들의 힘을 약화시키고자 하는 정치적 개혁도 실행했다.

금난전권을 혁파하려던 논의는 영조대인 1764년(영조 40)에 이미 진행되고 있었다. 이 때를 전후하여 금난전권을 제한하려는 '통공발매'通共發賣의 이론이 나타났던 것이다. '통공발매'란 독점상권을 누려왔던 시전에 대한 전매특권을 폐지하고, 개별 상인에게 자유로운 상품매매를 허용하는 시장정책이었다. 그러나 조정 관료들의 강력한 반발 때문에 이루어지지 못했다. 정조시대에 들어와 통공발매론은 1787년(정조 11)에 일부 시행되었고, 이를 '정미통공'丁未通共이라 한다.

이때 시전 상인들의 금난전권 혁파 논의가 나타났지만 실제 사례가 없어서 제대로 정책을 만들 수 없었다. 정조는 과감한 개혁을 위해 수원신도시에서 이를 실험하고자 했다.

1789년(정조 13) 7월, 사도세자의 묘소를 수원 화산花山으로 옮기면서 관아가 있는 읍치邑治를 팔달산 일대로 이전하고 새로운 수원시전을 형성하면서 정조는 경제정책을 실험했다.

새로운 시장을 건설하기 위하여 채제공과 비변사는 수원의 경제 육성을 위하여 서울의 부호 20호를 선발하여 중국과 무역하는 품목인 관모官帽와 인삼의 유통권을 수원에서만 허용해야 한다고 제안하고 절목(오늘날의 법)을 입안했다. 상인들의 자본 부족을 해결하기 위해 영남 감영의 남창에 속한 5만 냥과 평양 감영의 5만 냥을 수원의 이주 상인들에게 지원하여 밑천을 삼도록 했다.

모자와 삼이 주된 무역 품목이지만 만약 더욱 중요한 물품이 생기면 그것도 자연스럽게 무역의 품목에 넣어 마음대로 무역을 하는 것을 허락했다. 당시 수원으로 이주하여 상업행위를 하려는 이들이 대부분 한양의 상인들이었고, 그중에서도 의원과 역관들이 주류를 이루었다. 의원들 역시 조선 후기에 상업행위에 뛰어들었고, 역관들은 조선 무역의 중추였다. 하지만 이들이 수원 지역의 새로운 상업행위에 주축이 된다면 여러 가지 문제가 발생할 수 있다고 좌의정 이병모는 생각했다.

이병모는 수원의 시전 설치에 대한 분분한 의견을 정리하여 정조에게 6가지의 불편한 진실을 이야기했다. 그 첫째가 서울의 부호가 수원으로 내려갈 경우 서울이 문제가 된다는 것이고, 둘째가 모자와 인삼만으로 수원을 발전시키기 어려우니 다양한 품목으로 장사를 할 수 있게 하여야 한다는 것이고, 셋째가 서울의 부호들이 정작 수원에 완전히 거주하지 않고 왔다 갔다 하면서 수원의 경제권을 장악하여 가난한 수원의 백성들 위에 군림하여 고통을 줄 수 있다는 것이다. 요즘으로 치면 1%가 99%를 장악할 수 있기에 사회적 문제를 야기할 수 있다는 뜻이었다. 하긴 단 20호의 상인들이 1만 호에 이르는 수원 백성들의 경제권을 장악하는 것은 분명 문제가 있는 것이었다. 넷째가 특정상인 20호가 인삼을 독점하게 되면 나머지 상인들이 인삼 유통을 할 수 없는 것이고, 다섯째 서울의 특정 상인들을 대상으로 수원 시전 건립을 허가해줄 때 나머지 상인들이 소외될 수 있으며, 마지막으로 새로운 수원 시전 육성 정책은 독점 상인을 유치하는 것이므로 왕도정치의 근본에 위배된다는 것이었다.

참으로 무서운 이야기가 아닐 수 없다. 특정 세력에게 독점권을 주면 일시적으로 많은 돈을 투자하여 상업을 흥하게 할 수 있지만 이는 백성을 모두 이롭게 하고자 하는 왕도정치의 근본 이념에 어긋난다는 것이다.

정조는 이병모의 의견을 받아들였다. 6가지의 불편한 진실이 틀린 말이 아니었기 때문이다. 이병모의 의견에 우의정 채제공 역시 동의를 했다. 비변사에서 제안한 화성 상업 육성법이 그대로 시행되어도 큰 문제가 없다는 많은 의견이 있지만 그래도 반대하는 사람들이 실제 존재하기에 철회를 하는 것이 장기적으로 올바르다는 것이었다.

이에 수원부사 조심태는 새로운 제안을 내놓았다. 그것은 바로 한양의 부상富商도 일부 받아들이지만 실제 수원의 상인들을 육성하자는 것이었다. 수원에 거주하는 전체 백성들 중에 상업에 종사하고 싶은 이들에게 조정에서 총 6만 냥을 지원하여 시전을 설치하고 장사를 하도록 하자는 것이었다. 비록 외부에서 거물 상인들이 온다고 하여도 수원 출신들이 함께 장사를 하는 것이기에 문제가 없다는 것이다. 이런 절충안에 따라 수원은 새로운 상인 세력이 등장하게 되었다. 한양의 부상과 수원의 상인 그리고 전국 경향각지에서 올라온 상인들이 특정의 독점권이 없이 자유롭게 장사를 할 수 있게 된 것이다. 누구든지 자유롭게 상업행위를 하다 보니 수원 지역의 경제가 활성화되었다. 이러한 경제변혁을 모두들 눈으로 확인하게 된 것이다. 그러니 더 이상 잘못된 정책을 유지할 필요가 없었다.

물론 당시 대부분의 정치인들도 금난전권의 문제를 알고 있었고 개혁을 해야 한다고 생각했다. 그러나 개혁을 하자고 대놓고 주장하는 이들은 없었다. 금난전권을 혁파하자고 의견을 내는 순간 엄청난 후폭풍이 몰려올 것을 알기 때문이다.

그럼에도 확실한 상업 개혁을 준비하던 채제공은 신해년(1791, 정조 15)에 시전상인들이 도매[都估] 장사하는 법을 파하기를 청했다.

"도성에 사는 백성의 고통으로 말한다면 도거리 장사가 가장 심합니다. 우리 나라의 난전亂廛을 금하는 법은 오로지 육전이 위로 나라의 일에 수응하고 그들로 하여금 이익을 독차지하게 하자는 것입니다. 그런데 요즈음 빈둥거리며 노는 무뢰배들이 삼삼오오 떼를 지어 스스로 가게 이름을 붙여 놓고 사람들의 일용품에 관계되는 것들을 제각기 멋대로 전부 주관을 합니다. 크게는 말이나 배에 실은 물건부터 작게는 머리에 이고 손에 든 물건까지 길목에서 사람을 기다렸다가 싼값으로 억지로 사는데, 만약 물건 주인이 듣지를 않으면 곧 난전이라 부르면서 결박하여 형조와 한성부에 잡아넣습니다. 이 때문에 물건을 가진 사람들이 간혹 본전도 되지 않는 값에 어쩔 수 없이 눈물을 흘리며 팔아버리게 됩니다.

이에 제각기 가게를 벌여 놓고 배나 되는 값을 받는데, 평민들이 사지 않으면 그만이지만 만약 부득이 사지 않을 수 없는 경우에 처한 사람은 그 가게를 버리고서는 다른 곳에서 물건을 살 수가 없습니다. 이 때문에 그 값이 나날이 올라 물건 값이 비싸기가 신이 젊었을 때에 비해 3배 또는 5배나 됩니다. 근래에 이르러서는 심지어 채소나 옹기까지도 가게 이름이 있어서 사사로이 서로 물건을 팔고 살 수가 없으므로 백성들이 음식을 만들 때 소금이 없거나 곤궁한 선비가 조상의 제사를 지내지 못하는 일까지 자주 있습니다. 이와 같은 모든 도거리 장사를 금지한다면 그러한 폐단이 중지될 것이지만 입을 다물고 있는 것은 단지 원성이 자신에게 돌아올까 겁내는 것에 지나지 않습니다."

채제공은 시전상인들이 가지고 있는 금난전권을 혁파하고 상인이 되고자 원하는 백성들이 자유롭게 상업행위를 한다면 상인들은 서로 매매하는 이익이 있을 것이고 백성들도 곤궁한 걱정이 없을 것이라고 했다. 그리고 마지막으로 시전상인들의 원망은 스스로 감당하겠다고 다부진 결의를 했다.

정조는 그 자리에서 여러 관료들의 의견을 모두 들었다. 재상들과 판서들의 의견을 모두 들은 정조는 최종 결론을 내렸다. 신하들은 의견을 낼 수 있지만 결정은 국왕인 정조가 하는 것이다. 사실 이 문제는 정조가 지속적으로 관심을 갖고 개혁하고자 한 일이었기 때문에 채제공의 제안은 정조의 지시나 마찬가지였다. 결국 정조는 과감한 개혁을 선언하고 통공정책을 실시하기로 했다.

채제공의 문집인 《번암집》樊巖集을 보면 실제 시전상인들이 채제공에게 법을 제정하지 말라고 호소하면서 집과 거리를 메우고 원망하고 압력을 가했다. 그러나 채제공은 눈 하나 깜짝하지 않고 이 정책을 밀어붙였고, 1년쯤 지나서 물화物貨가 모여들어 일용품이 날마다 넉넉해지니 백성들은 크게 기뻐하여, 비록 전에 원망하고 저주하던 자들일지라도 공의公議가 훌륭했다고 했다.

결국 조선 건국 후 399년 만에 신해통공은 실시되었고, 백성들은 새로운 경제 체제를 맞이하게 되었다. 양민으로서 상인이 되어 돈을 버는 이도 생겨나고, 독점권이 사라져 물품의 가격이 안정되게 유지되었다. 정조와 그의 관료들이 시대의 변화를 정확히 읽어내고 그 시대에 맞는 정책을 만들어 낸 것이다. 이처럼 리더들은 시대의 변화와 잘못된 관행과 정책을 혁파할 용기와 지혜가 있어야 한다. 그것이 바로 리더가 해야 할 일이다.

09

공^公과 사^私를
철저히 구분하다

'유전무죄 무전유죄'^{有錢無罪, 無錢有罪}

아직도 이 말은 우리 사회에 유효한 것 같다. 엄청난 권력을 가진 이들의 주변 인물들은 죄를 저지르고도 미꾸라지 빠져나오듯 하고, 죄가 없거나 작은 죄를 지은 이들은 억울한 옥살이를 하는 경우가 여전히 적지 않기 때문이다. 사회 정의가 바로 서지 않아서라기보다 아직도 우리 사회에 전근대적 악습이 남아 있기 때문이 아닌가 한다.

조선시대의 경우도 지금과 다르지 않았다. 유교 사회였던 조선이 도덕주의를 강조하고 아무리 선악에 대한 확고한 명분을 이야기해도 혈연과 지연, 권력과 부^富에 따른 불공정한 재판이 오늘날보다 훨씬 많이 있었다. 이러한 시대에 오늘날처럼 3심 제도로 운영되던 조선의 최종 재판은 국왕에 의한 결정이었다. 그러니 국왕은 사람을 살리고 죽이는 최종 권한을 갖고 있었던 것이다. 국왕이 소홀하게 재판하면 죄가 없는 백성이 안타깝게 죽을 수 있는 것이 현실이었다. 국왕의 최종결정은 어떠한 허물도 없는 것이기에 억울한 죽음에 대해 그것이 잘못된 것이라고 논의하기도 힘들었다.

이러한 시대에 정조는 매우 특별한 재판관이었다. 그는 늘 백성을 위한 재판을 하기 위해 꼼꼼하게 재판 기록을 들여다보고 공정한 재판이 될 수 있도록 최선을 다했다. 《홍재전서》의 《일득록》을 보면 정조가 자신의 재판에 대해 이렇게 표현하고 있다.

"나는 감영에서 올라 온 판결문을 경전 대하듯 읽었다."

즉 재판의 기록을 공자와 맹자 등 성인들의 말씀을 읽듯이 수령들이 재판한 1심 기록과 관찰사가 재판한 2심의 재판 과정과 결과를 보았다는 것이다. 성인의 말씀을 대하듯 꼼꼼히 읽다 보니 재판 과정에 포함된 잘못된 내용과 판결을 볼 수 있었고, 그로 인하여 억울한 사람을 살릴 수 있었다. 정조는 특히 살인 사건에 대한 백성들의 의견을 신중히 들었고, 그것을 판결에 반영했다.

정조가 재판을 해야 할 때가 되면 매번 8도에서 올라온 재판 기록인 옥안獄案이 정조의 책상과 대臺에 가득 쌓였다. 정조는 이 기록들을 직접 살펴보고 조사하였는데, 종종 밤을 새워 아침까지 이어질 때도 있었다. 여러 신하들이 모두 걱정하고 염려했으나 감히 말을 하지 못했다. 정조는 "옥獄이란 사람의 생명과 관계되는 바이다. 옛날의 성인聖人은 한 사람이라도 죄 없는 이를 죽이고서는 천하를 얻는 것도 오히려 하지 않을 것이라 했는데, 내 어찌 한때의 수고로움을 꺼려 심리의 방도를 조금이라도 소홀히 하겠는가." 했다.

이처럼 정조는 재판 기록 살피기를 매우 중요시 여겼다. 《홍재전서》를 보면 정조가 얼마나 진중하고 성실하게 재판 기록을 검토했는지 알 수 있다.

한번은 전국에서 올라 온 100여 통의 기록들이 수북이 쌓여 있었다. 당시는 한여름이어서 옷소매에 땀이 배었다. 이 모습을 본 신하들이 무더위에 과로하면 몸을 보호하는 데 방해가 된다고 과로하지 말라고 건의를 했다.

이 말을 들은 정조는 "이는 백성의 생명에 관계되는 것이다. 터럭만 한 것 하나라도 그냥 지나치면 살아야 할 자가 혹 억울하게 죽고 죽어야 할 자가 혹 살게 되니, 어찌 크게 두려워할 일이 아니겠는가. 감옥의 죄수들이 형틀에 매여 호소하는 모습을 상상하면 마음이 근심스럽다. 그래서 이와 같이 심한 무더위 때라 해도 몸소 파헤쳐 점검해 보지 않을 수 없으니, 피곤한 줄을 모르겠다." 했다.

참으로 대단한 군주가 아닐 수 없다. 이러한 정신을 가지고 있기 때문에 그는 오늘날 우리에게 존경을 받는 것이다. 만약 그가 자신의 몸을 편히 하고자 그리 세밀하게 기록을 들여다보지 않았다면 과연 당시 억울한 백성의 생명은 어찌 되었을까?

정조는 죄인들의 재판 기록들이 대부분이 죄인을 더욱 악인으로 만들어 살릴 수 없게 만들었다고 생각했다. 그래서 그는 혹시라도 사람을 살릴 수 있는 길은 재판 기록을 반복해서 읽음으로써 그 속에 숨어 있는 잘못된 것을 찾는 것이라고 생각하고 그렇게 읽고 또 읽은 것이다. 그 과정에서 살인에 대한 기록은 더욱 꼼꼼히 읽어보았다.

"내가 자세히 살피고 삼가는 바로는 살옥殺獄만 한 것이 없다. 그래서 무릇 옥안에 대해서 한 번 자세히 살펴보고 또 재차 살펴보는 것이다. 몇 년 전의 일이라도 곧 관련자의 성명을 잊지 않은 것은 기억력이 좋아서 그런 것이 아니다. 정성이 닿은 바이기 때문이다."

이처럼 생명을 살리기 위한 노력은 다른 재판에도 영향을 주었다. 정조는 옥사를 다스릴 때 관대하게 용서하는 쪽으로 재판을 했다. 혹 이미 죄상을 자백했더라도 의심할 만한 점이 있으면 대부분 용서하여 풀어 주었다. 여러 신하들이 이를 문제 삼았지만 정조는 조사를 받는 과정에서 엄청난 고통이 가해지면 없는 사실도 거짓으로 있다고 할 수 있기 때문에 완벽하지 않은 내용은 무죄로 해야 한다고 했다. 이처럼 놀라운 판결이 어디 있겠는가? 오늘날 무죄 추정의 원칙과 하나도 다르지 않다. 지금도 무죄 추정의 원칙을 적용하면서 강압적 수사를 통해 거짓 죄를 만드는 일이 허다했다. 해방 이후 민주화 이전까지 얼마나 많은 억울한 죄인이 있었는가?

그렇다면 정조는 실제 어떤 재판을 했을까?

1791년(정조 15) 전주에 살고 있던 김계손과 아우 김성손이 부친의 원수를 갚으려고 김수리봉이라는 사람을 칼로 찔러 살해한 일이 발생했다. 1년 전 김수리봉은 김계손의 아버지와 말다툼을 하다가 그를 발로 걷어차 죽이고 감옥에 갇혔다. 그러나 전주 관아에서 수령과 아전이 뇌물을 받았는지 과실치사로 방면해 김수리봉은 다른 지역으로 이사를 갔다. 그후 김계손과 김성손은 너무도 억울해 하면서 아버지의 원수를 갚기 위해 단도를 몸에 지닌 채 그를 1년간 찾아다녔고, 마침내 충청도 이성尼城(오늘날 논산)에서 김수리봉을 찾아내 칼을 휘둘러 살해한 것이다.

이후 김씨 형제는 관아에 찾아가 자수하면서 자신들을 죽여달라고 했다. 당시 충청감사였던 박종악은 이 사건을 매우 중요하게 여겼고, 지역 아전들과 백성들의 의견을 수렴해 정조에게 의견을 올렸다. "아비의 원수를 갚고 난 뒤에 살인을 자백했으니, 정상을 참작해 용서할 만한 점이 있습니다."

정조는 이런 의견을 취합해 "비록 (김씨 형제가) 살인을 저질렀지만, 이륜행실도二倫行實圖에 올릴 만한 효성이기에 특별히 용서한다. 그리고 오히려 그들이 인재일 수 있으니 조정에 추천하라."고 최종 판결을 내렸다. 효孝와 의義를 실천했기에 오히려 본을 받아야 한다는 것이다. 오늘날과 다른 유교 중시 체제에서 나올 수 있는 판결이었다.

1794년(정조 18) 가을, 흉년으로 농사를 망쳐 백성들이 고통에 빠져 있는데 경기도의 여러 수령들이 백성들을 돌보지 않고 부정부패에 빠져 있다는 소문이 도성에 가득했다. 이처럼 어려운 상황이 되자 수령을 신뢰하지 못하는 백성들이 암행어사를 파견하여 탐관오리를 엄벌해달라고 조정에 간곡하게 요청하기 시작했다. 그 소식을 들은 정조는 11월 초에 젊은 관리들 15명을 은밀히 불러 모았다.

정조는 청렴결백한 젊은 관리로 평가받고 있는 그들을 경기도 전역에 암행어사로 보내기로 했다. 정조는 이들에게 "수령의 잘잘못을 규찰하고 백성들의 괴로움을 살피는 것이 어사의 직임이다. 비단옷을 입는 것은 그 은총을 드러내는 것이요, 도끼를 지니는 것은 그 권위를 높이려는 것이다."라며 철저한 조사를 지시했다.

이 청년 관리들 중에 32살의 정약용도 포함되어 있었다. 정조가 정약용에게 조사하라고 지시한 지역은 경기 북부의 적성, 마전, 연천과 삭녕 네 고을이었다. 정약용은 이곳에 가서 은밀히 조사를 시작했다. 조사를 하던 정약용은 너무도 놀라운 사실을 알게 되었다. 전직 삭녕군수 강명길과 전직 연천현감 김양직의 부정부패가 일반 수령들에 비해 극에 달한 것이다.

김양직은 마음대로 환곡을 나누어 주어 높은 이자를 받아 자신이 챙겼고, 강명길은 가난한 백성들이 스스로 개간한 화전火田에 높은 세금을 부과하여 자신이 착복했다. 강명길은 부평부사로 자리를 옮기고도 그 못된 행위를 그만두지 않고 더욱 심한 비리를 저지르고 있었다. 정약용은 이 두 사람의 죄는 도저히 용서할 수 없으니 유배형에 처해야 한다고 정조에게 상소를 올렸다.

정조는 매우 곤혹스러웠다. 왜냐하면 이 두 사람이 자신이 매우 총애하는 관료들이었기 때문이다. 강명길은 자신의 건강을 책임지는 내의원의 태의太醫였다. 강명길은 정조의 체질을 가장 잘 알고 있어 치료를 전담하다시피 했다. 과도한 업무와 스트레스로 몸이 좋지 않았던 정조는 자신의 건강을 지켜준 강명길을 무척 신뢰했고, 그에 대한 보답으로 수령으로 보내준 것이다. 김양직은 정조의 부친인 사도세자의 묏자리인 수원 현륭원의 터를 잡아준 지관地官이었다. 부친 사도세자에 대한 지극한 효심을 갖고 있던 정조는 김양직이 잡아준 묏자리에 대한 감사의 표시로 연천현감을 제수한 것이다. 의관과 지관이 고을의 수령으로 임명된 것은 조선 역사에서 매우 드문 일이었다. 이만큼 이들은 정조의 신뢰를 받던 사람들이었다.

그런데 그들은 정조의 신뢰를 이용하여 엄청난 비리를 저지르며 백성들에게 피눈물을 흘리게 했다. 정약용은 "법의 적용은 마땅히 국왕의 가까운 신하로부터 하여야 합니다."라며 정조에게 잘못을 저지른 이들을 유배형에 처해야 한다고 강력하게 주장했다. 국왕의 측근이 법을 지키지 않거나 법에 따라 처벌받지 않는다면 다른 관료들에게 법을 지키라고 요구할 수도 없고, 관료들의 불법을 처벌하여 국가의 법질서를 확고히 세울 수도 없기 때문이다. 정조는 사적인 감정을 배제하고 이들을 유배형에 처했다.

이처럼 정조는 도덕적 명분과 의로움을 중히 여기면서 사람을 살리기 위한 판결을 내렸다. 그러면서 자신의 측근도 잘못을 저지르면 과감하게 유배형의 판결을 내렸다. 공과 사에 대한 철저한 구분과 정의를 담고 있었다.

리더들이 진실을 찾기 위한 노력과 매사에 공정한 분석과 결정을 한다면 우리 사회는 보다 깨끗해지고 부정不正이 사라질 것이다. 특정 인연으로 잘못을 덮는다면 그 사회와 조직은 절대 발전할 수 없다. 우리는 정조를 통해 다시 한 번 정의와 진실에 대한 노력을 생각해야 할 것이다. 만약 그렇게 하지 않으면 200여 년 전 정조와 정약용이 다시 태어나 우리에게 큰 소리로 혼을 낼 것이다.

10

민주주의 제도의
기반을 마련하다

우리식 민주주의 제도는 언제부터 시작된 것일까? 우리나라 사람들은 대체로 우리나라에 정착된 민주주의 제도가 서구에서 들어온 것으로 인식하고 있다. 물론 아주 틀린 이야기는 아닐 것이다. 그러나 현재 우리의 민주주의 제도가 무조건 서구식 민주주의 제도를 받아들여 정착했다고 하는 것이 정답이라고 할 수도 없다.

1970년대 박정희 정권에 의해 새마을운동이 시작되면서 경제발전이 추진된 것은 긍정적인 것으로 평가받을 수 있다. 하지만 우리의 전통 문화가 낡고 고루한 것이라는 평가 속에 상당수의 전통 문화를 없애버린 것은 엄청난 잘못이었다. 당시는 군사정권 시절이었기 때문에 제대로 항변도 못한 상태에서 우리의 전통 공동체 문화가 사라져버렸다. 공동체 문화가 사라지면서 함께 없어진 것은 바로 우리 민족 문화에 대한 자부심이었다. 우리의 역사와 문화에 대한 자부심이 사라지고 오로지 서구의 문화만이 올바르고 훌륭한 것이라는 문화적 사대주의가 생긴 것이 새마을운동의 가장 큰 불행이었다.

이러한 잘못된 인식 중 하나가 민주주의 제도가 우리나라에는 전혀 존재하지 않았고, 오로지 미국 등 서구에서 들여온 것이라는 것이다. 그러나 이는 전혀 맞지 않는 이야기다. 우리는 동학혁명 과정에서 민주주의 제도의 모범이라고 할 수 있는 집강소執綱所가 설치되었다. 현재 대한민국에서 실시되고 있는 지방자치제도의 원형이 바로 집강소의 설치와 운영이었다.

시장과 도지사 등 광역자치단체장과 시장과 군수 등 지방자치단체장을 시민들이 직접 선발하는 현재의 민주주의 제도는 120여 년 전 동학농민군이 전주성을 점령하고 조정과 협의하여 진행된 집강소 설치와 그 궤를 같이한다고 해도 전혀 틀린 말이 아니다. 조정에서 국왕에 의해 임명된 수령들에 의해 통치되던 현실에서 백성들이 직접 고을의 지도자를 뽑아 집강으로 명명하여 그들에 의해 운영되는 제도는 현재의 지자체 제도와 매우 유사하다. 이러한 모습을 보자면 우리의 민주주의 제도는 서구의 민주주의 제도보다 훨씬 선진적이었다.

동학의 집강소보다 더욱 앞서서 민주주의적 기반을 마련하고 운영되었던 것이 바로 수원 화성의 북쪽 들녘인 '대유둔'大有屯에서 마련된 운영 제도였다. 정조는 1795년(정조 19) 윤2월에 화성행차를 추진했다. 어머니 혜경궁 홍씨의 회갑연을 한양의 궁궐에서 하지 않고 수원의 화성행궁에서 치르기로 했기 때문이다. 혜경궁 홍씨와 사도세자가 동갑이었기 때문에 혜경궁의 회갑은 돌아가신 사도세자의 구갑舊甲이기도 했다. 그래서 정조는 아버지 사도세자가 묻혀 있는 수원에서 혜경궁 홍씨의 회갑연을 하고 싶었던 것이다. 사도세자의 탄신일이 1월 21일인데 이때는 너무 추운 때여서 봄에 하고자하여 윤2월 9일에 한양에서 출발하여 8일 동안 일정을 잡았다.

정조는 8일간의 화성행차를 위해 왕실 소유의 내탕금 10만 냥을 내놓았고, 혜경궁의 회갑을 진행하기 위해 만들어진 특별기구인 '정리소'整理所에서는 경비를 아껴 2만 냥을 남겼다. 정조는 이중 1만 냥을 제주도민들의 기근을 해결하기 위해 식량 구입비로 사용하고, 나머지 1만 냥은 화성의 북쪽에 저수지를 만들고 백성들을 위한 국영농장을 만들기로 했다. 저수지의 이름을 만석거萬石渠라고 하고 국영농장의 이름을 대유둔, 혹은 대유평大有坪이라고 했다. 이와 관련된 이야기를 하자면 너무도 긴 이야기라서 생략하고자 한다.

중요한 것은 바로 대유둔을 만들고 이를 운영하는 기구를 만드는 데 있다. 정조는 몇십만 평에 이르는 대유둔을 운영하기 위하여 '대유둔도감'大有屯都監이라는 기관을 설치하기로 했다. 대유둔도감의 최고 책임자는 '둔도감'이라고 하여 화성에 거주하는 양반 중에서 1인을 화성유수가 임명하게 했다. 둔도감을 수행하여 대유둔을 운영하는 부책임자인 '도감'은 화성에 주둔하는 장용영외영의 장교 중 한 명을 화성유수가 임명하게 했다.

특이한 것은 실제 대유둔을 운영하는 주체인 '마름'의 선발이었다. 앞서 '둔도감'과 '도감'은 양반과 장교 중에서 화성유수가 임명하는데, '마름'은 선발 방식이 전혀 달랐다. 정조는 화성의 대유둔 마름을 화성유수가 임의대로 임명하게 하지 않고, 대유둔에서 농사를 짓는 백성들이 직접 의견을 모아 가장 현명한 사람으로 뽑게 했다. 백성들의 의견을 존중하여 그들이 직접 운영 주체를 선발하게 한 것이다. 화성유수가 자신의 측근을 임명할 수도 있었는데 그렇게 하지 않고 백성들의 의견을 존중한 것이다. 이는 다른 나라에서는 상상할 수도 없는 선진적인 민주주의 제도의 운영이었다.

그런데 더욱 놀라운 일이 있다. 바로 이들에 대한 임금 체계다. 정조는 이들에 대한 노동의 대가를 정당하게 지급하고자 했다. 그래서 양반인 둔도감에게는 매달 쌀 1가마를 지급하게 하고, 장교인 도감에게도 매달 쌀 1가마를 지급하게 했다. 그런데 마름에게는 매달 쌀 2가마를 지급하게 했다. 양반과 장교에게 지급하는 급여보다 배나 되는 쌀을 지급한 것이다. 이 얼마나 놀라운 일인가? 지금도 국가의 중요 기관에서 위원장에게 높은 임금과 판공비를 지불하는 것이 관례가 아닌가? 실제 일을 하는 사람보다 명망과 나이, 학벌 등을 더욱 중요시 여기는 사회가 우리 사회의 모습일 수 있다. 그러나 200여 년 전 정조는 명망보다도 일을 담당하는 마름에게 더욱 많은 급여를 주었다. 백성들에 의해 추천된 현명한 사람을 더욱 존중하고 그로 하여금 합리적으로 일을 하게 하여 국영농장인 대유둔이 더욱 발전하여 쌀의 생산량을 늘릴 수 있게 하고자 함이었다. 더불어 백성들 간의 화목을 도모하여 진정 아름다운 공동체 문화를 만들기 위해서였다. 이것이야말로 진정 경제민주화가 아닌가? 실질적으로 역할을 하는 일꾼에게 정당한 임금을 지불하고 그가 진심으로 일을 하게 하는 것이 바로 경제민주화이다.

대유둔 운영은 민주주의적 시스템으로 백성들을 위하여 일을 할 수 있는 사람을 선발하게 하고, 그들에 대하여 정당한 임금을 지불해준 것이다. 이러한 정조의 백성존중과 노동에 대한 존중이 존재했기 때문에 민주주의와 민본주의가 발전할 수 있었다. 정조시대 수원의 대유둔으로부터 시작된 민주주의 정신과 기반은 동학으로까지 이어져 집강소 설치라는 엄청난 민주주의 제도를 만들어 낸 것이다.

우리는 이러한 역사와 문화를 기억하면서 21세기 새로운 민주주의 제도와 시민에 대한 존중을 갖는 제도를 만들어내고 운영을 해야 할 것이다. 온고지신溫故知新이란 어려운 것도 아니고 먼 곳에 있는 것도 아니다.

11

먼 미래를 내다보고
식목정책을 추진하다

우리나라 국민들 중 50대 이상은 중학교 국어책에 나왔던 단편소설 〈붉은 산〉을 기억할 것이다. 이 작품은 친일파로 전향하기 전의 김동인이 쓴 소설로, 마지막 장면이 매우 인상적이었다. 만주에서 우리 동포를 괴롭히던 인간이 독립군을 보호하다가 죽게 되는데 그 마지막 대사가 "붉은 산이 보고 싶어요."였다. 그가 죽기 직전에 간절히 보고 싶었던 것이 붉은 산이었다.

붉은 산이란 무엇을 말하는 것인가? 그 붉은 산은 바로 조선의 산이다. 당시 조선의 산은 나무가 없어서 산의 맨땅만 보였는데, 그 색깔이 멀리서 보면 붉은 색이어서 붉은 산이라고 한 것이다. 슬픈 조국의 노래이다. 나무가 없는 붉은 산. 그것이 조선의 현실이었다.

이 붉은 산은 제국주의 일본이 조선을 침략하고 조선의 나무를 베어 낸 결과이기도 하지만 실제 조선시대에는 나무가 거의 없었다. 국가의 토목과 건축 사업, 그리고 백성들이 땔감 등으로 사용하기 위해 무분별한 나무 베기가 있었기 때문이다.

조선 조정에서는 풍수적인 면과 함께 국가에서 필요로 하는 나무를 공급받기 위하여 서울 주변의 사산四山과 왕릉 또는 특별히 지정한 곳에서 나무하는 것을 법으로 금지했다. 사산이란 북쪽의 북악, 남쪽의 목멱산(남산), 서쪽의 인왕산, 동쪽의 낙산을 말한다.

현종대에는 형조에서 8개 조항의 금제조禁制條를, 한성부에서 6개 조항의 금제조를 만들었는데 그중 하나가 사산에서 소나무를 베지 못하게 하는 것이었다. 그러나 이와 같은 법령에도 불구하고 백성들이 죽은 소나무를 베어가자 한성부로 하여금 순찰케 하여 좋은 재목이면 영선營繕에 사용하고, 재목이 못 되는 것이면 기와 가마에 쓰게 했다.

한편 산에 나무를 베고 불을 질러 밭을 만드는 백성들 때문에 물의 근원이 모두 끊어져 산에 나무가 무성하지 못했다. 이에 산에다 불 놓는 자를 죄로 다스리게 했다.

소나무 등 각종 나무가 손상되는 것은 벌채로 인한 것도 있지만 송충이에 의한 피해도 많았다. 중종대에 서울 근처 10리 사이의 소나무와 능침의 소나무를 송충이가 모두 갉아 먹는 사건이 발생하자 한성부에서 송충이를 잡게 했으나 너무 많아 모두 잡을 수가 없었다고 한다. 특히 동대문 밖과 동소문 밖, 성균관 주산主山과 건원릉健元陵 근처에 송충이가 많았는데 사람들은 이것을 재앙이라고 했다. 송충이의 피해가 극심해 영조대에는 사산의 소나무를 갉아 먹는 송충이를 부민部民들로 하여금 날마다 3승升씩 잡아 바치도록 했다. 이에 백성들은 파묻은 것을 파서 다시 바치는 등의 폐단도 있었다.

조정에서는 금지된 곳의 나무를 베어가는 자를 엄중히 처벌했다. 그럼에도 불구하고 인조대에 사직단 내의 소나무를 몰래 베어간 사람이 있기도 했다. 권력자들이 국법을 무시하고 마음대로 나무를 베기도 했다. 현종 초에는 왕족과 종친들인 영양군嶺陽君, 인평위寅平尉, 동평위東平尉 집의 노예들이 사산의 소나무를 베어내는 것을 산직山直이 막자 오히려 몽둥이를 들고 겁박하는 경우가 발생했다.

백성들은 왕릉의 나무도 베어갔다. 왕릉의 나무 가운데 10그루 이상을 베면 사형에 처하는 법을 만들었으나 백성들은 무서워하면서도 왕릉의 나무를 몰래 베어갔다. 정말 충격적인 것은 세종대왕의 능인 영릉도 봉분 뒤쪽 숲의 나무를 모두 베어가 민둥산이 되었다는 것이다. 정말 나무가 귀한 시대였다. 그래서 조정은 금산정책 혹은 금송정책을 만들어 시행했으나 성공하지 못했다.

효종대에 온돌이 민간에 널리 보급되고 나서부터는 더욱 나무가 귀해졌다. 부엌의 아궁이에서 때는 불로 밥을 짓고 방을 따스하게 데울 수 있는 온돌은 주거문화의 측면에서는 매우 좋은 발명이었지만 산림을 파괴하는 결정적 계기가 되었다. 이후 온 나라가 벌거숭이산이 되어갔다.

숙종대에 소나무를 베지 못하게 하는 금송정책禁松政策을 실시했지만 그 효과는 그리 크지 않았다. 조정이 나무의 중요성을 강조했지만 온돌의 따스함을 경험한 백성들은 나무 베는 것을 멈추지 않았다. 그래서 한여름 장마가 오면 고을 인근의 산하에 나무가 없어 큰 물난리를 만나 백성들의 고통이 이루 말할 수가 없을 지경이었다.

정조는 금송정책의 한계를 뛰어넘어 식목정책을 추진하기로 했다. 나무를 베지 못하게 하는 것보다 나무를 많이 심어 산림을 푸르게 하는 것이 더 좋다고 생각했기 때문이다. 그것이 바로 시대를 읽고 시대의 변화에 따라 정책을 만드는 것이다.

정조는 먼저 자신의 아버지 사도세자의 사당인 경모궁景慕宮 일대에 나무를 심기 시작했다. 경모궁은 오늘날 혜화동에 있는 서울대학교 병원 일대다.

창경궁에서 나오면 바로 있는 곳으로 나지막한 언덕이 있었다.

정조가 처음 경모궁을 조성할 때 사방 주위 산에는 나무가 매우 듬성듬성했다. 그래서 정조는 관리들에게 매년 봄가을로 소나무, 삼나무, 단풍나무, 녹나무, 매화나무, 살구나무, 복숭아나무, 버드나무 등을 캐어다 심게 했다. 그 결과 몇 년 안 되어 숲이 울창하게 조성되어 사당의 면모가 더욱 엄숙하게 되었다.

정조는 경모궁에 심은 나무 중에 산 나무가 얼마나 되고 죽은 나무가 얼마나 되는지를 조사하라고 명했다. 이러한 조사가 있어야 혹시라도 말라 죽은 나무를 보충할 수 있기 때문이다. 그래서 전체 심은 나무의 총수와 살아 있는 나무의 총수를 항상 기록하게 했다. 이러한 데이터의 구축이 산림을 회복할 수 있는 바탕이 된다고 생각한 것이다. 당시 관료들이 생각하지 않은 데이터베이스 구축을 정조는 매우 중요시 여긴 것이고 실제로 이것은 식목정책에 있어 매우 큰 도움이 되는 것이었다. 그래서 당시 경모궁에 심은 나무와 죽은 나무 그리고 어떤 나무가 심어졌는지를 모두 조사하여 책으로 만들었다.

그 책이 바로 《경모궁 식목실총》植木實總이다. 안타깝게도 지금 남아 있지는 않다. 정조는 이 책을 편찬하고 경모궁 도제조 서명선徐命善에게 서문을 짓도록 명했다. 그리고 사계절마다 초하루에 경모궁 관리들이 내용을 수정해서 정조에게 올리는 것으로 제도를 정했다.

이 책이 완성되자 경연자리에서 경영관들에 이르기를, "선대왕께서 일찍이 육상궁毓祥宮에 납시어서 좋은 나무를 심도록 명하시고, '궁중에 언제나 부지런히 나무를 심고 가꾸는 것은 울창하여 사당이 심오하고 엄숙한 위용을 갖게 하기 위해서만이 아니다. 어린 나무가 아름드리가 되었을 때 후인들이 필시 가리키고 어루만지면서 어떤 나무는 어느 때 심은 것이라고 하면서 후인들이 크게 아끼게 될 것이다.《시경》에 뽕나무며 가래나무를 반드시 공경한다고 한 것이 바로 그런 뜻이다' 하셨다. 나는 그 말씀을 감히 잊지 못한다. 이제 경모궁에 나무를 심은 것은 바로 선대왕의 뜻을 이어받은 일단端이다." 했다.

경모궁을 중심으로 나무를 심은 정조는 자신이 만든 시범도시 수원을 중심으로도 나무를 심었다. 1789년(정조 13) 7월 아버지 사도세자의 묘소를 양주 배봉산에서 수원도호부 화산으로 이전하고 신읍치新邑治(새로운 마을)를 팔달산 자락에 새로 조성했다.

정조는 첫 번째로 아버지의 묘소인 현륭원 일대에 본격적인 나무 심기를 했다. 더불어 팔달산 자락에 만든 화성행궁 후원과 팔달산에도 많은 나무를 심었다. 소나무, 뽕나무, 잣나무 등 목재로 사용될 수 있는 나무와 유실수를 적극적으로 심었다. 특히 뽕나무는 양잠의 효과와 더불어 군사용 활의 주 재료이기도 했기에 더 많이 심었다. 탄력성이 강한 뽕나무는 대나무와 함께 활의 주재료였다.

정조는 자신의 친위도시이자 혁신도시로 조성한 수원부터 우선 나무를 심고 수원 인근의 7개 고을인 광주廣州, 용인, 과천, 진위, 시흥, 안산, 남양에도 나무 심기를 시작했다. 관료들과 시전상인 등 경제적으로 여유 있는 사람들에게 묘목을 기증받았다.

1789년 7월부터 심기 시작한 나무는 1795년까지 지속적으로 이어졌다. 정조는 1795년 윤2월에 화성행궁에서 어머니 혜경궁 홍씨의 회갑 잔치를 거행하고 그 관련된 내용을 차분히 기록하게 했다.

이때 정조는 갑자기 자신이 6년 동안 수원을 포함한 8개의 고을에 심은 나무의 숫자가 궁금해졌다. 그래서 관원들에게 식목 장부를 가져오라고 지시했다. 그런데 관원들이 가져온 장부의 양이 너무 많았다. 도저히 숫자 파악을 할 수가 없을 정도였다. 정조는 정약용에게 나무의 숫자를 정리하도록 지시했다. 번거로운 것은 삭제하고 간략하게 간추려서 명백하게 작성하되 되도록이면 한 권을 넘지 않게 하라고 특별히 당부했다.

정약용은 어떻게 하면 간략한 식목 연표를 만들까 고민하다가 오늘날의 표와 유사한 형식을 고안했다. 그래서 한 장의 종이에 가로 12칸을 만들고 6년을 12칸에 배열하고, 세로 8칸을 만들어 8읍을 배열했다. 1칸마다 그 수를 기록하고 그 총수를 계산했다.

나무의 숫자는 놀랄 정도로 많았다. 소나무, 회화나무, 상수리나무 등 여러 가지 나무를 모두 1천2백만 9천7백12그루나 심었다. 오늘날에도 감히 상상할 수 없는 천만 그루 이상을 심은 것이다. 이로써 수원과 주변 고을은 온통 나무가 가득했고, 풍요의 기반이 조성되었다.

정조는 아마도 상당히 흡족했을 것이다. 정약용의 보고에 대한 정조의 이야기는 기록되어 있지 않아 알 수는 없다. 이후로도 정조는 계속해서 나무를 심었다. 그리고 관료와 백성들에게 나무심기의 중요성을 강조했다.

"닥나무, 대나무, 뽕나무, 옻나무는 곧 이용후생利用厚生의 밑천인데 우리나라는 평소 이것이 풍부하게 생산된다. 다만 뜻 있는 선비로서 백성과 나라에 마음을 두는 이가 없으니, 벌목이 매일같이 행해져도 재배하는 사람에 대해서 들을 수가 없어 점차 처음만 못해지고 있다. 살림을 꾸려 나가는 개인 가정에서도 10년 계획으로는 나무를 심는 것만 한 것이 없다고 하는데, 더구나 나라의 만년을 내다보는 계획에 있어서야 말할 것이 있겠는가."

정조는 나무를 심는 것은 백년 뒤를 위한 것이 아니라 만년을 내다보는 계획이라고 했다. 정말 길게 내다보는 안목이었다. 조선 후기 나무가 없어지면서 붉은 산이 되었던 조선의 산은 정조대에 다시 푸르러졌다. 그러나 일제 강점기가 시작되면서 산은 다시 붉은 산으로 변했다. 정조가 그토록 정성을 들여 가꾸었던 사도세자의 묘소인 현륭원(융릉)의 소나무도 일제가 5년간 벌목을 하여 완전히 빈산과 들판으로 만들어버렸다. 해방 이후 나무를 다시 심으면서 국력이 되살아났다.

리더가 백년, 천년, 만년의 미래를 내다보면서 계획을 세우고 실천을 하면 잠시 주춤할 수는 있겠지만 끝내 성공하고야 만다. 그러면 한두 사람의 행복이 아니라 국가와 국민 전체가 행복해진다. 정조의 나무 심기를 통해 우리는 미래를 위한 준비의 중요성을 알 수 있다.

12

백성을 위해
새로운 법전을 만들다

1785년(정조 9) 9월 11일, 조선의 새 법전이 만들어졌다. 이날 형조판서
이명식은 국왕 정조에게 새로운 법전 《대전통편》大典通編이 완성되었으니 이
법전을 반포하여 시행하라고 건의했다.

하루 뒤인 9월 12일에 정조는 창덕궁 인정전에서 《경국대전》, 《속대전》,
《대전회통》과 함께 조선의 4대 법전의 하나로 평가받는 《대전통편》 편찬에
참여한 여러 신하들에게 전해 받는 의식이 거행되었다. 그리고 정조는 이날
《대전통편》을 반포하라고 지시하고, 호남·영남·관서의 감영에 명하여 번각
翻刻하여 판본板本을 간직하게 했다.

《대전통편》大典通編, 풀이하자면 국가의 법전인 대전大典을 새롭게 편집, 정
리하여 편찬했다는 것이다. 그렇다면 국가의 법전을 이때 처음 만든 것이 아
니라 이미 존재했던 것을 새롭게 했다는 것 아닌가! 잘 알다시피 조선의 법
전의 원형은 《경국대전》經國大典이다.

1392년 건국된 조선의 법전은 고려의 법을 적용하며 제정되었다. 하지만

고려시대와 체제가 다른 점이 너무도 많았기 때문에 이전 시대에 만든 법전으로는 사회를 유지할 수 없었다. 그래서 조선 건국의 주역인 정도전이 《조선경국전》이란 법전을 만들어 국가 운영의 기틀을 만들었고, 이를 기반으로 태조 이성계의 여러 사안에 대한 결정을 따라 원전元典과 속전續典이란 법을 만들고, 이러한 초기 법전을 세종이 《경제육전》經濟六典, 그리고 성종대에 《경국대전》으로 최종 완성했다.

《경국대전》 반포 이후 여러 국왕대에 《경국대전》을 보완하는 일부 법이 만들어지기는 했지만 상당 부분을 개정하지는 않았다. 법전을 개정하고자 하는 것은 바로 사회구조를 바꾸는 것이기 때문에 이전의 법전으로는 나라를 운영하기 어렵다는 것을 의미하는 것이다.

영조는 조선 건국 후 임진왜란과 병자호란을 거치며 기득권층에 대한 백성들의 의식수준이 높아지고, 농업 중심에서 상공업의 발전이 사회 전반에 영향을 주고 있음을 알고 있었다. 그래서 조선 건국 이후 354년 만에 새로운 법전인 《속대전》續大典을 완성하여 반포했다. 《경국대전》을 계승한다는 의미였다.

350여 년 만에 새롭게 만들어진 법전인 《속대전》을 정조는 왜 40년도 되지 않아 다시 전면 개정을 했을까? 이유는 간단했다. 태조 이성계 이후 영조대에 이르기까지의 변화에 비해, 영조대에서 정조 자신이 집권한 시기의 변화가 너무도 빨랐기 때문이었다.

18세기 후반 변화되는 사회 체제를 정확히 이해하고 있는 정조와 조정 관료들은 《속대전》만으로는 법을 준용할 수 없다는 것을 알고 있었다. 특히 다양한 형사사건을 판결하는 형전의 내용이 당대 현실과 너무도 맞지 않았다.

더불어 국방개혁과 군사력 강화를 위해서도 《속대전》의 내용으로는 도저히 시행할 수 없었다. 국가의 안위를 다루는 군사 부분은 매우 중요한 것이었는데 《속대전》의 법령은 세밀하지 않았다. 여기에 더해 지방 제도의 변화를 《속대전》에서는 담아내지 못했다.

영조대 이후 사회는 급격히 발전했다. 경제력이 발전하면서 양민들 중에서도 부호富戸가 늘어났고, 경제구조의 개편에 따라 지방 도시의 확대가 나타났다. 한양만 대도시로 커진 것이 아니라 각 지방의 주요 도시들도 발전하고 인구도 늘어났다. 교육도 한양에서보다 지방에 거주하고 있는 산림山林인 대大유학자 밑에서 공부하는 일이 늘어났다.

그러다 보니 지방에 여러 가지 경제적 현상과 사회적 일들이 발생했다. 그러나 《속대전》에는 지방 도시에서 일어나는 여러 가지 일들을 해결할 수 있는 법적 내용이 거의 없었다. 나라의 근본 법전에 지방에 대한 배려가 전혀 없으니 문제가 생겼을 때 해결할 대안을 찾을 수가 없었다. 요즘으로 치면 지방분권시대라고 목소리를 높이면서도 헌법에 지방분권에 대한 내용이 거의 없어서 실질적인 지방분권을 할 수 없는 것과 유사한 것이다. 그래서 《속대전》 편찬 이후 변화된 내용을 담아 법전을 개정하기로 결정한 것이다.

영조대 법전의 개정에도 불구하고 어떤 때는 《속대전》 편찬의 오류로 이전의 법을 적용받는 억울한 일이 발생하기도 했다. 정조는 비록 선대왕의 주도로 만든 것이기는 하지만 잘못된 것은 바로잡아 백성들에게 억울한 일이 없어야 한다는 생각으로 《경국대전》, 《속대전》과 자신의 시대에 새롭게 정리된 법전을 모두 하나로 묶어 《대전통편》을 만든 것이다. 정조는 "차라리 너무 자세하게 하더라도 소략하게 하지 말아야 한다."고 지시하며 백성들이 법으로 인하여 억울한 피해를 입는 일이 있어서는 안 된다고 강조했다.

그렇다면 《대전통편》이 이렇게 빨리 제정될 수 있었던 배경은 어디에 있을까? 이는 국왕 정조의 강력한 개혁 의지 덕분이었다. 법을 대대적으로 개편하지 않고는 국가의 개혁도 제대로 이루어질 수 없고 백성들의 삶도 나아질 수 없었기 때문이다. 선대왕대에 새로 법을 제정했는데 왜 법을 새로 개편하느냐에 대한 기득권층의 반발에 대해서도 정조는 적극적으로 대응했다. 정조의 말을 들어보자.

"대개 법령法令은 곧 조종조祖宗朝에서 몸소 겪어 보고 강구, 연마해서 반드시 넘어지고 엎어져도 깨지지 않도록 한 뒤에야 거행해 왔던 것이다. 그러나 오래되면 폐단이 생기는 것은 어쩔 수 없는 형세이지만, 변한 것을 바로잡아 예전의 것을 그대로 따를 뿐이니, 또한 쉽사리 경장更張할 수는 없다. 그래서 내가 전후로 고쳐 바로잡는 정사에 있어 널리 묻고 내 생각을 참작하면서도 즉시 용단을 내리지 못했던 것은 바로 이 때문이다. 이런 경우를 제외하고, 혹 하나의 법령을 새로 만들어야 할 부분이 있으면 반드시 먼저 그 일이 충분히 온당하여 행하여도 장애가 없으리라는 것을 분명하게 알고 난 다음에 시행하여야 한다. 일상적인 일로서 무릇 정식定式에 관계되는 것에 이르러서도 또한 많이 헤아려 생각하고 나서 비로소 반포해 내려야 하는 것이다."

정조는 경장更張, 즉 사회의 개혁을 위해 반드시 법 개정이 필요하다고 보았다. 개혁을 빨리 단행하지 않으면 조선은 혈맥이 막힌 사람처럼 곧 동맥경화로 죽을 운명임을 정조는 알았다. 지방의 백성들의 자존감과 도시는 발전하는데, 이를 뒷받침할 법도 없었다. 시대가 변하는데 전혀 시대를 따라가지 못하는 나라의 근본법이 그대로라 발전이 가로 막히고 있었다. 그래서 정조는 앞서 이야기한 것처럼 국왕 스스로가 주체가 되어 강력하게 법을 개혁했다.

정조의 주도로 《대전통편》이 반포된 이후 백성들의 삶이 달라지기 시작했다. 백성들이 먹고 살기 위해 만든 화전火田에 대한 불합리한 세금 부여가 현실에 맞게 적용되었고, 과거시험의 부조리도 개선되었을 뿐만 아니라 군대 내에서의 위계와 예법도 변경되었다. 《대전통편》의 반포는 《경국대전》이후 사회의 변화를 따라가지 못하는 법으로 인하여 고통 받던 백성들의 삶을 보다 나아지게 했다.

《대전통편》이 반포된 지 235년이 지난 오늘 대한민국은 헌법 개정으로 인하여 여러 논쟁으로 가득하다. 현재 1987년 전두환 정권의 대통령 7년 단임제를 유지하겠다는 호헌護憲 조치 이후 시작된 6월 항쟁으로 만들어진 5년 단임제를 골자로 하는 헌법을 전면 개정하자는 논의가 지난 정부 시절부터 있었다. 문재인 정부가 헌법을 개정하자고 본격적으로 발의를 한다 해도 각 정당의 이해득실로 헌법 개정안이 통과될지 알 수 없는 상황이다.

지방분권은 이제 우리 사회에서 절대적으로 필요한 시대의 과제이다. 과도한 중앙집권적 제도로 인하여 국가경쟁력이 강화되지 못하고 있다. 그러니 우리가 지금 국가의 미래를 위해 개헌을 해야 하는 것은 당연한 문제 이전에 절박한 상황이다. 그러니 우리 사회의 각 리더들은 자신들의 이익을 중심으로 개헌을 생각하지 말고 국가의 이익을 위해 개헌에 적극 참여해야 할 것이다. 이 문제를 정부와 국회에 맡길 것이 아니라 우리 국민 전체가 주체가 되어 개헌을 해야 할 것이다. 여기에 더해 리더들은 불합리한 사회적 제도나 관행이 있다면 과감하게 혁파하고 새로운 제도를 만드는 데 앞장서야 한다. 그래야 세상을 변화, 발전시킬 수 있다.

3장

인재등용으로
새로운 시대를 열다

번암 채제공 초상(수원화성박물관, 보물 제1477-1호)

정조의 개혁정치를 앞장서 추진한 명재상 채제공

13

신분을 초월하여
인재를 등용하다

"아버지를 아버지라 부르지 못하고, 형을 형이라 부르지 못하니 천하에 이보다 억울한 일이 어디 있겠는가!"

허균의 소설 홍길동에 나오는 길동이의 탄식이다. 홍판서의 아들로 태어났으나 어머니의 신분 때문에 정실 자식이 되지 못하고 과거에도 나아갈 수 없어 국가를 위해 제대로 일을 할 수 없는 처지인 길동이는 끝내 혁명을 꿈꾸는 이가 되었다.

이것은 비록 소설의 내용이지만 조선 사회에서 실제로 일어나는 일이기도 했다. 중종대 도적 홍길동이 존재했고, 선조연간 서자들의 모임인 '강변칠우'가 반란을 준비하기도 했다. 신분의 한계를 참을 수 없었던 수많은 서얼들의 분노는 조선 전 기간에 걸쳐 지속되었다.

조선이 건국되고 처음부터 서얼제도가 존재한 것은 아니었다. 태조 이성계의 이복형들과 동생들은 조선 건국의 주체였고, 할머니가 천민이었던 정도전도 조선 건국의 주체이자 총재가 되었다. 그러나 제1차 왕자의 난 이후 태종은 비록 부친은 명문거족이기는 하나 외가 쪽으로 천민의 피를 이어받은 정도전 같은 이들이 나타나서는 안 된다는 생각 때문에 정실부인 이외의 자식들은 조정에 들어오지 못하도록 했다. 이것이 서얼제도의 시초이다.

처음에는 비록 작게 시작했지만 정실 자식들이 과거에 급제하기 위해 서얼들을 배척하기 시작했다. 양민 첩에서 낳은 아들은 서자이고 천민의 딸에게서 낳은 자식은 얼자가 되었다. 그래서 이 둘을 합쳐 서얼庶孼이라고 했다.

그런데 처음《경국대전》을 만들 때 서얼을 양반사대부의 자손子孫이라고 표기를 해서 손자까지로 정했었다. 그 아래의 자손에게는 길을 열어 주었던 것이다. 그런데 양반적자들은 이를 이렇게 해석하지 않았다.

1555년(명종 10)에 서얼차별 문제가 논의되었을 때《경국대전》을 주해註解하면서 '자손'子孫이란 말을 아들과 손자만이 아닌 '자자손손'으로 해석했다. 그래서 '자자손손'이 서얼로 확정되었고, 이들은 신분의 제약에서 영원히 헤어날 길이 없게 되었다.

서얼차별은 이후 계속 정치적으로 문제가 되었고, 차별을 철폐하자는 서얼허통 논의도 끊임없이 전개되었다. 허통논리는 사람의 재능과 품성이 출생처의 귀천에 따르지 않기 때문에 이들을 등용하되, 청요직淸要職은 주지 말자는 제한적 내용이었다. 그러나 사림파들은 신분질서와 관련하여 반대했다. 그 요지는 첫째, 존비尊卑의 등급을 엄격히 해야 하고, 둘째, 선왕의 법을 지켜야 하며, 셋째, 이들을 등용하면 명분이 문란해진다는 것이다. 참으로 자신들의 기득권만을 지키겠다는 주장이었다. 이런 논리가 지배세력들에게 만연해 있었으니 조선이 발전할 수 없었던 것이다.

사림의 대표적인 인물인 조광조나 율곡 이이 같은 이들은 서얼을 반드시 허통해야 한다고 강조했지만 해결되지 못했다. 결국 조선 후기까지 서얼 허통 문제가 논의되었지만 결실을 이루지 못했다.

이와 같은 상황에서 1777년(정조 1) 3월 21일 조선 역사에서 가장 큰 신분제 개혁안이 발표되었다. 바로 '서얼허통'에 대한 정조의 결단이었다.

"아! 필부가 원통함을 품어도 천화天和를 손상시키기에 충분한 것인데 더구나 허다한 서류庶流들의 숫자가 몇 억 정도뿐만이 아니니 그 사이에 준재俊才를 지닌 선비로서 나라에 쓰임이 될 만한 사람이 어찌 없겠는가? 그런데도 전조銓曹에서 이미 통청한 시종侍從으로 대하지 않았고 또 봉상시나 교서관에 두지 않았으므로 진퇴가 모두 곤란하고 침체를 소통시킬 길이 없으니, 바짝 마르고 누렇게 뜬 얼굴로 나란히 죽고 말 것이다.

아! 저 서류들도 나의 신자臣子인데 그들로 하여금 제자리를 얻지 못하게 하고 또한 그들의 포부도 펴보지 못하게 한다면 이는 또한 과인의 허물인 것이다. 양전兩銓의 신하들로 하여금 대신에게 나아가 의논하여 소통시킬 수 있는 방법과 권장 발탁할 수 있는 방법을 특별히 강구하게 하라. 그리하여 문관文官은 아무 관官에 이를 수 있고 음관蔭官은 아무 관官에 이를 수 있으며 무관武官은 아무 관官에 이를 수 있도록 그 계제階梯를 작정酌定하여 등위等威를 보존할 수 있도록 그 절목을 상세히 마련하여 사로仕路를 넓히도록 하라."

정조는 즉위 후 발표한 4대 개혁과제의 두 번째가 인재 육성이었기 때문에 서얼허통을 통한 인재 찾기가 매우 중요했다. 그 과정에서 정말 뛰어난 인재들을 두루 찾을 수 있었다. 성균관에 서얼 출신들이 입학을 했다. 성균관에서 서얼출신들을 뒤로 앉게 하여 배척하려는 적자들의 횡포에 대해 정조는 성균관 안에서는 적서의 차별이 존재하지 않는다며 모두 나이 순서대로 앉게 했다. 정조의 평등사상과 인재육성 계획이 실현되었던 것이다.

그럼에도 정조의 서얼허통은 현실에서 제대로 이루어지지 않았다. 그래서 정조는 1785년(정조 9) 2월 17일에 서얼허통을 강력하게 시행하라는 특별 명령을 다시 내렸다. 조정의 관료들이 법을 시행하지 않는 것에 대한 강력한 경고인 것이다. 이러한 정조의 강력한 의지로 서얼허통은 본격적으로 추진될 수 있었다.

정조는 서얼 출신들을 자신의 개혁 근거지인 규장각의 검서관으로 임명했다. 검서관은 규장각 초계문신과 달리 규장각의 모든 서적을 정리하고 연구하는 자리였다. 규장각 초계문신이 집중적인 학문 훈련을 위해 선발되었다면 규장각 검서관들은 이들보다 뛰어난 학문의 소유자로서 초계문신의 공부를 도와주며, 독자적인 서적 연구와 도서 발간에 중심을 두었다.

그 검서관은 바로 이덕무, 박제가, 유득공, 서이수 등이었다. 이덕무와 박제가, 유득공은 정조시대 문화수준을 한층 올려준 대표적 인물이다. 이덕무는 '서치'書癡라는 별명이 있을 정도로 책에 미친 사람이었다. 책에 관해서는 모르는 내용이 없는 당대 최고의 학자였다. 아마 정조가 가장 사랑한 신하를 꼽으라고 한다면 3위 안에 들어갈 정도로 학문과 인격이 갖추어진 사람이었다. 이덕무는 서얼 출신이라는 한계를 뛰어넘어 정조의 총애를 듬뿍 받았다. 너무도 가난하여 스승을 두지 못하고 정규 교육을 받지 못하는 처지에서 홀로 공부하여 조선 최고의 학자가 되었다는 것은 그의 천재성만이 아닌 성실성까지 보여주는 것이었다.

같은 서얼 출신인 백동수는 이덕무의 처남이면서 그 유명한 박지원, 박제가, 유득공 등과 어울리는 사이였다. 박지원과는 돈독한 친구로서 평생의 지기로 삼았다. 박지원이 정조 등극 이후에 홍국영의 미움을 받아 황해도에 있는 연암골로 피신을 가서 살았을 때 연암골을 소개해주고 집을 함께 지어준 이가 바로 백동수였다.

당대 최고의 무사로 평가받던 백동수는 협객을 자처하며 의리로 일관했다. 불의를 참지 못하는 성격 때문에 피해를 입기도 했지만 그의 탁월한 무예 실력은 정조의 인정을 받아 국왕의 친위군영 장용영의 초관으로 발탁되었다. 백동수는 '무武로써 문文을 이루었다'는 평가를 받을 정도로 학문에도 조예가 깊었던 무인이기도 했다.

처남 매부 사이인 이들은 우리 역사 속에 매우 큰 족적을 남겼다. 그것은 다름 아닌 우리 역사상 가장 대표적인 무예서인 《무예도보통지》武藝圖譜通志를 편찬한 일이다. 정조는 1790년에 장용영에 서국書局을 열고 이덕무와 백동수로 하여금 조선과 중국 그리고 일본 무예를 총화總和하여 24가지 기예를 정리하게 했다. 무예의 달인 백동수가 시연하고 이덕무와 그들의 친구이자 후배인 박제가가 정리했다. 오늘날 이 《무예도보통지》는 일제강점기에 조선총독부에 의해 강제로 사라지게 된 조선의 무예를 복원하는 일차 사료가 되었다.

정조는 필요한 인재를 서얼에서만 찾지 않았다. 평민들 중에서도 찾아내어 국왕 본인과 나라를 위해서 활용했다. 그 대표적인 인물이 조선시대 종기 치료의 최고 의원으로 인정받는 피재길皮載吉이다. 피재길의 아버지는 종기치료에 탁월한 고약을 만드는 의원이었는데 일찍 돌아가시는 바람에 피재길은 아버지의 기술을 전수받지 못했다. 그리하여 어머니가 곁에서 보고 들었던 몇 가지 방법을 피재길에게 가르쳐 주었다.

피재길은 의서醫書를 읽은 적도 없고 다만 약재를 모아 달여서 고약 만드는 방법만 알 뿐이었다. 아는 것이 없다 보니 모든 부스럼과 상처에 이 약을 팔아서 먹고 살았다. 그러다 보니 피재길은 마을에서 의술을 행하기는 해도 감히 의원 축에는 끼지 못했다.

그런데 사대부들이 피재길의 고약에 관한 소문을 듣고 그 약을 써 보니, 신통하게 병이 나아 소문이 나기 시작했다. 하지만 임상치료를 아무리 잘한다 해도 그저 고약을 만드는 정도의 인물이지 정식 의원 대우를 받지는 못했다.

1793년(정조 17) 여름, 정조의 머리에 고질병인 부스럼이 났는데 이를 피재길이 치료했다. 정조는 어린 시절 사도세자의 죽음을 목격한 이후 늘 화병을 가지고 있었는데 그 화병이 머리에 종기로 나타났다. 온갖 침과 약을 다 써 보았으나 오랫동안 효과를 보지 못하고 끝내는 얼굴과 목의 여러 부분까지 점점 부스럼이 퍼지게 되었다. 더구나 한여름이어서 제대로 치료도 안 되어 정조의 고통은 이루 말할 수 없었다.

궁중 내의원 소속의 의원들이 아무리 치료를 해도 낫지 않았다. 그러던 와중에 피재길에게 치료를 받아 완치된 경험이 있는 관리가 정조에게 피재길을 추천했다. 갑작스럽게 국왕을 치료하게 된 피재길은 어쩔 줄을 몰라 했다. 이때 많은 대소신료들이 속으로 피재길을 비웃었다. 정조는 "두려워 할 것 없다. 네가 가지고 있는 의술을 모두 내게 발휘해 보거라."라고 피재길을 격려했고 이에 용기를 얻은 그는 "소인에게 다른 재주는 없사오나, 딱 한 가지 시험해 볼 처방이 있나이다."라고 이야기했다.

피재길이 웅담을 여러 약재와 섞은 뒤 볶아서 고약을 만들어 정조의 환부에 붙인 뒤 하루가 지나면 통증이 잦아들 것이고, 사흘이 지나면 부스럼이 없어질 것이라고 했다. 그리고 모두 그의 말대로 되었다.

정조는 이러한 인재가 내의원에 들어와야 한다고 생각했다. 어찌보면 내의원에 있는 많은 의관들보다 종기 치료에 관해서는 피재길이 가장 뛰어났던 것이다. 하지만 조정 대신들의 반대가 만만치 않았다. 특히 의관들의 반대가 심했다. 지방에서 종기치료를 위해 고약이나 만들던 일개 평민을 내의원의 의관, 그것도 임금을 치료하는 어의御醫로 등용한다는 것은 말도 안 된다고 생각했기 때문이다. 자신들은 대대로 내려오는 의원 집안에 비록 잡과

雜科이기는 하지만 의과醫科 시험에 합격해서 들어온 의관인데 의관이 갖추어야 할 학통도 없는 천한 인물이 의원으로 들어오는 것이 마땅치 않았다. 하지만 정조는 이러한 조정의 반대를 무릅쓰고 인재를 발굴하고 이를 통해 세상을 변화시켜야 한다는 생각으로 치료를 마친 직후인 7월 16일에 그를 내의원의 종6품 침의鍼醫로 임명했다. 피재길은 이후 피부병을 고치는 의술을 더욱 발전시켜 백성들의 치료에도 혁혁한 공헌을 했다. 정조의 인재 등용이 조선 사회에 큰 기여를 한 것이다.

백성들과 나라가 발전하기 위해 가장 중요한 것은 인재이다. 정조가 능력 있는 인재를 신분에 구애받지 않고 발탁했듯이 오늘 이 사회의 모든 분야의 리더들도 사사로운 인연으로만 사람을 선발하지 말고 능력과 인품을 갖춘 이를 뽑아 나라와 사회를 위해 일하게 했으면 한다. 더 이상 우리 사회에서 회전문 인사라는 말이 나와서는 안 될 것이다. 좋은 인재를 찾아 기용해야 진짜 선진국으로 나아갈 수 있다.

14

정치적 조율을 위한
핵심 인물을 발탁하다

1788년(정조 12) 2월 11일, 한 인물을 위하여 정조는 직접 글을 썼다. 정조가 쓴 어필은 사관이 들고 나가 어필을 담아 운반하는 용정에 올려놓았다. 용정이 출발하자 곧이어 장악원 소속의 악대가 북을 치고 피리를 불며 용정의 뒤를 따랐다. 임금의 행차나 마찬가지인 모습의 어필을 담은 용정은 한양 도성문을 나서 명덕산으로 향했다. 바로 번암樊巖 채제공蔡濟恭의 집으로 향한 것이다.

영조는 사도세자가 죽은 날 채제공과 세손이었던 정조를 불러 채제공에 대하여 "진실로 나의 사심 없는 신하이고 너의 충신이다."라고 했다. 11살 어린 나이에 아버지가 죽은 당일, 할아버지 영조가 가장 신임할 사람이라고 추천했으니 이때부터 정조는 채제공을 마음 속 깊이 담아 두었다.

우의정 특별임명 8년 전부터 이곳에 은거해 있던 채제공은 임금의 애정이 듬뿍 담긴 어필을 받고 감개무량했다. 이제 다시 세상에 나가 백성을 위한 정치를 하게 된 것이다. 정조는 자신의 개혁을 위해 과감한 결단을 내려 채제공을 특별 채용하여 중앙 정치무대에 복귀시킨 것이다.

정조의 이와 같은 특별명령에도 불구하고 교지를 전해야 할 좌직승지 조윤대와 홍인호가 정승을 임명한 전교를 되돌리고는 합문에 나아가 국왕에게 직접 항의하는 반기를 들었다. 도승지 심풍지, 우승지 윤행원, 동부승지 남학문 등 승정원의 모든 승지들이 채제공의 우의정 임명을 반대하는 태도를 취하기도 했다. 도무지 상상할 수 없는 일이다. 노론의 조직적 저항이 심각하게 드러난 것이다. 노론은 사도세자를 지지하는 채제공이 임명될 경우 자신들과 정쟁하게 될 것이기에 채제공에게 있지도 않은 죄를 만들어 덮어씌우려 했다. 그 죄가 바로 사도세자의 죄를 비호하고 노론을 공격한다는 것이었다. 이들은 정조의 개혁보다는 자신들의 정치적 기득권 유지가 더 중요했다. 정조는 이런 생각을 가진 정치세력들과는 백성을 위한 개혁을 함께 할 수 없다고 생각했다.

정조는 단호하게 이들 모두를 파직시키며 채제공의 우의정 임명을 강행했다. 이와 더불어 정조는 채제공을 반대하는 행동을 취하는 것은 신하의 본분을 어기는 것이기에 임금의 말을 듣지 않는 법률을 적용하여 죄를 주고 그런 상소를 받아들인 승지도 같은 법률로 죄를 주기로 했다.

이러한 과정을 통해 채제공은 다시 조정으로 돌아와 정조를 보좌할 수 있었고, 이로써 '삼상체제'三相體制가 수립되었다. 각 당파의 영수급 지도자를 삼상에 임명하여 국정을 조율하고자 한 정조에게 있어 가장 중요한 것은 바로 아버지 사도세자에 대한 복권이었다. 정조는 사도세자의 복권을 위한 가장 중요한 일로 사도세자의 묘소인 영우원의 천봉을 우선시했다.

잘 알려져 있다시피 조선후기 정조시대의 정치를 이해하는 데 가장 중요한 인물 중의 하나가 번암 채제공이다. 남인의 영수로서 정조의 탕평정치의 중심인물이었으며 성호 이익의 학통을 이은 '경세치용'經世致用 실학의 주도자이기도 했다. 채제공이 있었기에 이가환, 정약용 같은 남인 계열의 실학자들이 배출될 수 있었고, 정국의 안정을 가져올 수 있었다. 특히 채제공은 영조가 사도세자를 폐위시키고 죽이려 할 때 도승지로서 사도세자의 죽음을 반대했던 의리義理의 인물로 정조로부터 깊은 존중을 받았다. 그런 측면에서 조선 후기 정치사에 있어 채제공은 매우 중요한 인물이다.

채제공 역시 자신을 닦기 위한 노력을 게을리 하지 않은 인물이었다. 채제공은 부친 채응일이 임종 시 남긴 매사에 선善을 다하라는 말을 실천하기 위해 노력했다. 그래서 자신의 사랑채에 '매선당'每善堂이라는 편액을 걸고 수양했다.

더불어 채제공은 조선 문화의 난숙기에 그 시대가 배출한 전형적인 성리학 정치지도자 중의 한 사람이라고 할 수 있다. 채제공에 대한 당대의 평가역시 높았다. 정약용은 채제공을 고금에 유례없는 하늘이 낸 인중호걸로 나라에 대한 충성심이 가득하고 모든 백성들과 소통하며 만물을 포용하는 도량이 있는 큰 정치인으로 평가했다.

정조는 모든 관료들 앞에서 채제공에 대하여 이렇게 이야기했다.

"채정승과 나는 공적公的으로는 군신君臣의 관계이나, 사적으로는 부자父子의 관계이다."

이 말은 곧 채제공이 정조에게 있어 아버지와 같은 존재라는 것이다. 조선 역사상 신하에 대하여 이렇게 높은 경하의 말은 전무후무할 것이다. 정조가 이렇게 모든 당파의 관원들 앞에서 채제공을 높인 것은 바로 자신이 추구하는 정책을 강력하게 밀어줄 힘이 있는 사람이라고 판단했기 때문이다.

정약용이 저술한 《혼돈록》에 의하면 남인의 영수 채제공과 노론의 영수 김종수는 당파적으로는 적대적 관계이지만 서로의 실력을 높이 평가하고 정조의 개혁정책에는 함께 연대했다. 이는 높은 경지에 있는 인물들이었기에 가능한 일이었다.

우의정에 임명된 채제공은 정조의 탕평정치와 개혁정치를 위하여 정조와 끊임없이 소통하고 이를 뒷받침하는 일을 했다. 채제공을 등용하고서야 정조가 가장 소원하던 사도세자의 묘소 이전이 가능해졌다.

정조는 1789년(정조 13) 7월 15일에 영조의 부마인 금성위 박명원의 상소를 계기로 사도세자의 영우원을 수원도호부 읍치가 있는 화산花山으로 옮기기로 결정하고, 우선 수원도호부 관아를 화산 일대에서 교통이 유리한 팔달산 일대로 옮기기로 했다.

당시 정조는 영우원을 이전하기로 결정내리기 전에 천원遷園 장소로 화산을 선택했다. 그리고 당시 영의정 김익과 좌의정 이성원, 우의정 채제공으로 하여금 천원 장소에 대한 현장답사를 지시했다. 채제공은 화산의 묘자리를 직접 살피고 천하의 명당임을 확인하는 글을 올렸다. 이러한 채제공의 말을 들은 정조는 수원도호부의 화산에 대한 확신을 가지고 영우원을 천봉하기로 했다. 이렇듯 영우원 천봉에는 채제공의 역할이 매우 크게 작용했다.

정조는 팔달산 일대로 읍치를 옮긴 이후 수원신도시 건설을 추진했는데 이는 단순히 수원도호부의 새로운 읍치를 조성하는 것이 아니라 장기적인 계획 하에 자신의 친위도시를 만드는 것이었다.

정조는 1793년(정조 17) 새해가 시작되고 사도세자의 기일에 즈음하여 수원도호부로 행차를 했다. 이 자리에서 정조는 수원을 유수부로 승격시키고 좌의정으로 재임하고 있는 채제공을 초대 유수로 임명했다. 더불어 수원 유수로 하여금 장용외사壯勇外使와 행궁정리사行宮整理使를 겸하게 하고 판관을 두어 보좌하게 했다.

채제공을 화성유수로 발탁한 것은 원로를 임명하여 지혜를 얻고자 하는 정조의 의도였다. 이로써 채제공의 본격적인 화성신도시 기반조성 작업이 시작되었다. 정조는 수원유수를 정경正卿 이상으로 뽑는다는 원칙을 세우고 임명하려는 원칙을 세웠다. 그럼에도 초대 화성유수에 대해서는 더더욱 도시의 체모를 높이기 위하여 특별히 제수를 한다고 강조하며 채제공을 임명했다. "옛날에는 관직을 만들어 놓고 사람을 간택했는데, 지금은 사람을 위하여 관직을 가설한다고 하겠다."라며 채제공에 대한 특별한 애정을 보여주었다.

즉 국왕을 제외한 최고의 고위관료를 특교로 화성유수에 임명한 것은 정조 자신의 왕권을 강화하여 새로운 경장정책更張政策을 추구하고자 하는 의도가 있었기 때문이다. 새로 신설되는 화성유수부의 수장이 조정에서 가장 비중 있는 인물로 임명되어야만 그에 따른 다양한 정책 지원이 가능했기 때문이다.

유수부의 모든 일은 유수가 주관하고 판관이 보좌하는 형식이지만 유수의 체면을 생각해서 업무를 나누게 한 것이다. 한편으로 화성행궁의 장남헌壯南軒에 어필 편액을 하사하여 걸게 했다. 이는 채제공 개인에 대한 대우이기도 하지만 화성유수부의 위상을 높이기 위한 것이기도 했다.

채제공은 화성유수로 임명받은 뒤부터 아예 수원으로 이주하여 살았고 축성 시에도 이곳에 거주했다. 화성에서 거처하면서 화성을 정조의 친위도시로 삼아 정국 운영의 중심이 될 수 있게 하기 위함이었다. 그래서 정조는 채제공의 정자 이름을 '채로정采露亭'이라고 지어주기도 했다. '채로蔡老'가 아닌 '채로采露'라는 글자로 이름을 붙여 신선한 기운을 주고자 한 것이다. 더불어 채제공의 집에 맑은 달이 계속 있기를 희망하는 시를 내리기도 했다.

채제공은 화성을 쌓을 때 중요한 3대 원칙을 제시했다.

"빨리 서두르지 말 것. 화려하게 하지 말 것. 기초를 단단히 쌓을 것."

이렇게 해야 축성 이후 백년이나 천년이 지나도 흔들리지 않는 것이라고 강조했다. 이러한 전반적인 원칙하에 축성 현장의 감독을 맡은 관료들이 그 때그때의 형편에 따라 적절하게 처리해 나가면 될 것이라고 했다. 감독관들에게 융통성과 창의성을 부여하고자 한 것이다.

이에 대하여 정조는 채제공의 축성에 대한 제안에 대하여 먼저 대강大綱을 세우고, 다음에 규모를 정하여 일을 추진하라고 했다. 채제공에게 화성으로 내려가서 축성 현장을 정확히 살피되 둥글게도 하지 말고 네모나게도 하지 말고, 눈에 보이는 외관은 신경 쓰지 말고 되도록이면 이로움을 좇고 형세를 이용하는 방책을 따르도록 하라고 강조했다.

화성의 대표적인 건물인 화성장대의 건립에 앞서 정조는 채제공으로 하여금 상량문을 짓게 했다. 이는 화성장대가 팔달산 정상부에 있어 가장 상징적인 건물이고 정조가 호령하는 공간이었기 때문에 체모가 있는 화성유수 출신의 채제공만이 할 수 있는 일이었다. 정조의 채제공에 대한 신뢰를 다시금 확인할 수 있는 대목이다. 이에 채제공은 팔달산 화성장대의 상량문을 작성하여 정조에게 보냈고, 정조는 이를 다시 화성유수부로 내려 보냈다.

마지막으로 채제공이 해야 할 일은 축성의 마무리였다. 축성 낙성연에 국왕 대신 참석하여 축성을 축하했다. 축성을 완공한 이후에는 화성에 대한 지속적 관리가 필요했다. 이를 위하여 경비 마련도 당연히 매우 중요한 것이다. 채제공은 1797년(정조 21) 6월 화성의 정리곡整理穀 마련을 위한 제안을 했다. 채제공은 이 제안이 국가를 위하여 먼 장래를 내다보는 정책이 될 것이라고 확신했다. 결국 이 제안은 정조에 의해 받아들여졌고 이후 화성의 보수와 관리는 모두 이 정리곡으로 충당할 수 있게 했다. 이로써 화성은 축성 이후에도 온전하게 관리, 유지될 수 있었다.

합리적 판단으로 노론과 소론의 사대부들과 조율하고 때로는 격렬하게 상대방과 대립했지만 그의 목표는 정조의 개혁정책을 뒷받침하는 것이었다. 정조가 어려운 현실을 타개하기 위해 엄청난 반대를 무릅쓰고 발탁한 채제공은 정조시대 탕평과 개혁의 발전에 큰 공헌을 했다.

우리 사회의 리더들도 반드시 필요한 인재가 있을 것이다. 그 인재를 시기하거나 정파적인 이유로 반대하는 이들도 있을 것이다. 그러나 그러한 반대 때문에 실제 필요한 중요한 인물을 임용하지 못한다면 미래에 크나큰 낭패가 될 것이다.

15

개혁을 책임질
핵심인재를 중용하다

"말을 달리며 병사들을 지휘하는 수고를 놓고 말하더라도 전 시대의 인물을 두루 꼽아 봄에 그와 견줄 만한 사람이 드물었다."

조심태에 대한 국왕 정조의 평가였다. 그가 단순히 자신의 왕권을 지탱해주는 무반이 아닌 조선 최고의 무장이었음을 밝힌 글이다.

조심태는 1740년(영조 16)에 태어났으며, 본관은 평양이고 자는 집중執仲이다. 정조가 1752년생이니 정조와는 띠동갑으로, 12살이 더 많았다. 그의 고조 조정익은 병자호란 때 강화도에서 순절하여 좌승지에 추증되고 충숙忠肅이라는 시호를 받을 정도로 무반으로 명문 집안이었다. 그의 증조 조유 역시 1644년(인조 22) 무과에 급제한 후 경기수사, 전남우수사 등을 역임했다.

조심태의 부친인 조경趙儆은 전라병사, 곡산부사, 금군별장, 평안도병사 등을 역임했으며 사후에는 청백리로 천거되기도 했다. 이렇듯 그의 집안은 조선 후기 무반벌족으로 혁혁한 이름을 남겼으며, 그 역시 어린 시절부터 선대의 뒤를 이을 준비를 했다.

하지만 그가 4세 때 아버지 조경이 돌아가셨고, 22살 때 어머니마저 돌아가셨다. 하지만 타고난 기질은 그를 슬픔 속에 빠져 있게 하지 않았고 당대 최고의 무장으로 성장할 수 있는 기반이 되었다. 8척 장신이라고 전하고 있으니 주척周尺으로 치면 185cm의 장신이었다. 당시 성인 남성의 평균키가 155cm에 불과했으니 조심태의 건장한 몸은 모든 이들을 압도하고도 남음이 있었다. 조심태는 매우 총명해서 한 번 본 것은 바로 기억했으며 활쏘기에 매우 능했다. 그는 성격이 장중하고 과묵해서 말을 빨리 하거나 어지간해서는 감정표현을 하지 않았다.

1767년(영조 43)인 28세에 처음으로 집안의 영향력으로 선전관이 되어 관직에 나아갔고, 이듬해인 29세에 무과 을과에 합격하여 정식으로 관직 생활을 시작했다. 정조 즉위 직후 함경도의 부령부사로 임명되어 수령 생활을 시작하면서 조심태는 정조의 주목을 받기 시작했다. 1777년(정조 1)에 북쪽 지역은 흉년을 맞아 백성들의 곤궁이 이루 말할 수가 없었다. 정조는 어사 신응현을 파견하여 북쪽 지역 일대를 조사시켰는데 신응현은 부령부사 조심태가 백성들을 구제하기 위해 온갖 노력을 다하는 가장 뛰어난 수령이라는 보고서를 올렸다. 이때부터 조심태는 단순히 국방을 담당하는 무반이 아닌 국왕의 명을 받아 백성들을 행복하게 해줄 수 있는 수령으로서의 자질을 연마한 것이다.

정조는 백성들 구휼에 노력한 조심태를 조정으로 불러들여 자신의 곁에 두었다. 그리고 자신의 경연 시간에 조심태를 함께 참여하도록 했다. 특지관 이명식과 송시열의 후손으로 유림종장으로 평가받던 송덕상이 참여하는 경연에 무신武臣 조심태를 참여케 한 것은 그의 학문적 능력을 인정함과 더불어 새가 좌우의 날개로 날아가듯이 그에게 무武와 문文을 겸양할 수 있게 배려하고자 함이었다.

이렇게 국왕 정조에게 훈련을 받은 그는 1784년(정조 8) 45세에 홍충도 수군절도사, 46세에 홍충도 병마절도사, 1787년(정조 11) 북병사, 삼도수군 통제사, 1788년(정조 12) 좌포도대장으로 임명되었다. 좌포도대장은 중앙오 군영 대장으로 나아가기 위해서는 반드시 거쳐야 하는 자리였다. 이 자리에 임명된 후 곧이어 총융사가 되어 조선 군영의 중추인물로 자리매김했다.

1789년(정조 13) 7월 11일, 정조는 자신의 생부인 사도세자의 묘소를 수 원도호부로 옮기기로 결단을 내렸다. 자신이 국왕으로 등극한 이후 가장 염 원하던 일이었음에도 사도세자에 대한 존숭이 곧 당대 집권층이었던 노론 을 자극할 수 있는 일이었기에 감히 옮기지 못하다가 마침내 결단을 내린 것이다. 이 엄청난 결정을 적극적으로 호위하고 도와줄 인물이 정조에게는 필요했다. 결국 그가 선택한 이는 바로 조심태였다.

조심태는 수원도호부에 향군 5초를 설치하는 주역으로, 장용영 향군이 군복과 군기를 확보하기 위해 호조에서 관문關文을 내려 관서 영남 곡물이 많은 여러 읍에서 저장하고 있는 쌀을 돈으로 바꾼 것 중에서 5,000냥과 균진청보환곡 1,000섬을 매년 이속시켜달라고 요청했다. 이에 비변사는 보 환곡 1,000섬을 이속시키는 것이 좋겠다고 건의하고 정조는 이를 윤허했다.

수원도호부를 책임지고 있던 조심태의 건의로 장용영 향군은 재정적으 로 안정이 되어 정조가 추진하는 배후 친위도시의 군사적 기반을 형성했다. 안정된 군사적 기반을 중심으로 정조는 수원 지역의 향군을 장용영외영으 로 확대하여 왕권강화를 위한 확실한 군사적 기반을 만들고자 했다.

사도세자의 묘소 이장과 새로운 수원도호부 건설에 열성을 보인 조심태 에게 정조는 특별한 사랑을 주었다. 수원 신읍치 건설 이후 새해를 맞이한 정조는 1790년(정조 14) 2월에 수원을 방문한 후 부친의 묘소를 참배하고 돌아와 수원도호부 관아 득중정에서 활쏘기를 한 후 수원부사 조심태에게 황금갑옷[金甲]을 선물했다. 국왕들이나 입는 금갑을 도호부를 관장하는 부사에게 하사했다는 것은 조선시대 어느 기록에서도 찾아보기 힘든 내용이다. 무장들에게 일반 갑주를 하사하는 경우는 있을 수 있으나 감히 금갑을 하사한다는 것은 정조가 조심태를 얼마나 믿고 의지했으며 그 성과에 만족했는지 알 수 있는 대목이다.

이듬해인 1791년(정조 15) 1월에 정조는 수원을 방문하여 두루 살펴보고 민가가 즐비한 것을 보고 조심태에게 "이것은 경의 공로이다"라고 칭찬하며 승지로 발령을 내었다가 다음날 아예 그를 훈련도감의 대장으로 임명하여 군제개혁을 승지의 자리가 아닌 현장에서 직접 추진하도록 했다. 훈련도감이라는 곳은 임진왜란 이후 조선 군대의 중추이자 상징으로, 노론 권력을 뒷받침하는 합법적 폭력집단이었다. 따라서 훈련도감을 장악하느냐 장악하지 못하느냐는 정조가 제대로 된 왕권을 행사하느냐 못하느냐 하는 결정적 변수였다. 이처럼 호랑이굴이라 판단된 훈련도감의 대장으로 자신의 의중을 꿰뚫고 있는 조심태를 임명한 것은 그로 하여금 조선의 군제를 개선해서 자주국방의 기틀을 마련하고 절약된 국방비를 민생경제에 투여하고자 하는 뜻이었다.

조심태는 무관임에도 불구하고 학문의 정예인 면모도 보여주었다. 정조는 규장각 제학 정민시 등 규장각 각신들 및 새로 선발된 초계문신들과 더불어 시회詩會 자리에도 훈련대장이었던 조심태를 참석시켰다. 초계문신은 정조대 총 138명으로 선발된 인재 중의 인재로서 당대 사상과 문화를 이끌어갈 핵심 인물들이었다. 이들에 대한 배려와 격려의 시회 자리에서 조심태는 당대 최고의 문장가들과 더불어 연이어 짓는 시에 국왕 정조에 대한 충성과 조선을 자주적으로 지키고자 하는 의지를 나타내었다.

무관들 또한 피리 북의 연주에 참예하니軼輪亦參笳鼓詠

이날의 새로운 영광 온 조정에 고무되리新榮此日聳周行

그러나 조심태를 더욱 빛나게 한 것은 새로운 도시 건설의 비전을 제시하는 탁월한 도시계획 전문가라는 것이다. 그는 신도시 수원을 조성하면서 수원상업 육성책을 제시하고 시행하여 상업도시로서의 면모와 도시적 환경을 갖추게 했다. 이러한 탁월한 역량을 알아본 정조는 화성 건설을 시작함에 그를 화성유수로 임명하고 건설의 총 책임을 맡게 했다.

정조는 축성 과정에서 조심태에게는 화성 축성을 빨리 진행하라는 비밀 편지를 보내기도 했다. 화성 축성이 빨리 진행되어야 자신의 개혁정치가 뒤이어 진행될 수 있기 때문이었다.

조심태는 창의성이 매우 뛰어난 인물이었다. 화성을 축성할 때 봉돈에 대한 계획은 그의 의견이었다. 일반적으로 봉화대는 산 정상부에 있어야 하는데 조심태는 이런 생각을 파격적으로 깨뜨리고 성곽에 이어 만들었다. 봉화대의 기능과 대포를 설치한 돈대의 기능을 합하여 새로운 개념의 봉돈을 만든 것이다. 이러한 창의성은 정조가 가지고 있는 국방정책에 상당한 기여를 했다. 정조는 청나라의 영향력으로부터 벗어나기 위하여 화약무기인 신무기 매화埋火를 만들고 싶어 했다. 요즘의 무기로 보자면 지뢰였다. 이 지뢰를 개발한 이가 바로 조심태였다.

혜경궁 홍씨 회갑연을 위한 8일간의 화성행차에서 6일째 되는 날 화성행궁 득중정 앞에서 정조와 관료들이 활을 쏘았다. 활쏘기를 마치고 마지막으로 화약을 땅에 묻고 성능을 시험하고자 했다. 하지만 당시 날씨가 좋지 않았다. 이에 정조는 조심스럽게 "지금 비가 오려고 날씨가 잔뜩 찌푸려 있으니 이와 같은데도 할 수 있겠는가?" 하고 장용외사 조심태에게 가능성을 타진했다.

이에 조심태는 강한 자신감을 보여주었다. 첫 번째로 화약의 성능이 강하다는 것을 강조했고, 두 번째로 비가 오더라도 땅 속까지 스며들지는 않을 것이라고 했다. 즉 조심태는 장용외영에서 개발한 새로운 화약무기가 어지간한 비에도 견디어 폭발이 가능할 것이라는 확신을 가지고 있었던 것이다. 조심태의 자신감에 정조는 성능 시험에 대한 지시를 했고 마침내 매화시방埋火試放(불꽃놀이)은 날씨가 안 좋은 상태에서도 성공을 거두었다. 결국 조심태의 창의성으로 인하여 정조는 화약무기 개발에 성공했고 국방에 대한 자신감을 가지게 되었다.

조심태는 단순히 축성책임자가 아닌 국가 경제를 조절하는 경제 관료의 역할도 맡아 금위영과 어영청의 향군을 10년 동안 1개초씩 줄여 해마다 얻어지는 소득금으로 축성 비용을 해결하는 계획을 몸소 세우고 진행시켰다. 그리고 축성 이후 수원유수부의 경제적 안정을 추진하기 위해 치수治水를 위한 도시 기반시설의 마련과 생산기반시설로서의 제언과 둔전 조성을 진행시켰다. 그래서 수원천에 대한 대대적 준설과 농업용 저수지인 만석거를 만들어 수원을 풍요로운 농업의 상징도시로 만들었다.

조심태는 화성유수로 임명되면서 정조의 친위군영인 장용영외영의 대장도 겸임하면서 병자호란의 치욕을 극복할 군대 양성에 주력했다. 그리고 화성유수를 그만둔 뒤 장용대장에 임용되어 정조가 만들고자 하는 조선 최강의 군대 장용영 만들기에 주력했다. 그러나 정조와 함께 한 25여 년의 세월을 뒤로 하고 1799년(정조 23)에 전국을 강타한 괴질로 인하여 세상과의 인연을 마무리했다. 이때 그의 부인은 그를 간호하다가 그가 더 이상 소생할 수 없음을 알고 곡기를 끊어 자진했고, 부인 죽산 안씨가 죽은 뒤 10일 후 조심태도 사랑하는 그의 아내를 따라 운명했다.

정조는 조심태가 죽고 난 후 '무의'武毅라는 시호를 내려주었다. "대업을 보전하고 공적을 공고히 한 것[保大定功]을 '무'武라고 하고, 굳세어 능히 일을 결단하는 것[強而能斷]을 '의'毅라고 한다."라고 《일성록》에 기록되어 있다.

조심태는 정조의 평가대로 조선의 그 어느 무장보다도 뛰어난 무장이었다. 단순한 무장이 아니라 사회 격변기에 백성을 위한 정책을 만들고 추진하는 관료로서의 리더십 또한 뛰어난 인물이었다. 그가 감독관으로 만든 화성은 전 세계에서 가장 우수한 성곽으로 평가받아 세계문화유산이 되었고, 그가 살아서 지원하던 시대는 우리 역사에서 문예부흥의 시대로 평가받고 있다.

정조가 자신의 국방개혁과 화성신도시 건설을 위해 조심태를 중용했듯이, 오늘날 리더들도 자신이 이루어야 할 진정한 개혁 프로젝트를 위하여 가장 적절한 사람이 있을 것이다. 리더는 이들의 능력을 잘 살펴보고 그의 과거 이력보다는 미래의 역할을 주목하기 바란다. 정조가 조심태가 무반이었음에도 불구하고 승정원 승지로 임명하고, 경제 관료의 역할을 맡기고, 도시 건설을 주도하게 한 것은 바로 과거가 아닌 미래를 보았기 때문이다. 미래를 준비하는 인재들은 도처에 숨어 있다. 이 숨어 있는 인재를 찾아내는 것이 바로 리더의 능력이자 역할이다.

16

미래를 이끌어갈
젊은 인재를 양성하다

'풍운지회'風雲之會

바람과 구름이 만나 백성을 위한 비를 내리는 것이니 참으로 귀한 만남이다. 다산 정약용 연구의 최고봉인 다산연구소 박석무 이사장은 정조와 다산의 만남을 '풍운지회'라고 규정한다. 이 두 사람의 만남은 백성을 위한 운명적 만남이다.

정조와 정약용의 운명적 만남은 1783년(정조 7) 세자 책봉을 축하하기 위한 증광감시에 합격한 이들을 어전으로 불러들였을 때였다. 처음 정약용을 본 정조는 고개를 들라고 하며 "몇 살인고?"라고 물었다. 사실 조선시대 국왕이 대과에 급제한 신하도 아닌 기껏 생원시에 합격한 미관의 청년에게 자신의 용안을 보여주는 일은 극히 이례적인 일이었다. 정약용은 임오생이라는 대답을 했고, 정조는 사도세자가 죽은 임오년, 즉 1762년에 태어난 그에게 호감을 갖게 되었을 것이다.

정조의 의도적 만남이었는지 아니면 정말 우연한 만남이었는지 문헌상으로는 확인할 수 없지만 두 사람의 관계는 특별하게 발전했다. 성균관 유생들 전체에게 정조가 《중용》에 대한 80여 조의 질문을 내렸을 때 최고의 점수를 정약용에게 주면서 더욱 신뢰하게 되었다. 왜냐하면 다산이 중용 강의에 대한 해석을 함에 있어서 퇴계 이황의 학설을 따르지 않고 율곡 이이의 학설을 따라 정리했기 때문이다.

일반적으로 남인은 퇴계의 학설을 따르고 노론의 경우는 율곡의 학설을 따르는 것이 조선 후기 사회의 일반적 현실이었다. 당쟁은 그렇게 사상의 차이를 가져왔고, 서로 한마을에 살아도 당파가 다르면 평생을 인사도 하지 않고 살던 시대였다. 그러한 시대에 다산은 남인의 명문가 자제였음에도 불구하고 율곡의 학설이 옳다고 생각하고 그를 따랐으니 정조의 입장에서 균형을 가진 신하로서 조정의 문제를 해결할 수 있는 인물로 평가했던 것이다.

다산에 대한 정조의 사랑은 대단했다. 수시로 보는 성균관 시험에서 1등으로 합격하여 선물을 받고, 과거시험 또한 정조가 주관한 성균관에서의 특별시험에 합격하여 최종 시험인 전시에 나가 2등으로 합격하는 영예도 얻었다. 정조가 조정에서 발간한 여러 책들을 모두 주어 더 이상 줄 책이 없자 "그렇다면 술이나 한잔 하자꾸나."라고 말할 정도였고, 창덕궁 세심대에서 꽃구경을 하다 술 한잔 마시고 시를 지을 때 자신의 어탁을 내어주어 다산으로 하여금 시를 쓰게 할 정도였으니 다산과 정조의 관계는 더 이상 말할 필요가 없을 것이다. 물론 정조의 다산에 대한 이 같은 사랑에 대해 위당 정인보 선생은 "이러한 사랑으로부터 다산의 화란禍亂이 시작되었다."라고 표현하기도 한다. 너무 과도한 총애가 그로 하여금 정적들을 만들게 하고 18년 동안의 유배생활을 하게 했다는 것이다.

이렇게 정조가 다산을 총애한 것은 그가 단지 학문이 높기 때문만이 아니었다. 실제 정조는 다산을 통해 암행어사와 목민관의 모범을 세우려고 했다. 정조는 자신의 총애를 믿고 백성들을 괴롭히는 수령들을 다산으로 하여금 탄핵하게 하고, 금정찰방과 곡산부사로 보임하여 백성을 위한 목민관의 역할에 충실하게 했다. 이러한 모든 일들은 다산으로 하여금 채제공의 뒤를 이어 정승을 삼아 자신과 함께 국사를 함께하기 위함이었다.

정약용 같은 신진 학자를 키우기 위해서 정조는 매우 특별한 방법을 썼다. 그를 혹독하게 훈련시켜 문무겸전의 인재로 양성하는 것이다. 그럼에도 정약용은 정조의 뜻과 달리 학문에 대한 출중한 능력은 가지고 있었으나 무인 기질은 그리 강하지 못했다. 물론 정약용이 무예 능력은 부족하지만 병법에 대한 조예가 있어 무과로 등과시킬 생각까지 정조가 했으나 이는 정약용의 반대로 이루어지지 못했다. 무예 능력은 부족하나 잘만 키우면 학자로서만이 아니라 나라를 지키는 유용한 인재가 될 수 있다고 정조는 생각했다. 조선 초기에 신숙주는 집현전 학사 출신이지만 세조대에 여진족 토벌에 총사령관으로 나서 진두지휘를 했다. 아마도 정조는 정약용을 신숙주 정도의 인물로 성장시키고 싶은 욕심이 있었는지 모르겠다.

1791년(정조 15) 9월에 창경궁 춘당대春塘臺에서 국왕 정조正祖와 규장각 신하들의 활쏘기가 있었다. 평소 활쏘기를 즐겨했던 정조는 규장각 신하들에게 곰의 얼굴 문양이 들어간 국왕 전용 사대인 웅후熊帿에 10순巡(1순은 화살 5개)씩 쏘라고 명했다. 신하들에게 국왕의 사대에서 활을 쏘라고 하니 이는 참으로 파격적인 일이었다.

이때 정약용도 참여했다. 정약용은 50발을 쏘아서 4발도 맞추지 못했다. 정약용은 어린 시절부터 글공부만 했지 활쏘기를 해본 적이 거의 없었기 때문이다. 여기에 더해 외가인 해남 윤씨 집안사람들을 닮아 약간의 비만이 있어 운동을 잘하지 못했다. 당시 국왕과 더불어 활을 쏠 때 과녁에 10%도 맞추지 못하면 벌주罰酒 한 잔을 마셔야 했다. 그런데 정조는 벌주를 주지 않고 새로운 임무를 주었다.

"그대들에게 술을 준다면 상賞을 주는 것이다. 문장은 아름답게 꾸밀 줄 알면서 활을 쏠 줄을 모르는 것은 문무文武를 갖춘 재목이 아니니, 의당 북영北營에 잡아놓고 하루에 20순(화살 백 개)씩 쏘아서 매 순마다 한 발씩은 맞힌 뒤에야 풀어주겠다."고 했다.

북영이라 하면 훈련도감訓練都監을 이르는 말이었다. 훈련도감은 군기가 엄정하고 훈련의 강도가 높아 조선 후기에 수도 한성부를 지키는 최고 군대로 평가받았다. 이곳에 정조는 자신이 가장 총애하는 정약용을 포함한 규장각 문신 4명을 보내어 요즘으로 치면 유격훈련과도 같은 특수훈련을 받게 한 것이다. 물론 활쏘기도 포함해서 말이다.

정조는 정약용을 포함한 젊은 문신들이 학문만 중요시하고 무예를 천시한다면 장차 나라를 이끌어갈 올바른 인재로 성장할 수 없을 것이라 여겼다. 이들이 처음 훈련도감에 가서 활쏘기를 배울 때 손가락이 부르트고 팔뚝이 붓고 말 타는 솜씨도 서툴러서 보는 사람들 중에 크게 웃지 않는 자가 없었다.

정약용은 며칠이 지나자 활시위를 당기는 솜씨가 점점 능숙해져서, 1순을 쏘면 세 발을 맞히는 수준이 되었다. 정조는 그 내용을 보고 받고 하루에 100발씩만 쏘게 하고 여가에 시경詩經 연구를 시키고 마침내 열흘 만에 훈련도감에서 풀어주었다. 모자라는 것을 채워주어 균형을 갖추게 하는 정조의 인재 육성법이 성공한 것이다.

정조는 정약용을 나라를 이끌어갈 정승으로 만들고자 했다. 1795년 윤2월의 화성행차가 끝나고 한양에 올라온 정조는 창덕궁 도착 다음날 조정의 대소신료들을 모두 불러 모았다. 그 자리에서 이가환과 정약용을 불러 세운 후 향후 이들을 정승으로 임명할 것이라고 했다. 미래의 정치 주역들을 소개하고 이들이 정승이 될 훈련을 시키겠다고 선언한 것이다. 정조는 정약용이 정승이 되기 위해서는 반드시 거쳐야 할 관직이 수령이라고 판단했다. 그간 정조는 정약용을 자신의 옆에서 보좌하는 승지로 삼았다. 요즘으로 치자면 청와대 비서실에 있는 비서관이나 수석의 역할을 맡긴 것이다. 그러나 제대로 된 관료가 되기 위해서는 반드시 지방 고을의 수령을 해봐야 했다. 고을의 행정을 경험해야만 국가 전체의 행정과 정국 운영을 주도해나갈 수 있기 때문이다. 그래서 정조는 당시 가장 문제가 심각한 지역에 정약용을 수령으로 보내기로 했다. 바로 황해도 곡산부였다. 1797년 윤6월의 일이다.

당시 황해도 곡산은 전임 수령의 잘못으로 백성 중에서 이계심이란 인물을 중심으로 민란이 일어났다. 이계심이 수령을 고을 밖으로 내쫓는 난을 일으켰는데, 백성들이 얼마나 꼭꼭 숨겨주는지 이계심을 체포할 수가 없었다. 조정에서도 제대로 된 보고를 받지 못해 이계심이 무조건 반란을 일으킨 것이라고만 여기고 있었다.

이에 조정에서는 민란을 일으키고 산으로 도주한 이계심을 잡기 위해 훈련도감을 포함한 오군영의 군사들까지 파견했지만 번번이 그를 잡는 데 실패했다. 그랬던 그가 제 발로 정약용이 곡산부 내로 들어가는 길 앞에 나타났다.

정약용은 이계심을 포박하거나 목에 칼을 채우지 않고 관아로 데려가 갑자기 나타난 연유를 물었다. 이계심은 정약용에게 백성들의 고통을 낱낱이 적은 12조목을 건넸다. 거기에는 정약용 부임 직전 서리들이 포보포砲保布 (포군에게 내는 군포) 대금으로 200전을 걷어야 하는데 백성들에게 무려 900전이나 걷어 빼돌린 사실이 적혀 있었다. 이에 백성들의 원성이 이어졌고 이계심이 우두머리가 돼 1000여 명을 모아 관에 들어와 호소한 것인데, 오히려 죄인으로 몰려 고통을 당했던 것이다. 정약용은 여러 정황을 파악하고 곧바로 이계심을 무죄방면했다. 그러면서 "한 고을에 모름지기 너와 같은 사람이 있어 형벌이나 죽음을 두려워하지 않고 만백성을 위해 그들의 원통함을 폈으니, 천금은 얻을 수 있을지언정 너와 같은 사람은 얻기가 어려운 일이다. 오늘 너를 무죄로 석방한다."고 말했다.

이계심의 무죄 석방 소식이 알려지자 백성들은 반겼지만, 조정에서는 수령의 권위를 무너뜨렸다고 그를 파직해야 한다는 정쟁까지 일었다. 하지만 현군인 정조가 정약용을 칭찬하면서 정쟁은 일단락됐다. 정조는 정약용이 수령으로서 해야 할 올바른 일을 했다고 칭찬해주면서 국왕의 권한을 위임받은 지방 고을 수령들의 역할에 대해 강조했다. 결국 이 일 이후 지방고을 수령들이 더욱 책임감 있게 고을 행정에 충실할 수 있었다. 정약용 역시 이때의 일을 기반으로 《목민심서》와 《경세유표》를 쓸 수 있었다.

훗날 위당 정인보 선생은 두 사람의 관계를 이렇게 표현했다.

"정조는 정약용이 있었기에 정조일 수 있었고, 정약용은 정조가 있었기에 정약용일 수 있었다."

무릇 리더는 자신과 함께 하는 동료 및 후배들이 무엇에 뛰어난 자질이 있는지 파악하여야 한다. 또한 무엇이 부족한지도 알아야 한다. 넘치는 부분은 덜어내야 하고, 모자란 부분은 채우게 해야 한다. 또한 더 큰 인재로 키우기 위해서는 다양한 경험을 쌓게 해야 한다. 자신과 함께 미래를 만들 젊은 인재를 찾고 이를 교육시키는 리더야말로 미래의 공동체를 아름답게 만들 힘을 가진 사람이다.

17

규장각 건립과 초계문신 임명으로
인재 육성의 기반을 마련하다

1778년(정조 2) 6월 4일. 창덕궁 인정전 안과 전각 밖의 마당에는 만조백관들로 가득했다. 할아버지 영조의 3년 상을 마친 정조가 이제 자신의 국정 운영에 대한 생각을 천명하기 위하여 모든 관료들을 모은 것이다.

이 자리에서 정조는 4가지 개혁과제를 천명했다. 첫째, 백성들의 재산을 부유하게 하겠다. 둘째, 인재를 육성하겠다. 셋째, 국방개혁을 통한 자주국방을 이루겠다. 넷째, 국가 재정을 안정시키겠다. 이 네 가지는 재위 기간 정조의 핵심 과제였고 지속적으로 개혁을 추진했다.

정조는 당시의 사회를 마치 큰 병이 든 사람과 같다고 했으며, 이러한 폐단의 원인을 기강이 문란해져 국왕의 지위가 존엄해지지 못하고, 언로가 막혀 강직한 말을 들을 수 없으며, 난역亂逆이 잇달아 생겨나 의리가 더욱 어두워졌기 때문이라고 했다. 이러한 사회 폐단을 바로잡는 길은 관료들의 기강 쇄신과 인재 양성이 선결조건임을 강조했고, 인재人材를 성취시키는 것은 반드시 교육으로부터 시작된다고 했다 정조는 자신이 국왕으로 등극한 18세기 후반의 상황이 중병에 걸린 환자와도 같다는 시대의 진단을 내리고 인재 양성이라는 비전을 제시했으며, 교육이라는 해결 방안을 통해 변화를 추구했고, 이러한 비전의 성취 방안을 규장각과 초계문신제에서 찾았다. 한마디로 규장각과 초계문신제는 정조가 변화촉진자로서 문제점을 제대로 인식하고 있음을 알게 해 준다. 당시 국가라는 거대 조직의 온갖 문제를 해결하여 조직을 고무시키고 활성화시키는 방법을 찾는 과정에서 선택한 것이라고 할 수 있겠다.

정조는 인재 육성이 조선의 개혁에 가장 소중한 것이라 생각했고, 이를 위한 기반을 조성했다. 그것이 바로 규장각이었다. 원래 '규장'奎章이란 임금의 어필과 어제를 가리키는 것으로, 그것을 모아두는 제도는 중국에서 유래되었다. 하지만 고사를 따른다는 명분에 의지해 실질적으로는 새로운 정치적·문화적 기구를 마련했던 것이다.

규장각이란 역대 국왕의 어필과 초상화 등을 보관하는 동시에 왕실 소유의 다양한 서적들을 소장하기 위한 도서관도 겸하기 위하여 만들어졌다. 하지만 이는 겉모습에서만 드러난 형태이고 실제 규장각 설치의 본래 목적은 바로 정조의 개혁정치의 이데올로기를 만들고, 다양한 정책을 개발하고 유학 및 실학의 발전을 연구하는 곳이었다.

규장각은 정조 즉위년 9월에 설치되었으나 실질적으로 조직 및 기능을 정비한 때는 정조 5년(1781) 2월에야 이루어졌다. 규장각의 건물은 내각, 직원直院, 외각으로 구분된다. 내각은 본각本閣과 그 소속을 말하는 것으로 규장각, 봉모당奉謨堂, 열고관閱古館, 개유와皆有窩, 이안각移安閣, 서고西庫, 규장 외각外閣의 7개 건물이 있다.

규장각에는 정조의 어진, 어제, 어필, 보책, 인장을 봉안했으며, 개유와에는 중국본中國本 도서와 문적을 간직했고, '이문지원'摛文之院이라는 편액이 걸려 있는 이문원擒文院에는 직원인 각신들이 근무했다.

규장각이라고 하면 흔히 왕립 도서관의 기능을 떠올리지만 실제로는 조선의 문화를 발전시킬 수 있는 학술기관으로서의 기능이 강했다. 특히 정조의 개혁정치를 뒷받침하기 위해 젊은 인재들을 육성하고 정조의 정책을 지지하는 정치기구로서의 기능도 존재했다.

정조가 규장각을 통해 학문 연구와 활성화의 기능을 강화하는 일을 하자 당대 신하들은 규장각이 정조의 정치적 기반이 될 수 있다는 것을 알고 있었다. 공조참판 이택징이 가만히 살펴보니 규장각 각신들이 월권을 행사하고 국왕이 그들을 너무 친근하게 대하고 있었다. 그래서 이택징은 규장각 각신들에 대하여 못마땅한 상소를 올렸는데 뜻밖에 정조가 자신의 속내를 드러내는 하교를 했다.

"이번에 건립한 내각은 곧 광묘(세조)께서 이미 행한 법제를 계승하고 숙묘(숙종)께서 미처 행하지 못한 법전을 추술追述한 것에 불과한 것이다. 그러나 이는 오히려 본각을 설치한 외면적인 작은 일에 속하는 것이고, 나의 본의는 따로 있는 데가 있다."

위의 글에서 알 수 있듯이 세조 때와 숙종 때를 계승하여 규제를 갖춘 것, 즉 어제각 또는 장서각으로서의 기능은 밖으로 보이는 작은 일이고, 자신의 속뜻은 별도로 있다고 한 것이다. 이어서 정조는 덧붙였다.

"아! 과거 동궁으로 있을 적에 온갖 어려움을 겪었으므로, 처음 정치를 할 때 제일 먼저 외척들이 조정을 망가뜨린 세력들이기에 이들을 제거하고 조정을 깨끗하고 맑게 하고자 하였다. 이는 곧 나의 하나의 고심스러운 부분이었다. 진실로 그 화禍의 근본과 난亂의 뿌리를 추구하여 본다면, 하나는 외척이고 다른 하나는 환관들이다. 등극한 처음에 제일 먼저 소탕했으나 매양 척·환戚宦이라는 두 글자를 생각할 적마다 치가 떨리고 가슴이 써늘함을 깨닫게된다."

이것은 정조가 궁중의 음모 속에서 왕위에 올라 자신의 신변에 위협을 느끼지 않을 수 없던 사정을 밝히면서 이에 대한 한 대응책으로 규장각을 설립했음을 밝히는 것이다. 즉 외척과 환관宦官들을 제거하고 그들이 다시는 발붙일 곳이 없게 만들어 권신權臣의 발호를 막겠다는 의도를 나타내고 있다. 정조는 선왕인 영조가 탕평책으로 소기의 성과를 거두지 못한 전철을 거울삼아 새로운 정치기풍을 진작시키려는 의도를 보이면서 사대부 중심의 새로운 정치기구의 필요성을 강조하고 있다.

정조는 이를 위해 파격적인 정책을 추진했다. 그것은 바로 38세 미만의 학자들을 선발하여 초계문신으로 임명하고 이들을 집중적으로 학습시키는 것이었다. 이들 학자들은 모두 문과 급제자들이었으며 대과에 합격하여 어느 정도 관료 생활을 했던 이들 중에서 장래에 조선을 위해 일할 만한 인재들을 초계문신으로 선발했다.

초계문신제는 조선시대 관리 재교육제도인 독서당의 제도를 계승한 것으로 선발 대상의 연령도 참고했을 것으로 생각된다. 독서당 제도로 가장 공부를 많이 한 인물은 율곡 이이다. 율곡 이이는 독서당 제도에 선발되어 동호東湖 일대에서 3년간 공부하며 국가를 위한 정책을 마련했다. 이것이 그 유명한 《동호문답》東湖問答이다. 율곡과 같은 인재들이 국가의 독서당 제도를 통해 만들어졌듯이 정조도 역시 그와 유사한 제도를 통해 국가를 이끌어갈 젊은 인재를 육성하고, 실제로 이 인재들을 자신의 정치적 동반자로 삼으려고 했다. 이들을 규장각 초계문신이라 했고, 1781년(정조 5)에 20명을 선발한 것을 시작으로 정조 말년인 24년까지 10여 차례에 걸쳐 모두 138명이 선발되었다.

초계문신으로 선발된 이들은 조정으로부터 정상적인 급여를 받고 오로지 공부만 했다. 물론 이 공부는 국왕 정조와 함께 하는 것이 대부분이었다. 국왕의 질문에 대한 답변을 하기 위한 연구가 결국 이들 초계문신을 훈련시키는 것이었고, 이들은 훗날 조정의 중심인물이 되었다.

그 대표적인 인물이 정약용과 정약전, 이승훈 등 남인 계열의 학자들과 훗날 정조의 사돈이자 순조의 장인이 되는 김조순과 순조를 낳은 생모 유빈 박씨의 오빠인 박종경 등 노론의 젊은 학자들, 뛰어난 행정가이자 중농주의 실학을 깊이 실천한 서유구를 비롯한 소론 계열의 학자들이 모두 망라되어 학습을 진행했다.

규장각 각신에 대한 배려도 살펴볼 수 있다. 정조는 제주도에서 천도복숭아가 올라오자 자신이 먹지 않고 그 천도복숭아를 그대로 소반에 담아 규장각 각신들에게 전해주었다.

"원 안의 작은 복숭아가 마침 익었다기에 각신들이 긴 날에 무료할 것을 생각하여 특별히 주어 게으름을 경계하는 자료로 삼도록 한다. 또한 선도仙桃는 사람을 장수할 수 있도록 한다고 들었다. 지금 여기 하사하는 복숭아는 특별히 각신들에게 기대하는 뜻이 있는 것이니, 소반은 남겨 두어 각 안의 고기古器로 삼도록 하라."

이렇게 정조는 규장각 각신과 초계문신 그리고 검서관들을 위했다. 국왕의 마음이 그대로 전해지니 규장각에 있는 이들이 얼마나 충성심이 강했겠는가! 당시 기록을 보면 각신들이 절을 하고 맛을 보는데 감격하여 눈물을 흘리는 이들도 있었다고 한다.

정조는 규장각 초계문신 중에서 한 분야에 능력이 부족한 사람이 있으면 이를 질책하지 않고 부족한 부분은 공부할 수 있도록 배려를 해주었다. 당시 이운항이란 초계문신이 사륙문四六文을 잘 짓지 못했는데 1년 동안 장기 휴가를 주어 사륙문을 숙달하게 했다. 이뿐만이 아니다. 초계문신의 학문을 독려하기 위하여 정조 스스로도 경전 공부에 몰두하여 그 모범을 보이기도 했다. 검교직각 서용보가 계묘년에 기록한 《일득록》日得錄에는 정조가 초계문신의 교육 자료인 강講에 쓰일 경전의 조문을 스스로 초록抄錄하면서 자신을 채찍질하고 연구했다고 했다.

> "내가 처음 초계문신을 둔 것은 뜻이 학과學課를 권장하려는 데 있었다. 내가 만약 몸소 앞장서서 부지런히 격려하지 않으면 어떻게 여러 문신을 바로잡아 신칙할 수 있겠는가. 게다가 나는 본래 이런 일을 좋아하는 습성이 있어서 종일토록 뽑아 기록하는 일을 해도 피곤한 줄 모른다."

정조 자신이 솔선수범함으로써 초계문신에게 학문을 독려했으며, 초계문신을 교육함에 있어 열정과 헌신의 자세로 임했음을 알 수 있다. 초계문신의 학문을 독려하기 위하여 정조 스스로도 경전 공부에 몰두하여 그 모범을 보였던 것이다.

결국 정조와 초계문신들의 공동 노력은 조선시대 문화의 수준을 높이고, 백성들을 위한 개혁정책을 만들어 나갔다. 이들은 처음에는 주자성리학을 중심으로 공부한 이들이었지만 실용지학의 연구와 실천을 해나갔다. 자신들의 당파가 비록 노론이었어도 잘못된 정책을 만들거나 당파의 이익만을 위한 발언 등에 대해서는 올바른 이야기를 했다. 그만큼 오랜 교육을 통해 사적인 이익보다는 공적인 이익을 중시하게 된 것이다.

교육은 여유가 있으면 하고 여유가 없으면 하지 않아도 되는 것이 아니다. 가장 어려운 때에도 반드시 교육을 해야 하고 그 교육을 통해 성장한 인재들이 어려운 난국을 헤치고 보다 나은 사회로 나아가게 해야 한다.

그래서 뛰어난 리더들은 인재 육성을 가장 중요한 정책으로 삼았다. 그리고 어려운 시절에도 인재 육성을 위한 비용을 아끼지 않았다. 길게 내다보면 이들이 리더들을 지원하는 가장 큰 우군이고, 공공의 문화와 경제를 발전시킬 수 있는 토대가 된다.

18

시골 유생의 의견도
깊이 새겨 듣다

다산 정약용 선생은 훌륭한 인물로 성장하기 위해서는 가장 중요한 훈련이 바로 '청람'聽覽이라고 했다. 사람들의 이야기를 잘 들어주는 것을 기본으로 한다는 것이다. 사람들의 이야기를 잘 들어주는 것은 쉬운 일이 아니다. 본시 날 때부터 다른 사람들의 이야기를 잘 들어주는 이들도 있지만 이러한 사람들은 흔하지 않다. 청람을 하는 것은 훈련을 통해 이루어지기 마련인데 리더의 기본이라고 할 수 있다.

그런데 리더가 한두 사람이 하는 이야기는 청람을 한다지만 실제 국가의 미래나 조직의 발전을 위한 대책을 잘 듣지 않는다면 그것은 문제가 될 수 있다. 여기에 더 큰 문제는 학벌과 문벌이 좋은 사람의 이야기는 잘 듣고, 비록 능력이 있지만 학벌과 문벌이 낮은 사람들의 이야기는 듣지 않는 것이다. 자신보다 사회적 지위가 부족하다고 생각되면 무시하고 그들이 아무리 좋은 지혜를 주어도 그것을 귀담아 듣지 않는 리더들이 태반이다. 그러니 사회가 발전하기 어려운 것이다. 너무도 오래도록 엘리트주의가 사회

곳곳에 깊이 박혀 있기 때문이다.

그런데 정조는 달랐다. 당대 최고의 지위에 있고, 누구보다 뛰어난 지식을 지니고 있으며, 자신이 키운 엘리트 집단 또한 있음에도 불구하고 초야에 은거한 이들의 의견을 적극 수용하고자 했다.

그는 즉위 10년에 자신에 대한 어떠한 비난도 좋으니 국가를 위한 좋은 정책을 제안해달라고 했다. 이때 엄청난 양의 제안이 들어왔다. 이때의 제안 중에 박제가의 '병오소회'丙午所懷가 가장 유명한데, 정조는 이 많은 제안들을 모두 읽고 국가 정책에 반영했다. 그만큼 많은 사람들의 의견을 듣고자 한 것이다.

정조는 시골에 은거한 유생들의 이야기도 적극 들었다. 향촌사회에 살고 있는 그들이야말로 농업과 상업에 대한 논의, 정부가 백성들에게 거둬들이는 세금의 폐단 등 구중궁궐에서는 알 수 없는 이야기와 관리들도 차마 하기 싫은 이야기가 있을 것이기 때문에 정조는 초야에 은거한 이들의 이야기에도 깊은 관심을 표했다. 그중 대표적인 이가 바로 수원 유생 우하영의 제안을 받아들인 것이다.

조선에 성리학이 수입된 지 300여 년이 지나 고루하고 비생산적인 학문으로 평가되는 성리학을 대신하여 '실학'實學이라는 이름으로 '경세치용'經世致用과 '이용후생'利用厚生을 위한 학문이 등장했다.

우리가 흔히 중농주의重農主義와 중상주의重商主義로 이야기하고 있는 실학은 조선 후기 문명을 한 단계 성장시켰으며 백성들의 민권의식과 사회전반의 경제를 향상시켰다. 물론 중농주의와 중상주의를 연구하고 이를 현실화시키고자 하는 학자들이 자신들의 학파만을 고집하지 않고 두 가지의 실학적 학풍을 두루 조화시키고자 했지만 나름대로의 당파와 공부한 내용이 달랐기 때문에 두 사상을 하나로 합친 인물은 그리 흔치 않다.

그럼에도 불구하고 당시 수원의 가장 외지고 척박한 곳에서 삶을 영위했던 취석실醉石室 우하영禹夏永이야말로 중농주의, 즉 경세치용 사상과 중상주의, 다시 말해 이용후생의 정신으로 조선의 백성 모두가 부유해지고 외세로부터 자주적 삶을 살아갈 수 있는 사회를 만들고자 했던 진정한 실학자라고 할 수 있다.

사실 우하영의 삶은 그리 영화롭지 못했다. 당대 이용후생 학파의 중심 인물이었던 박지원·홍대용·이덕무·박제가 등은 경제적으로는 불우했지만 국왕 정조의 총애를 받으면서 번화한 서울의 종로 거리에서 자신들의 재능을 펼치면서 화려한 도성 한성부의 문화를 마음껏 즐겼다. 하지만 수원에서도 중심부가 아닌 호매절 어량천면에서 70평생을 살았던 우하영은 궁벽한 촌락에서 경제적 어려움을 겪으면서 궁핍하게 살아가야 했다. 지금도 화성시 남양으로 가는 길목에 있는 어천 주유소 옆 그의 묘소가 경기도문화재자료 제121호로 지정되어 있지만 찾아내기가 쉽지 않다.

우하영은 1741년(영조 17) 음력 2월 1일 수원도호부 호매절 어량천면好梅折於良川面(현 화성시 매송면 어천리) 외촌外村의 몰락한 남인계 양반가문 가난한 선비 우정서禹鼎瑞의 맏아들로 태어났다. 임진왜란의 이름난 의병장인 우성전이 그의 7대조이니 명문이라고 할 만하다. 그의 자는 대유大猷, 호는 취석실醉石室이라 했다. 그가 취석실이라는 호를 스스로 지은 것은 바로 자신이 취해서 세상을 제대로 보지 못하고 어리석은 돌과 같은 사람이라고 생각했기 때문이다. 하지만 그가 어찌 세상을 제대로 보지 못하는 어리석은 인간이었겠는가! 오히려 오래도록 기득권을 유지한 어리석고 욕심 많은 인간들이 세상을 움직인다고 착각하며 무식한 행동을 일삼는 것에 대한 조롱이 담겨 있는 것이다. 하긴 요즘 세상에도 그러한 어리석은 인간들이 하도 많아 지혜 있고 양심 있는 인사들이 세상을 등지고 산촌으로 은거하는 것이 아니겠는가!

그가 살던 곳은 '해빈지'海濱地라고 해서 일반 내륙 지방의 폐쇄적인 농촌과는 달리 매우 특수한 자연적·인문적 환경을 갖고 있다. 해빈지라 함은 바닷가와 연결된 땅이라는 뜻을 가지고 있는데, 우하영이 성장한 이곳은 서쪽 가까이에 남양만의 주요 포구 중 하나인 빈정포濱汀浦가 위치해 서해안과 내륙의 통로 역할을 하고 있었다. 이 빈정포는 삼국시대 이래 국내외의 소금과 어물 등을 중부지방 일대에 공급하던 항구로서 전근대사회에 배의 정박과 우마차의 출입 또는 타 지역 상인들의 출입이 잦았던 곳으로 크게 번성했던 지역이었기 때문에 우하영의 사상에 큰 영향을 주었다. 그가 비록 20여 킬로미터밖에 떨어지지 않은 곳에 살았던 성호 이익의 중농주의에 대한 영향을 받았다 하더라도 어린 시절부터 자신의 눈으로 보아온 물류의 이동과 상업 발달의 중요성을 알고 있었기에 중상주의에 대한 중요성을 강조한 것이었다.

우하영은 수원 지역의 대표적인 유학자 집안 출신이었으나 서인의 집권으로 남인이 몰락한 데다가 이 무렵 경제적으로도 매우 빈궁한 생활을 영위했다. 그러나 고단하고 가난한 환경 속에서도 큰 포부를 갖고 15세 때부터 학업에 전념하여 공령문功令文을 짓기도 했다. 그러나 그해 가을 사마시에 낙방한 것을 비롯하여 전후 12번이나 과거에 응시했으나 당시 과거제도의 부패와 운영상의 문란으로 합격하지 못했다.

이후 과거 급제를 단념하고 당시 새로운 학풍으로 대두된 경세치용·이용후생·실사구시의 실학에서 큰 자극을 받고 경제실용經濟實用을 위한 학문 연구에 전념했다. 그의 마을에서 가까운 안산 첨성촌에서 당시 실학자 이익 李瀷이 '성호학파'를 이끌고 있었으므로 같은 남인계의 이 노대가에게 많은 영향을 받았다. 또한 율곡 이이, 유성룡, 조헌, 이수광, 허엽, 유형원, 이익 등 경세가와 선배 실학자들의 저술, 특히 시무론時務論을 읽고 크게 자극을 받았다. 또한 문헌자료에 만족하지 않고 20대 이후부터 오랫동안 전국 각 지방을 직접 답사·유람했다. 그리하여 산천·풍토·민요·속상俗尙(시중에서 숭상하여 좋아하는 것)·물산의 실태를 직접 관찰·조사하고 도리道里의 원근遠近, 토지의 비옥함과 척박함, 풍기風氣의 강유剛柔, 병농전수兵農戰守의 당위, 성향제치城餉制治의 필요성을 깊이 연구했다.

이러한 노력 덕분에 우하영은 성호 이익으로 대표되는 경기 남부 지역 일대의 경세치용계열 실학자들 가운데서 상공업 및 광업 문제와 토지제도 개혁 및 신분제 인식에 있어서 매우 특이하고 선진적인 존재였다. 선배 실학자인 성호가 중농주의적 입장에서 상업이나 수공업의 지나친 발전을 억제하고 금속화폐의 유통을 금할 것을 주장하는 등 자급자족적인 자연경제체제를 이상화한 데 비하여, 농업과 상업의 발전을 상호대립적인 것으로 파악하는 태도에서 크게 벗어나 상업진흥론을 주장했고, 평시서를 혁파하여 상업을 더욱 발전시킬 것을 제안했다. 특히 광산 개발과 관련하여 대부분의 실학자들이 광산 국영화를 주장한 데 비해 관청의 간섭을 배제하여 광산을 민간 자본으로 개발하고 여기에 참여하는 광산노동자들에 대한 신분적 안정과 대우를 해줄 것을 제안하기도 했다. 이러한 파격적인 제안은 양반 및 지주들에게 토지를 빼앗긴 농민들이 광산노동자로 새로운 삶을 찾기를 원했기 때문이다.

우하영은 상업 발전에 대한 진보적 시각을 지녔지만 그가 근본적으로 연구한 것은 바로 농업의 발전이었다. 그는 《농사직설》, 《농가집성》 등 전시대의 선행농서를 면밀히 검토하고, 자신의 영농체험을 바탕으로 소농 중심의 집약적 농법과 올바른 농업정신을 강조했다. 앞서 말한 바와 같이 집안의 몰락으로 그는 어천에서 스스로 13두락을 농사지으면서 새로운 수차를 대대적으로 이용하고 저수지를 확대하는 등 농법개발을 체계화했다. 이러한 경험은 정조에게 올린 새로운 조선을 만드는 전초기지인 화성華城을 발전시키기 위한 농업 및 상업 발전과 군사개혁에 대한 상소문에서도 자세히 나타났고, 정조 역시 같은 고민을 하고 있는 우하영에 대하여 상당한 애정을 보여주기도 했다.

우하영의 또 다른 개혁은 바로 신분제였다. 그는 일차적으로 노비제도 자체를 부정했고, 노비 역시 인간인 이상 평민으로서 동등한 대우를 받아야 한다고 생각했다. 당시 양반의 신분으로 노비를 없애자고 했으니 파격 그 자체라고 할 수 있다. 더불어 홀로 사는 과부에 대한 슬픔을 이해했다. 조선시대에는 과부재가금지법으로 인하여 이른 나이에 홀로 지내는 과부들의 재혼을 금지하고 있었지만 우하영은 과부들의 재가를 허용하여 모두가 인간다운 삶을 살기를 원했다.

비록 그의 실천적 삶의 자세와 학문 사상이 정조의 죽음으로 당대에 현실화되지 못한 아쉬움이 있지만 그의 실학정신은 경기도 실학의 근간이 되었다. 더불어 새로운 개혁을 요구하는 백성들의 이념으로 성장하여 훗날 그 어느 지역보다 독립운동과 민주화 운동의 터전이 되었다.

정조가 초야에 살고 있는 선비들의 개혁정책을 받아들이고자 노력했듯이, 우리 사회의 리더들 역시 다양한 창의적 정책과 기획력으로 인재들을 발굴하고, 이들과 함께 조직을 발전시켜 나가야 할 것이다.

지역차별을 철폐하여
인재를 키우다

지역 차별과 지역적 차별은 어떻게 다른가? 지역 차별은 말 그대로 지역을 차별하여 어떤 지역에는 좋은 대우를 하고 어떤 지역에는 지원을 하지 않거나 인재를 뽑지 않는 것을 말한다. 지역적 차별은 지역마다의 특성이 다르고 또한 지역의 정서가 다른 것을 감안하는 것이라고 생각한다. 후자의 경우는 아직 학계에서 공식적으로 논의된 바가 있는 것은 아니고 필자의 생각일 뿐이다.

해방 이후 우리나라는 지역 차별이 매우 심했다. 특히 박정희 정권 시절부터 호남 지역에 대한 차별이 극심했다. 호남 지역을 홀대하기 위한 방송 지침도 있었다. 가령 깡패나 사채업자 등 나쁜 이미지는 호남 사투리를 쓰게 하고, 의리 있는 사람이나 선한 이미지의 사람들에게는 영남 사투리를 쓰게 했다. 그러다 보니 우리는 인식하지 못하는 사이에 호남 사람들은 모조리 사기꾼이거나 건달, 조직폭력배, 배신하는 사람들이란 인식을 갖게 되었다. 이게 다 박정희 정권이 정적인 김대중을 견제하기 위해 호남 지역에 대한 음해공작의 결과였다. 결국 이러한 지역 차별이 오늘에 이르러 나라가 양분되는 지역적 차별로 나타나게 되었다. 이런 현상은 선거 때가 되면 더욱 크게 드러난다. 영남 지역은 보수적 당색이 뚜렷하고 호남 지역은 진보적 당색이 뚜렷이 나타난다. 이제는 이러한 모습을 고치기도 힘들 정도가 되었다. 어쨌든 이를 극복하는 것이 우리 사회 리더들이 해야 할 일이다. 남북이 심각하게 대립하고 있는 상황에서 남쪽의 영호남 지역이 서로 경원시 하는 것은 올바르지 않다.

정조가 했던 가장 중요한 일 중의 하나가 바로 지역 차별을 극복하는 통합의 정치를 한 것이다. 정조시대 이전에 극심했던 지역 차별은 평안도, 함경도 지역 그리고 영남 지역의 백성들에게 크나큰 고통을 주었다. 정조는 즉위하면서 이러한 차별부터 없애버렸다. 비록 선대왕대에 추진된 정책이었다 하더라도 백성들의 삶에 도움이 되지 않는 것이라면 과감하게 없앴다. 이것이 바로 정조의 통 큰 리더십이다.

정조시대 이전에 가장 큰 차별을 받은 곳은 서북 지역과 동북 지역이었다. 즉 평안도와 함경도 지역이었다. 압록강과 두만강을 끼고 있는 이 지역은 일찍부터 한양을 중심에 두고 사는 경화사족이나 아니면 삼남지방의 유림들로부터 오랑캐인 여진족과 가깝게 지내는 무식한 사람들이라는 멸시를 받았다. 이러한 인식이 깔려 있다 보니 조정에서는 한반도 북쪽에 사는 이들을 등용하기를 꺼렸다. 실제로 이 지역 사람들은 여진족의 침입을 막기 위해 엄청난 고생을 하고 있었는데 다른 지역 사람들은 오랑캐와 비슷하다는 인식을 했던 것이다.

여기에 더해 이징옥과 이시애의 역모 사건이 발생하면서 차별은 더욱 심해졌다. 훗날 세조가 된 수양대군이 계유정난癸酉靖難을 일으켜 김종서와 황보인 등을 제거하자 김종서의 심복이었던 이징옥李澄玉이 함경도에서 반란을 일으켰다. 그러자 세조는 함경도 출신의 무사 등용을 꺼리기 시작했다.

이후 중앙에서 함경도에 무관을 파견하자 이번에는 함경도 길주 출신인 이시애李施愛가 반란을 일으켰다. 세조는 이시애의 반란까지 진압한 후부터는 아예 서북 지역 무사들의 무과시험을 금지시키고 말았다. 이때부터 서북 지역민에 대한 본격적인 차별이 시작되었고, 이들은 분노와 설움으로 나라를 원망하게 되었다.

그래서 함경도 백성들은 임진왜란과 병자호란으로 국가의 위기가 처했을 때 전혀 의병을 일으키지 않았다. 오히려 적들에게 협조하기까지 했다. 《선조실록》 1592년(선조 25) 9월 5일의 기록을 보면 함흥의 생원 진대유는 일본인에게 딸을 시집보내고, 함흥의 문관인 한인록과 문덕규는 자신의 아버지가 의병을 일으키려 하자 적에게 밀고해 의병 모의에 가담했던 이들을 몰살시켰다고 한다. 이처럼 함흥 지역 사람들은 풍전등화의 처지에 놓인 조선을 돕기는커녕 일본과 야합을 일삼았다. 그날의 기록에 대해 사관은 이렇게 적어 놨다. "다른 지역에서는 모두 의병이 일어났는데 함경도만 아무런 소식이 없었다." 이뿐만이 아니다. 함경도 백성들은 국왕 선조의 큰아들 임해군을 잡아다가 일본군에 넘기기까지 했다.

서북무사들은 역대 국왕들에게 계속해서 억울함을 호소했지만, 별다른 성과는 없었다. 그러다가 영조대에 이르러서야 서북 무사들의 차별이 일부 해소되었지만 큰 성과는 거두지 못했다. 그러다가 정조가 즉위하고 나서 즉위년(1776)에 서북무사들의 차별을 전면 철폐하고, 1788년(정조 12) 친위군영인 장용영을 창설, 서북무사들을 적극적으로 활용했다. 조선 정부의 잠재적 위협 세력이었던 이들이 나라에 충성하는 장용영 군사들이 된 것이다.

정조는 북쪽 지역에 대한 차별이 더 이상 있어서는 안 된다고 단호히 말했다.

"북관北關은 곧 왕업이 비롯된 지역으로, 조종조祖宗朝 이래로 매양 깊이 염두에 두고 수습해서 조용調用했다. 그러나 거리가 너무 멀어 서로 보고 들을 수가 없어서 다른 도에 비하여 소외되었다는 탄식을 면하지 못하고 있다. 인재는 반드시 장려하여 쓰려고 해야 권면되고, 인심은 반드시 위로하여 기쁘게 해 주어야 견고히 단결된다. 마천령摩天嶺 이북에 이르러서는 왕의 교화가 미치지 못하고 이역異域과 서로 접하고 있으니 무마하여 편안히 살도록 할 방도에 있어서 더욱 소홀히 해서는 안 된다. 도신道臣과 수령이 된 자들이 과연 나의 뜻을 알아 체득해서 행하여 북쪽을 뒤돌아보는 근심을 하지 않게 할 수 있을지 모르겠다."

정조는 이처럼 소외된 지역의 인재들도 등용해야 한다고 역설했다. 정조는 인재서는 서울이나 지방이 차이가 있을 수 없다고 했다. 그럼에도 당시의 시대상은 서울 중심으로 인재를 뽑았다. 정조는 어찌 서울 중심으로 인재를 뽑느냐며 탄식을 했다.

이런 정조의 생각이 서북 지역과 동북 지역 무사들의 등용을 활발히 해 주면서 아울러 영남 지역의 사대부 등용도 추진되었다. 영남 지역 사대부들의 관직 등용은 영조대 초반부터 거부되었던 것이다.

영조가 즉위하고 4년이 지난 뒤에 영조를 제거하고 소현세자의 후예를 국왕으로 받들자는 대규모 반란이 일어났다. 이인좌와 이유익, 심유현 등이 영조가 선대왕인 경종을 독살하여 국왕이 되었으니 영조를 국왕의 지위에서 끌어내야 한다고 한 것이다. 이는 소론계 인물들과 영남 지역의 남인 일부가 참여한 모의였다. 영남 지역은 정희량과 이웅좌가 무신란의 핵심적인 인물이었다. 정희량은 정온의 후손으로 자기 가문의 경제력을 바탕으로 안음에서 120명의 군사를 동원할 계획이었다. 이후 원수가 되어 반란을 일으키고 안음·거창·합천·삼가 등의 여러 고을을 제압했으나 관군에 패배하고 참수된다.

이인좌의 동생인 이웅좌는 안동의 사족을 포섭하려고 했다. 이때 이웅좌 가 접촉한 인물들은 권구, 권덕수, 김민행, 유몽서 등이었다. 하지만 무신란 을 진압하고 관련자를 심문하면서 진술이 엇갈렸다. 조세추는 1728년 3월 11일 이웅좌가 안동에 도착해 권구 등에게 행동을 촉구했지만 이들은 이전 의 약속과 달리 애매한 태도를 취했다고 했으며, 정의연은 3월 10일 이웅좌 가 안동에 사람들을 동원하려고 했는데 안동 사람들이 "어찌 이런 일을 하 는가!"라고 꾸짖고 반대하자 성내를 떠났다고 주장했다.

이상의 주장들을 통해 안동 사족들의 구체적인 행동을 확인할 수는 없 지만 무신란에 직접적으로 안동인들이 참여하지 않았다는 것을 알 수 있 다. 하지만 노론은 무신란을 통해 영남 남인을 정치적으로 배제시킬 수 있 는 좋은 기회라고 생각했다. 또한 영조도 반란에 대해서는 가혹하게 처리해 야 한다는 입장을 분명히 했다. 경상도관찰사 박문수의 반대에도 불구하고 안음현을 분속했으며, 노론계 인물들에 의해 지속적으로 무신란에 영남인 이 참여했다는 주장이 거론되었다.

그러니 영조는 자신을 제거하려고 한 영남 지역 사람들에 대한 배신감 이 극에 달했다. 이들이 비록 퇴계 이황의 후예들이라 하더라도 영조는 용 서할 수 없었다. 실제 영남 지역의 남인들은 무신란에 깊숙이 개입되지 않 았음에도 불구하고 영조는 이들이 매우 깊이 참여했다고 생각했다. 그래서 영조는 영남 지역 남인들의 문과시험 금지를 명령했다. 입신양명은 조선 사 대부들에게 최고의 가치였는데, 문과시험을 볼 수 없다니 이런 충격이 어디 있겠는가? 서북 지역의 무과응시 금지보다 더한 충격이었다.

이러한 영조의 명령에 대해 일부 소론은 영남 남인이 무신란 세력과 무관하다는 것을 주장하며 남인과 정치적으로 연합하려는 움직임을 보였다. 박문수, 민응수를 비롯한 소론 인물은 이광정, 이수연, 김세열, 하덕망, 강성화, 조세붕 등의 인물을 등용할 것을 청했다. 하지만 노론 중심의 정국이 주도되는 과정 속에서 남인에 대한 차별을 해소시키기에는 부족했다.

정랑 김오응을 비롯한 영남 출신 관리들이 인재 등용의 차별성을 없애달라는 뜻으로 영조에게 상소했다. 남인 중 반란에 참여한 인물은 극소수이고 의병을 일으켰다고는 하지만 사실상 무신란 이후 남인의 정계 진출이 어려워졌다는 사실을 알려주고 있다.

한편 노론 중심으로 정국이 주도되자 이를 해소하기 위해 탕평책이 적극적으로 시행되었다. 영조는 박세채의 탕평론을 수용하여 군주를 중심으로 각 당파의 예설·사문·시비를 배척하고 국가를 운영해야 한다고 생각했다. 이에 따라 노·소론의 조정에 힘썼지만 노론의 임오의리壬午義理를 무시할 수 없다는 한계성을 가지고 있었다. 그러다 보니 영남 지역 남인들에 대한 등용은 소수를 제외하고는 이루어지지 않았다.

정조는 영조대 영남 지역에 대한 차별을 없애야 한다고 생각했다. 탕평정치를 위해 반드시 필요하다고 생각했다. '군주도통설'을 주장하며 군주 중심의 탕평정치를 적극적으로 진행하고자 한 정조는 영남 지역에 대한 차별은 결코 인정할 수 없었다. 그래서 경기도 일대의 남인들과 영남 남인들의 교류를 추진하게 하고, 무신란 때 역모를 한 것이 아니라 오히려 의병을 일으켰다는 보고서인《무신창의록》을 작성하게 했다. 이로써 영남 지역 남인들의 명예를 회복시키고자 했다. 또한 정조는 퇴계의 학문적 후예인 이현일 신원운동을 통해 이전 시기에 훼손된 영남 유림의 명예를 회복하고자 노력했다.

정조는 이 같은 기반을 마련하고 영남 남인의 등용에 적극적인 태도를 취했다. 그 대표적인 예가 도산별과의 시행이다. 1792년 3월 도산서원에서

별과를 시행했는데 응시자만 7,228명이고, 거둔 시권만 3,632장으로 많은 사람들이 몰려들었다. 정조가 직접 시권을 살펴보고 상주에 거주하는 강세백과 안동의 김희락을 합격시켰다. 이 두 명은 이후 1794년(정조 18) 정시에 급제한다.

영조대 무신란으로 영남 남인은 정치적으로 소외되었지만 정조대 탕평책의 적극적인 시행으로 다시 중앙 정계에서 부각되었다. 이를 바탕으로 19세기가 되면 영남에서 다시 급제자의 수가 증가했다.

영남 지역 남인만의 등용이 아니라 1793년부터 1800년까지 정조는 지방유생을 집중적으로 선발했다. 정조는 1793년 관동關東 지역의 유생을 시작으로 지방 유생들에게 많은 책문을 내리면서, 이들의 교육과 선발에 깊은 관심을 가졌다. 그리고 이들을 적극 등용하여 서울과 경기 중심의 인재 등용을 전면적으로 개편했다. 이로써 정조시대는 소통의 시대가 되고 특정 지역만의 정치 세력화가 이루어지지 않았다. 그러니 자연스럽게 정치와 문화가 고루 발전할 수 있었던 것이다.

우리 역사에서 때때로 지역차별이 있었다. 그러나 그러한 지역 차별은 결코 그 시대를 발전시키지 못한다. 지역 차별이 생기게 되면 균형이 사라지게 된다. 새가 좌우의 날개로 날아가듯이, 수레가 양쪽 바퀴로 움직이듯이 지역도 조직도 함께 균형 있게 발전하고 고르게 인재를 등용해야 한다. 이런 통 큰 마음을 지녀야 참다운 리더라고 할 수 있다.

4장

강건한
군주

환어행렬도(국립고궁박물관)
1795년 수원행차 때
국왕을 상징하는 교룡기와
둑이 이끄는 장엄한 국왕 행렬

20

끊임없이 함양하고 성찰하여
분노를 통제하다

리더는 온화하고 부드러운 것이 좋다. 갑작스럽게 화를 내거나 타인에게 자신의 감정을 고스란히 드러내서는 안 된다. 어려운 일이 있더라도 그것이 어렵다고 이야기하지 않고 기쁘다고 해서 드러내놓고 기뻐하는 것도 바람직하지 않다. 그렇다고 해서 무조건 감정을 드러내지 않는 것도 바른 태도는 아니다. 그러니 리더가 된다는 것은 참으로 어려운 일이다.

정조와 같은 리더가 되기 위해서 우리가 깊이 배워야 할 것이 바로 마음을 다스리는 것이다. 잘 알다시피 정조는 11살의 어린 나이에 아버지가 죽는 것을 보았다. 그 한恨이 가슴 깊숙이 배어 있기 때문에 그는 평생을 고생했다. 여기에 더해 동궁 시절부터 자신을 해치고자 하는 이들이 늘 염탐하여 이들에 대한 분노의 마음도 컸다. 그러니 정상적인 사람으로 자랄 수가 없었다. 아마도 세계 역사 속에서도 이렇게 고통스럽게 자란 제왕은 별로 없을 것이다.

그래서 정조는 겉으로 드러나지는 않지만 화가 심각하게 올라오는 기질이 있었다. 이것이 정조의 가장 큰 병통이었다. 화가 나는 대로 관료들에게 화를 내면 신하들이 겉으로야 굽실거리겠지만 뒤로 돌아서서는 군주를 욕할 수 있다. 화를 잘 내는 국왕은 신하들에게 정당한 대우를 받을 수 없고 이는 군주권의 약화를 가져올 수 있다.

특히 정조는 신하들의 옳지 못한 태도를 보면 더욱 화가 치밀어 올라왔다. 정조 역시 자신의 이러한 부분을 정확히 알았고, 이것은 제왕의 본색이 아니라고 생각하고 있었다. 화가 날 때 그대로 화를 내고 나면 반드시 후회하게 된다. 그래서 정조는 자신의 마음을 다스리는 훈련에 집중했다. 바로 함양 공부다.

정조는 자신의 상황을 신하들에게 이야기했다.

"함양 공부涵養工夫가 가장 어렵다. 나는 함양 공부가 부족해서 언제나 느닷없이 화를 내는 병통이 있다. 함양은 바로 정양할 때의 공부이고 성찰省察은 바로 행동할 때의 공부이다. 그러나 본체가 확립된 뒤에야 행동할 수 있는 것이므로 학자의 공부는 당연히 함양을 우선으로 하여야 한다. 그렇지만 함양만 중요한 줄 알고 성찰에 힘쓰지 않아서야 되겠는가. 그러기에 덕성을 존중하고 학문을 하는 것 중 어느 하나도 버려서는 안 된다."

정조는 함양공부만이 아니라 자신의 삶과 자세를 성찰하는 훈련도 했다. 자신을 들여다보는 훈련은 무척이나 어려운 것이지만 이를 위해 노력했다. 그래서 정조의 일기 이름이 《일성록》日省錄인 것이다. 정조는 증자가 말한 '오일삼성'吾日三省의 의미를 담아 자신도 하루에 3번씩 성찰하고자 한 것이다. 스스로가 매일같이 자신의 행동을 성찰하게 되면 이후에 나타날 잘못된 말과 행동을 충분히 제어할 수 있다.

정조는 가끔 신하들에게 자신의 감정에 대한 이야기를 했다. 그 이야기는 바로 아버지 사도세자의 죽음에 대한 것이었다. 자신이 아버지를 죽인 사람들과 아무 일도 없다는 듯이 살아가고 있는데 그것이 참으로 힘든 일이라고 말이다. 아버지를 죽인 사람들이 누구인지를 정확히 알고 있는데 그들을 해치지 않고 함께 정치를 해나가는 자신의 심정을 에둘러 이야기한 것이다. 1786년(정조 10)에 문효세자가 죽고, 자신이 사랑하는 의빈성씨가 죽는 사건이 생겼다.

그리고 2년 뒤 두 사람의 죽음이 '무종'武宗이라 불리는 구선복에 의한 것임을 알게 되었다. 정조는 이때 구선복에게 말했다. "네가 아버지가 뒤주에 들어갈 때 아버지의 얼굴에 침을 뱉는 것을 내가 보았다. 그래서 그때 너를 죽이고 싶었지만 그것을 참고 오늘까지 있었다. 그런데 너는 나의 가족들을 다시 죽였다. 어떻게 이럴 수 있느냐!" 정조는 자신의 아버지 얼굴에 침을 뱉은 구선복마저도 탕평정치를 위해 죽이지 않고 있었는데, 이러한 정조의 심정이 어땠겠는가? 엄청난 분노가 가슴에 있었음에도 불구하고 이를 마음 훈련을 통해 참아낸 것이다.

정조는 어쩌다가 화가 나는 일이 생기면 반드시 화를 가라앉히고 사리를 살필 방도를 생각하여 하룻밤을 지낸 뒤에야 비로소 일을 처리했다. 신하들이 가져온 장계나 정책 등에서 정조의 눈에 차지 않는 것이 허다했을 것이다. 너무도 눈이 높은 국왕이었으니 신하들의 학문적 수준이나 백성들을 위한 정책이 미흡해 보였을 것이다. 그러면 분명 화가 갑작스럽게 나타날 수 있었다. 그럴 때 정조는 화를 내지 않고 일단 신하들을 돌려보낸 뒤 하루가 지난 뒤 다시 그 문제를 논의했다. 이러한 것은 처음에는 어려운 일이지만 충분히 훈련을 통해 가능한 일이다.

정조는 사람에 대한 비방을 하지 않으려고 했다. 사람들은 은근히 다른 사람들을 비방하며 자신의 존재가 대단하다고 이야기하고 싶어 한다. 자신이 직급이 낮은 사람이어도 상관이 보이지 않을 때 그 사람에 대한 비방을 하는 경우도 있고, 동료로서 같이 일을 하는 과정에서도 보이지 않는 곳에서 비난을 하면서 여러 사람들에게 자신이 더욱 대단한 사람이라고 하며 쾌감을 얻으려 한다. 정조는 이런 태도가 절대 좋은 것이 아니라고 강조했다. 정조는 "내 눈으로는 좋지 못한 사람을 본 적이 없다."며 항상 사람 보는 것을 좋게 하려고 노력했다.

> "사람을 쓰는데 도가 있으니 오직 단점을 버리고 장점만을 취해야 할 것이다. 이와 같이 하면 눈앞에 좋지 않은 사람이 없고 천하에 버릴 만한 사람이 없을 것이다."

사람들을 비난하지 않고 좋게 보려고 노력하고 또한 좋은 평가를 하기 때문에 정조에 대한 신료들의 신뢰는 높을 수밖에 없었다. 이도 역시 마음 훈련으로 가능한 것이었으리라! 어찌 좋지 않은 신하가 없었겠는가? 그러나 단점을 보면 자꾸 사람들이 나빠 보이기 때문에 의도적으로 좋은 점을 보고 그 장점으로 해당되는 일을 맡기려고 한 것이다.

정조는 일을 함에 있어 자중하려는 노력을 했다. 사람들을 평가하는 데 있어서 급하게 하지 않고 늘 차분하게 평가하고 업무를 진행하려고 했다. 급하게 서두르다 일을 그르치는 것을 두려워했기 때문이다. 정조의 이런 태도는 신하들에게 의도적으로 보여주기 위한 것일 수도 있다. 당시 재상들이나 사대부들이 너무 노골적으로 자신들 당파의 이익만을 내세웠기 때문에 국왕이 늘 말을 아끼고 신중하게 하는 태도를 보여주어 신하들에게 자중하는 태도를 취하게 하려고 한 것이다.

정조는 일을 하는데 있어서는 크거나 작거나 간에 신중하게 해야 한다고 늘 강조했다. 작은 일을 함부로 하게 되면 큰일도 함부로 하게 된다는 것이다. 큰일을 함부로 하지 않는 것은 작은 일을 함부로 하지 않는 것으로부터 시작된다고 강조하면서 일을 신중하게 처리하는 것을 원칙으로 삼았다. 그리고 절대로 자신이 동요하는 모습을 보여주지 않으려고 했다. 동요하는 모습을 보이면 신하들과 함께하는 정책이 실패로 돌아갈 수 있기 때문이다. 참으로 감정 조절을 너무 깊이 하는 것이기도 하다.

정조는 일에 대해 시작을 하면 반드시 마무리를 지으려고 했다. 심지어 글씨를 쓰거나 오락하는 것까지도 시작만 있고 끝마무리가 없었던 적이 없었다. 군주가 이렇게 해야만 신하들이 따라 하기 때문이다.

정조는 자신의 속마음을 드러내지 않는 훈련도 했다. 속마음을 쉽게 드러내다가 죽음에 처할 수 있다고 생각했기 때문이다. 사도세자가 죽은 이후 정조의 동궁 시절에 화완옹주가 작은 외할아버지인 홍인한 그리고 화완옹주의 아들인 정후겸 등과 더불어 정조의 마음을 떠보는 일이 많았다. 사도세자의 죽음이 억울하지 않느냐, 할아버지 영조가 원망스럽지 않느냐는 등의 비난 섞인 이야기를 의도적으로 했다. 이때마다 정조는 할아버지 영조가 국가를 위해서 한 일이라며 자신은 어떠한 분노도 없다고 대답했다. 만약 자신이 감정을 드러냈으면 아마도 그들에 의해 죽음을 당했을 것이라고 《홍재전서》에 남기기도 했다.

정조는 환관과 궁녀들, 그리고 궁중에서 일하는 하인들이 동궁 시절부터 정조의 동정을 살폈는데, 이러한 그들의 행동을 미리 알고 임기응변으로 대처하면서 흔들리지도 않고 겉으로 드러내지도 않고 그저 아무 일 없는 듯이 태연하게 행동했다. 이것이 바로 정조의 무서운 면이기도 했다.

정조는 신하들에게 늘 배려하는 모습을 보이며 그들과의 관계를 좋게 하려고 노력했다. 정조는 경연 시간에 절대 어려운 질문을 하지 않았다. 이는 만약 정조가 어려운 질문을 하면 제대로 대답을 못하는 신하들이 있을 텐데 그러면 그들이 무안해할 것 같아 의도적으로 어렵지 않은 질문을 해서 모두를 편안하게 해주려고 했다. 그러면서 정조는 신하들에게 무리하게 일을 하게 하지도 않았다. 정조는 이 문장을 자신의 침실 벽에다 써 놓고 늘 가슴에 새겼다.

'일은 완벽하기를 요구하지 말고, 말은 다 하려고 하지 말라.'

정말 우리가 깊이 새겨야 할 대목이다. 리더들의 기대만큼 함께하는 이들이 완벽하게 일을 처리할 수 없는 경우가 많을 것이다. 그렇다고 해서 그들이 일을 잘하지 못했다고 힐난하는 말을 있는 대로 해서는 안 된다. 리더는 자신의 감정을 드러내서는 안 되기 때문이다.

어려운 처지에서 일을 시작해서 온갖 억울한 일을 당했다 하더라도 분노를 참고 사람들을 배려하며 그들의 실수나 무능력을 비난하지 않고 부드럽게 깨우치는 리더야말로 세상을 제대로 이끌어갈 리더이다. 정조처럼 말이다.

21

친인척을 멀리 하고
현명한 인재를 등용하다

⊛

　리더가 해야 할 가장 중요한 일은 함께 사업을 하는 이들 중에서 친인척을 멀리 하는 것이다. 자식과 동생 혹은 가까운 친척을 사업의 중심에 놓았을 때 문제가 생기는 경우가 허다하다. 물론 핏줄이기 때문에 더욱 성의를 가지고 일을 하는 경우도 있지만 오히려 핏줄이라는 이유로 능력도 없으면서 욕심을 부리다가 망하는 경우가 더 많다.

　역대 대통령의 경우를 보면 이런 사례들이 매우 흔하다. 이승만 대통령의 경우 양아들인 이강석이 사고를 쳤고, 박정희 대통령은 영애 박근혜와 영식이라 불렸던 아들 박지만이, 전두환 대통령은 동생 전경환, 노태우 대통령은 고종사촌처남 박철언, 김영삼 대통령은 소통령이라 불린 아들 김현철, 김대중 대통령은 홍삼트리오라는 비아냥을 받은 아들 삼형제가 있었다. 하다못해 가장 깨끗하다고 평가를 받은 노무현 대통령도 형인 노건평 씨가 있었고, 이명박 대통령은 형인 이상득 의원이 끝내 감옥에 갔었다. 이처럼 한국 현대사에 주요 인물들이 모두 핏줄 때문에 망했다.

조선시대라고 해서 지금의 세태와 다르지 않았다. 조선시대 사대부들은 왕실과 인척관계를 맺으려고 엄청난 노력을 했다. 특히 국왕과 혼인을 하게 되면 외척 집안으로 엄청난 권력을 누리게 된다. 조선 말기 안동 김씨 집안이 계속해서 국혼을 맺은 것이 바로 이와 같은 이유 때문이다. 그러나 정조는 친인척을 멀리 하고 현명한 사대부들을 우대하는 정책을 강력하게 추진하겠다고 선언했다. 바로 우현좌척右賢左戚이다.

정조는 즉위 후부터 외척들의 허물을 용서하지 않으려고 했다. 정조의 말을 직접 들어보자.

"나는 춘저春邸 때부터 척리戚里의 무리를 너그러이 용서해 준 적이 없었다. 김金과 홍洪 두 집안은 처지가 어떠한가. 그런데도 실로 범하는 바가 있으면 한 번도 법을 굽힌 적이 없었다. 이는 우러러 자전慈殿과 자궁慈宮의 사사로움이 없는 훌륭한 덕을 믿었던 것인데, 또한 척리를 온전히 보전해 주는 방도이기도 했다."

여기서 말한 김과 홍 두 집안은 바로 가장 강력한 외척 집안이었다. 김은 바로 경주 김씨를 말하는 것으로, 영조의 두 번째 왕비인 정순왕후 집안을 말하는 것이다. 홍은 풍산 홍씨로, 정조 자신의 외가를 말하는 것이다. 이 두 집안은 왕실의 외척으로 왕권에 도전할 정도의 힘을 가지고 있었고, 이들에 의해 사도세자가 죽임을 당했다.

당시 외척 세력들의 힘은 정조가 감당할 만한 수준이 아니었다. 이들은 영조가 국왕으로 있는 동안에도 정조의 성장을 방해하고 음해했다. 세손 정조를 음해하는 것은 사도세자의 아들인 정조가 향후 영조의 뒤를 이어 국왕으로 등극하는 것을 막으려는 것이고, 또 다른 하나는 정조에게 정신적으로 많은 충격을 주어 외척들인 자신들의 손아귀에 들어오게 하기 위함이었다.

그런데 의아하게도 정순왕후의 집안인 경주 김씨보다 오히려 어머니 집안인 풍산 홍씨 집안의 정조 음해가 훨씬 심했다. 풍산 홍씨와 연대한 정조의 고모인 화완옹주의 음해 또한 심했다. 화완옹주는 사도세자와 어머니가 같은 동복 남매였는데, 오빠인 사도세자를 미워하고 그를 죽음으로 몰고 가는 데 기여를 했다. 그녀와 양아들인 정후겸의 간교함도 사도세자와 정조의 비극에 결정적인 타격을 주었다.

정조의 외가인 풍산 홍씨의 세손 정조를 음해하는 방법에는 여러 가지가 있었다. 혜경궁 홍씨의 작은 아버지이자 정조의 작은 외조부인 홍인한은 정조의 세손 시절 자신의 집안사람인 하익룡을 병조의 서리로 만들어서 동궁에서 일하게 했다. 하익룡은 동궁을 지키는 명을 받았다는 핑계로 정조의 일거수일투족을 홍인한에게 보고했다. 이러한 상황이었기 때문에 정조는 늘 언행을 조심했고, 은밀한 이야기조차 할 수 없는 지경이었다.

정조의 언행을 감시하고 보고받던 홍인한은 시일이 경과하면서 점차 대담해지기 시작했다. 홍인한은 아예 동궁에 공포 분위기를 조성하여 정조를 두려움에 떨게 하고자 했다. 홍인한은 자신의 수하인 김중득과 하익룡으로 하여금 정조를 비난하는 언문 글을 작성하여 존현각 마루 위에 던져 놓아 정조가 읽도록 했다. 그 글의 내용이 정확히 어떤 것인지는 알 수 없지만 《명의록》에 의하면 정조가 치를 떨 정도로 엄청난 글이었다. 그 내용을 추정하자면 사도세자의 아들인 너는 절대로 국왕이 될 수 없다는 내용일 것이다.

동궁이 강독講讀을 하는 존현각은 아무나 들어올 수 없는 곳이다. 그런 곳에 감히 세손을 비방하는 글을 몰래 갖다놓았다는 것은 대담함을 넘어

참담한 일이었다. 정조는 존현각에 글을 갖다놓을 정도라면 아마도 이곳의 지리에 정통하고 또한 쉽게 들어올 수 있는 자라고 판단했다. 그래서 포도청으로 하여금 대대적인 조사를 하여 언문 익명서를 투서한 이들을 찾도록 했다. 그 결과 3일 만에 김중득과 하익룡으로 밝혀졌다.

김중득은 궁중에 필요한 물품을 만드는 장인이었는데 궁중의 내시 및 궁녀들과는 모르는 사람이 없을 정도로 은밀한 관계를 형성했고, 성격은 포악하고 사나워서 궁중의 인물들이 모두 무서워했다. 아마도 도성 내에 무뢰배였던 인물을 홍인한이 발견하고 정조를 음해하기 위해 장인으로 위장시켜 궁중으로 보낸 것이라 판단된다. 하익룡은 앞서의 이야기처럼 홍인한의 집에서 일하던 인물이었다.

홍인한 이상으로 화완옹주도 세손 정조를 음해했다. 그녀는 아주 교묘하게 정조의 평판을 망가뜨렸다. 화완옹주는 품성이 바르고 학문에 열중하는 정조의 모습이 허구라고 모함을 했다. 화완옹주는 자신들의 수하들을 풀어 유언비어를 날조하기 시작했다. 그것은 다름 아니라 세손이 궁중에서 동궁으로서의 제왕학 공부를 하는 것이 아니라 밤마다 궁궐 밖으로 미행을 하여 음란한 짓을 한다는 것이었다. 가령 사람들이 모이는 마을의 주막에 유언비어 살포자가 막걸리 한잔을 하면서 동궁이 이곳으로 와서 엉뚱한 짓을 할 것이니 모두 집으로 들어가는 것이 좋겠다고 하면서 동궁에 대한 험담을 늘어놓는 것이다. 이 방법이 처음에는 먹히지 않을 지라도 한두 번도 아니고 지속적으로 동궁을 음해하기 때문에 결국 백성들은 세손을 불신하게 될 수밖에 없게 되는 것이다. 이렇게 하여 정조가 이중적인 모습을 지니고 있으니 국왕이 될 자질이 없는 사람이라는 누명을 씌웠다. 자신의 조카이자 자신의 아버지인 영조가 가장 사랑하는 손자였음에도 불구하고 정조에 대한 이런 엄청난 음해를 한 것이다. 그 이유를 정확히 알 수는 없지만 자신의 양아들인 정후겸으로 하여금 《정감록》에 나오는 정도령을 만들어 조선의 국왕으로 만들고자 하는 욕망이 있었을 수도 있다.

화완옹주와 연대하여 권력을 휘두르는 홍인한은 세손 동궁을 겁박하는 엄청난 일을 저지르고도 너무도 태연했다. 그는 감히 세손이 자신에게 대항하지 못할 것이라는 것을 알고 있었다. 당시 정조는 너무도 분노하여 영조에게 직접 보고하고자 했다. 이 일이 화완옹주와 홍인한의 일이라는 것을 정확히 알고 있던 정조는 일이 커지더라도 반드시 밝히고 가야겠다는 의지를 가지고 있었다. 그래서인지 화완옹주는 동궁과 타협을 시도하고자 했다. 하지만 홍인한은 그렇게 행동하지 않았다.

그는 세손 정조를 찾아와 "이게 무슨 큰일이라고 임금께 번거롭게 아뢸 것이 있겠습니까?"라고 여러 번 반복하면서 달래고 협박했다. 이러한 홍인한의 협박에 정조는 두려워서 끝내 진실을 밝히지 못하고 다만 두 죄인을 강도죄로 처벌하여 관노官奴로 삼는 데 그쳤다.

장차 국왕이 될 사람을 능멸하는 엄청난 죄를 저질렀음에도 불구하고 아무런 죄도 줄 수 없었던 정조의 비참한 처지가 다름 아닌 홍인한으로부터 시작되었다고 하는 것은 역사의 아이러니가 아닐 수 없다.

혜경궁 홍씨는 홍인한이 자신의 작은 아버지였음에도 불구하고 그가 정승이 되어 국정운영을 좌지우지하는 것을 좋아하지 않았다. 그것은 자신의 부친인 홍봉한이 영의정에 올라섰는데 그 동생마저 정승의 지위에 있게 된다면 처음에는 영광일 수 있겠지만 훗날 무리한 욕심으로 인식되어 가문에 해가 될 것이라는 것을 알고 있었기 때문이다.

그러나 사실은 그보다 혜경궁은 홍인한의 품성이 어떤 사람인지 너무나 잘 알고 있었다. 사실 홍인한과 홍봉한은 동복형제가 아니었다. 홍봉한의 모친이 죽고 나서 다시 정실부인을 맞이하여 낳은 자식이 홍인한이었기 때문에 두 사람이 분명 형제이지만 같은 어머니에게서 나온 형제가 아니었다. 그래서 홍인한은 홍봉한을 친형이 아니라 다른 당파의 인물처럼 대했고, 풍산 홍씨라는 노론 가문의 위세를 업고 자신만의 세력을 형성했다.

홍인한은 당시 자신을 지지하는 북촌 세력들에게 "우리 집안은 동궁의 외가外家이다. 진실로 터럭만큼이라도 우리 집안을 불리하게 하는 자가 있으면 이는 동궁을 불리하게 하는 자이다."라고 했다. 자신이 왕실 외척이므로 조정의 실세임을 강조한 것이다.

그는 권력을 형성하는 과정에서 영조의 특별한 총애를 받는 화완옹주와 그의 아들인 정후겸과 결탁했다. 홍인한은 자신의 친동생인 홍용한의 큰아들과 정후겸의 딸을 정략결혼시킴으로써 왕실과 겹사돈을 맺는 외척 중의 외척으로 자리매김했다. 그리고 기이한 보배와 재물을 지속적으로 화완옹주와 정후겸에게 가져다 바침으로써 권력을 유지했다. 화완옹주와 정후겸은 당시 영조에게 있어 세손 정조만큼이나 사랑하는 인물이었다. 더구나 화완옹주는 궐 밖에서 살아야 할 처지였음에도 영조의 특별 지시로 궁궐 내에 거주함으로써 왕실 내의 권력이 막강하기 그지없었다. 이들이 연합하여 정조를 핍박하고 있었기에 정조는 홍인한의 횡포에 대하여 두려움에 떨면서도 저지할 수 없는 기막힌 현실을 감내하여야 했다.

정순왕후의 동생인 김귀주는 영조에게 계속해서 왕비에게 양자를 들이자고 건의를 했다. 정순왕후가 양자를 들이게 되면 이후 왕세자는 그 양자가 될 것임이 분명하다. 그렇다면 그 말은 정조를 죽이자는 것과 별반 다르지 않았다. 정조와 혜경궁이 이를 모를 리 없었다. 영조도 또한 이들의 속내를 정확히 알고 있었다. 결국 영조는 김귀주의 건의를 받아들이지 않고 정조를 향후 국왕으로 만들기 위한 조처들을 하나씩 둘씩 해나갔다. 그리고 정조는 조선의 국왕이 되었다.

정조는 자신을 제거하고자 한 외척들을 상당수 제거했다. 홍인한과 정후겸은 유배를 보냈다가 사형에 처했고, 김귀주는 혜경궁을 무시했다는 죄목으로 흑산도로 유배를 보냈다. 고모인 화완옹주는 옹주의 지위를 박탈했고, 자신의 또 다른 외삼촌들도 유배를 보냈다. 자신에게 반대를 한 사대부들은 폭넓은 용서를 했음에도 친인척들에 대해서는 강력하게 처벌했다. 국왕이 된 이후에도 왕실의 외척이나 종친들이 백성들을 괴롭히거나 백성들의 토지를 빼앗으면 그 종친들과 외척들의 재산을 모두 몰수하고 유배를 보냈다. 이렇듯 척신들에 대해 강력한 처벌을 했기 때문에 요즘 말로 국왕의 친인척 비리가 나오지 않았다.

이렇듯 엄청난 권력을 지니고 있던 척신들을 배제하고 산림에 은거하고 있던 현명한 사대부들과 실용적 지식인들을 대거 등용한 덕분에 조선의 경제와 문화, 정치제도를 혁신할 수 있었다.

오늘날 리더들도 기업과 조직을 성장시키는 데 있어 처음에는 핏줄들의 노력이 있었을 것이다. 그 핏줄들의 노력을 폄훼할 필요는 없다. 다만 이들과 함께 조직을 운영하다 보면 조직이 잘못 경영될 가능성이 높다. 처음에 있었던 그들의 노력과 헌신을 평가하여 함께 조직의 운영자로 가게 되면 시간이 지날수록 문제가 생길 수 있다. 친인척에 대한 현명한 판단과 결정을 하는 것이 리더의 핵심 역량이다.

22

9가지 좌우명으로
자신의 뜻을 명확히 밝히다

대동大同! 크게 하나가 된다는 말이다. 그래서 조선시대 백성을 위한 새로운 제도인 대동법이 등장했던 것이고, 선조연간 새로운 세상을 꿈꾸었던 정여립이 '대동계大同契'를 만들기도 했던 것이다. 백성에게 있어 대동이란 말은 신분과 경제의 차별을 극복하여 모두가 평등한 유토피아 같은 의미를 가진 단어가 되었다.

이러한 의미의 대동사회 구현을 위해 가장 노력한 조선의 국왕은 단연코 정조正祖였다. 정조가 가진 애민정신은 누구나 다 알고 있지만 그가 어떤 정신을 기반으로 국가를 운영했는지 구체적으로 아는 이들은 드물 것이다. 역사에 남는 위대한 인물들 대부분이 좌우명을 가지고 있듯이 정조 역시 좌우명이 있었다.

'좌우명'이란 무엇인가? '좌우座右'란 바로 자신이 앉은 자리의 옆이란 뜻이다. '명銘'이란 자신이 반드시 새겨야 할 중요한 말씀이다. 그러니 '좌우명'이란 자신의 옆자리에 평생의 마음을 가다듬고 하고자 하는 뜻을 비에 새겨놓은 격언을 말하는 것이다.

정조는 다른 국왕들에 비해 특별히 글씨를 잘 썼는데 그것은 글씨를 통해 자신의 몸가짐을 바로 잡으려 했기 때문이다. 그래서 당나라 서예가 안진경의 곧고 굳건한 글씨에 심취하여 '마음이 곧 글씨'[心劃論]라는 좌우명을 갖게 되었다. 이는 사도세자의 죽음 이후 생존을 위해 자신을 단속하면서 마음과 행동을 온전하기 위하여 글씨를 반듯하고 정성스럽게 쓰기 위한 노력에서 나온 것이다. 즉 글씨 한 획이 반듯하지 않으면 전체 글씨가 엉망이 되듯 국왕의 행동 하나하나가 온전하지 못하면 백성들을 위한 올바른 정치를 할 수 없다는 것이 정조의 생각이었다.

그러나 이는 형이상학적 좌우명이고 그의 실제 좌우명은 자신과 백성을 위한 대동사회론에 기반을 하고 있다. 한두 줄의 일반적인 좌우명과 달리 그는 9가지의 내용으로 좌우명을 삼고 있다. 그의 좌우명에 깊은 영향을 준 이는 당시 형조참의 이상정李象靖이었는데 이는 퇴계 이황과 그의 제자인 정구鄭逑를 이어받은 영남 남인의 종사宗師였다.

정조의 좌우명의 첫째는 입지立志이다. 뜻이라고 하는 것은 마음의 목표를 정하여 나아가는 것이고 기氣를 통솔하는 것으로, 모든 근간根幹이 되는 것이다. 그 뜻이 있은 연후에야 그 일을 성사시킬 수 있는 것이기 때문에 올바른 군주가 되기 위해서는 반드시 입지를 우선으로 삼아야 한다고 판단했다.

둘째는 이치를 밝히는 것이다. 세상의 모든 만물에 대한 이치를 밝히는 것이 바로 군주가 해야 할 중요한 일이라 생각했다.

셋째는 거경居敬이다. 공자가 말하기를, "경敬으로 자신의 행동을 연마하여 백성들을 편안하게 한다." 했고, 자사子思는 말하기를, "공경을 돈독히 하면 천하가 태평하여진다." 했다. 그래서 정조는 학문과 역사, 즉 세상에 대한 공경을 높이 해야 한다고 생각했다.

넷째는 하늘을 본받는 것이다. 하늘은 바로 도道인데, 중정中正하고 순수純粹한 것이 하늘의 도라고 할 수 있다. 정조는 《역경》易經의 "하늘의 운행은 꾸준한 것이므로 군자君子가 이를 본받아 쉬지 않고 스스로 노력한다."라는 것을 중요하게 여겨 하늘을 본받는 것을 자신의 좌우명으로 삼았다.

다섯째는 간언諫言을 받아들이는 것이다. 정조는 간언은 자신의 부족한 점을 다스리고 천하의 선한 말을 나오게 하는 방법이라고 생각했다. 즉《상서》商書에 나오는 "나무는 먹줄을 따르면 곧아지고 임금은 간언을 따르면 성스러워진다."는 말을 실천하기 위해 간언을 적극적으로 받아들였다.

여섯째는 학교學校를 일으키는 것이다. 학교를 다시 일으켜 백성을 똑똑하게 하는 것이 진정한 백성의 나라를 만드는 것이라 생각했다.

일곱째는 인재를 기용하는 것이다. 아무리 국왕이 총명하고 국정운영 능력이 뛰어나다 하더라도 혼자서 나라를 다스릴 수는 없다. 그래서 정조는 인재 육성의 중요성과 훈련된 그들을 기용하여 나라를 위해 쓰는 것을 무엇보다 중요하게 여겼다.

여덟째는 백성을 사랑하는 것이다. 국왕은 곧 백성들의 부모이니 백성을 사랑하는 것은 당연하다는 것이다.

마지막 아홉째는 검소를 숭상하는 것이다. 정조는 《역경》易經의 "절제에 의거 법도를 만들어서 재화財貨를 낭비하지 않으며 백성을 해치지도 않는다."는 말과 "사치로 인한 폐해가 천재天災보다도 더 심하다."는 말의 의미를 늘 가슴 깊이 생각하고 검소함을 추구했다. 그가 무명옷을 입은 군주, 반찬을 5가지 이상 먹지 않은 군주라고 평가받는 이유가 바로 검소함을 숭상해야 한다는 좌우명을 실천했기 때문이다.

이와 같은 정조의 좌우명은 국정운영자로서 반드시 갖추어야 할 대목이라고 생각한다. 그는 대동사회를 위하여 다양한 정책을 추진하고 운영했다. 가장 대표적인 것이 바로 인재양성과 평등정신의 두 가지 목적을 충족하기 위한 서얼허통이다. 이에 더 나아가 노비추쇄관 혁파를 비롯하여 장기적으로 노비제도 자체를 없애는 파격적인 개혁을 주창했다.

전근대사회에서 신분의 차별은 기득권층을 유지하는 기본적인 사회질서였다. 이 질서를 파괴하는 것은 체제변혁을 추진하는 것과 동일한 의식의 소유자라고 할 수 있는데 정조는 스스로 봉건체제의 신분질서를 허물고자 했다.

정치를 하고자 하는 리더들은 자신이 왜 정치를 해야 하는지 정확한 명분을 만들어야 한다. 그러한 명분이 없으면 정치를 하는데 있어서 대중들에게 신뢰를 받을 수 없다. 교육을 하거나 경제활동을 통해 새로운 미래를 만들고자 하는 이들도 역시 명분을 만들어야 한다. 이러한 명분을 만드는 것과 함께 반드시 자신의 좌우명을 스스로 만들거나 혹은 역사에서 찾아서 자신의 것으로 만들어야 한다. 그리고 이를 생활 속에서 실천해야 한다. 그래야만이 초심을 잃지 않고 자신이 할 수 있는 최선의 노력을 다할 수 있다. 좌우명을 생각하고 살아가는 사람과 좌우명을 생각하지 않고 살아가는 사람은 시간이 지나고 나면 엄청난 차이가 생김을 알 수 있다. 정조처럼 반드시 좌우명을 새기며 살아가길 바란다.

23

호방함과
유머를 보여주다

"태산에 오르지 않으면 장부가 아니다!"

이 말이 중국의 지도자 모택동이 한 말이라고 하나 사실 그렇지 않을 것이다. 태산을 오르는 것이 소원이던 사람들의 입에서 자연스럽게 나온 말이라고 생각한다. 사실 이 말을 다시 생각해보면 호방한 사람이 되고자 하는 의도가 있다. 태산에 올라가 세상을 바라보며 큰 소리로 외치는 모습. 생각만 해도 멋있기가 그지없다.

사람들은 호방하고 대범한 사람들을 좋아한다. 물론 자신의 능력에 맞지 않게 호방한 척 하는 것은 오히려 역효과를 줄 수 있지만 능력이 있는 사람이 좀스런 모습을 보이지 않고 호방한 모습을 보이면 그의 리더십은 더욱 커질 것이다.

정조는 일반적인 국왕과 달리 매우 호방한 모습을 가지고 있었다.《일성록》과《홍재전서》에 있는 몇 가지 일을 통해 정조의 호방함을 알아보자.

1790년(정조 14) 4월 12일 아침에 훈련도감에서 첩보가 올라왔다. 창덕궁 집춘영 문 앞에서 술에 취한 선비 하나가 쓰러져 자고 있어 입직초관 정평이 체포하였다는 것이다. 감히 궁궐 옆에서 술에 취해 쓰러져 있다니, 이는 조선시대 상식으로는 감히 있을 수 없는 일이다. 조선시대 궁궐은 국왕이 사는 공간이자 정치를 담당하는 공간이다. 따라서 궁궐의 호위는 그 무엇보다도 중요했다. 그래서 중앙오군영인 훈련도감, 어영청, 금위영의 군사들이 철통같이 지킨다. 혹여 자신의 무예를 자랑하기 위해 궁궐 담장을 뛰어 넘을 수 있다고 허풍을 치던 사람들이 역모사건에 얽혀서 감옥에 가거나 죽는 일들도 있었다. 그만큼 궁궐의 호위는 중요했다. 그런데 궁궐 담장 아래서 대범하게 술에 취해서 잠을 자다니!

술에 취해 잠을 잔 선비는 진사 이정용이었다. 진사의 신분이니 글깨나 읽은 선비다. 문장으로 선발하는 진사시에 합격하여 당당히 성균관 유생이 된 인물이었다. 정원이 200명인 성균관에 합격을 했으니 이정용의 자부심은 대단했을지 모른다. 성균관 뒷마을은 반촌泮村이라 불리는 곳인데, 이곳은 내시들의 거주지이기도 하고 성균관 유생들의 하숙촌이기도 했다. 여기에 더해 백정들도 같이 사는 독특한 곳이어서 관원들도 함부로 손을 대지 못하는 일종의 치외법권 지역이기도 했다. 그래서 조선시대 성균관 반촌과 관련해서 여러 기이한 일들이 벌어지곤 했다.

이정용도 반촌에서 누군가와 거나하게 술을 마셨다. 그리고 술에 취해 호기롭게 궁궐까지 내려온 것이다. 아마도 궁궐 옆에서 객기를 부리고자 했을 것이다. 군사들에 의해 체포되었을 때는 너무도 심하게 취해 있어 도저히 심문을 할 수 없었다. 아침에 정신을 차린 이정용에게 왜 여기 와서 잤냐고 물어보니, 술을 마시다가 통금 시간이 지났는지 모르고 궁궐로 내려왔다가 술에 취해서 잤다는 것이다.

훈련도감에서는 진사 이정용을 형조로 이송하였다. 당시 성균관 유생의 신분이었기에 포도청에 보낼 수 없어 형조로 보낸 것이다. 형조로 이정용을 이송하였음에도 불구하고 훈련대장 이주국은 이 사건을 매우 중요하게 생각했다. 궁궐을 지키는 일은 매우 막중한 일인데 비록 진사 이정용이 술에 취해 있었다고 해도 밤새 입직초관 정평이 그대로 두다가 아침에 보고를 하는 것은 있을 수 없는 일이니 정평에게 곤장을 치는 벌을 주어야 한다고 정조에게 요청을 하였다. 훈련도감의 법도로 충분히 할 수 있는 일이었다. 더불어 이주국은 자신이 부하 장수들을 제대로 관리하지 못한 책임을 통감한다고 하였다.

이때 정조는 매우 아량이 넓게 해석을 하였다. 비록 창덕궁 집춘영이 궁궐 건물이기는 하나 성균관 민가와 서로 맞닿아 있으니 궁궐이 아닌 곳으로 착각할 수 있다는 것이다.

"성균관 근처의 민가는 지붕이 집춘영 건물과 서로 맞닿아 있으니 야금을 범한 것으로 논해서는 안 된다. 근래에 조정 관료든 선비든 막론하고 주량이 너무 적어서 술에 취하는 풍류가 있다는 말을 듣지 못하였다. 이 유생은 술 마시는 멋을 알고 있으니 매우 가상하다. 이정용에게 주채미 1포를 지급하여, 술에 취하게 하여 그 덕을 살피겠다는 뜻을 보이도록 하라. 훈련대장 이주국과 초관 정평은 모두 논하지 않겠다."

정조의 이 같은 말은 정말 호방하다고 아니할 수 없다. 근래 조정의 관료든 선비든 주량이 적어 술에 취하는 풍류가 있다는 말을 듣지 못했다고 하며 이정용에게 쌀을 주어 술을 더 먹을 수 있게 해주었으니 이런 호방함이 어디 있겠는가!

이 이야기는 금방 도성 안에 퍼져나갔다. 당연한 것이다. 임금이 술에 취한 진사를 혼을 내기는커녕 술값을 보태주었다는 이야기는 참으로 멋진 이야기가 아닐 수 없다. 진짜 술을 좋아했던 규장각 검서관 박제가는 이 소식을 듣고 임금의 호방함에 기뻐하면서 시를 남기기도 하였다. 도성 내에 이 소문이 파다하다는 이야기를 그 시에 덧붙여 쓰기도 했다. 사람들은 지도자의 이런 호방함을 좋아한다.

또 하나의 사례를 보자.

궁궐에서 임금이 쓰는 붓, 벼루, 먹 등의 조달을 맡은 액정서에서 일하는 사람 중에 가장 낮은 '액례掖隸'라는 직책이 있다. 액례 이천손李千孫이 정조에게 올릴 산 꿩을 훔쳐 먹었다. 상상이 안 가는 일을 한 것이다. 임금의 수라상에 올라갈 꿩을 일개 액례가 뒤로 빼돌려 훔쳐 먹었다니, 이는 지금의 시각에서 보아도 놀랄 일이다. 그러니 당대에는 얼마나 대단한 일이었겠는가?

이 사실을 알게 된 여러 기관에서 이천손을 잡아들이고 조사해서 보고서를 만들었다. 그리고 이 보고서를 정조에게 바쳤다. 정조는 이천손의 잘못을 보고 받고 승정원에 명령하여 어떤 법률을 적용하는지 알아보게 하였다. 승정원의 보고는 각 기관에서 회의한 결과 사형죄에 해당한다고 올렸다. 국왕의 것을 빼돌려 먹었으니 사형감이라는 것이다.

정조는 이 보고를 받고도 오히려 그를 용서해주게 하였다.

"그 사람됨을 보니 어리석고 무식하다. 필시 임금에게 올릴 것을 훔쳐 먹는 것이 죽을죄가 됨을 알지 못하여 방자하게 짐짓 범했을 것이다. 게다가 옛사람 중에는 비단을 하사하여 그 마음에 부끄럽게 여기도록 한 경우도 있었다. 그가 비록 어리석고 용렬해도 어찌 일단의 염치廉恥야 없겠는가."

정조는 수라간水剌間에 명하여 이천손에게 특별히 꿩 한 마리를 주도록 하고, 이어 그 죄를 용서해 주었다. 참으로 호방한 정조였다. 죽음 직전까지 갔던 이천손이 오히려 정조에게 꿩 한 마리를 선물로 받기 까지 했으니 그가 죽는 날까지 국왕의 은혜에 감읍하면서 살아갔을 것이다.

지금까지 두 사례는 선비와 낮은 신분인 액례, 즉 남성들에 대한 것이라면 이번 사례는 여인에 대한 것이다.

1793년(정조 17)에 제주도민들이 계속되는 재해로 기근에 시달리고 있었으나 조정에서 보낸 구휼미가 풍랑에 침몰하는 불상사까지 겹쳐 굶주려 죽을 위기에 처하자, 제주 여인 김만덕金萬德은 유통업으로 모은 자신의 전 재산을 털어 육지에서 쌀을 구입하여 제주 백성들을 살려내었다

김만덕의 선행이 정조에게까지 알려졌다. 정조는 제주목사 이우현을 통해 김만덕의 소원을 물어보라고 지시하였다. 정조는 그녀가 원하는 것을 진짜 들어주고자 했다. 아마 정조 생각은 관직이거나 재물이거나 신분 상승 정도로 생각했을 것이다. 그런데 김만덕은 뜻밖의 소원을 이야기하였다. 그것은 바로 한양에서 임금님을 뵙고, 금강산을 보고 싶다고 하였다. 김만덕은 당시 여성은 육지에 갈 수 없다는 법과 집안에 갇혀야 했던 여성의 현실을 단숨에 뛰어넘으면서 여성에게는 허용되지 않는 이동의 자유를 요구하였다. 또한 금강산 구경은 당시 보통 여성으로서는 꿈꿀 수조차 없었던 성공한 남성의 영역이었다.

김만덕의 요구를 들은 정조는 "관의 허락 없이 제주도민은 섬 밖으로 나가지 못한다."라는 법률을 깨고 김만덕의 소원을 들어주었다. 조선시대 제주도 여인들은 육지로 나오는 것이 법으로 금지되어 있었다. 그것을 깨고 육지로 나오게 하려면 특단의 결정이 필요했다. 법도 지키고 김만덕도 육지로 나올 수 있게 하기 위해 정조는 그녀를 내의원의 '수의녀'首醫女로 임명하였다. 또한 내의원 '의녀반수'醫女班首 벼슬을 제수하여 그녀의 선행에 대한 보답을 하였다.

정조는 김만덕의 소원을 기꺼이 들어주었고 제주도에서 한양으로, 그리고 금강산으로 가는 길에 있는 모든 관공서가 김만덕에게 편의를 제공하도록 지시하였다. 김만덕이 가는 길목마다 사람들이 몰려나와 구경하고 그녀

를 칭송하였다.

김만덕은 서울 장안에서는 큰 화제를 불러일으켜, 사대부를 비롯한 많은 사람들이 직접 만나보고 싶어 했던 인기 있는 유명 인사가 되었다. 형조판서를 지낸 이가환은 시를 지어 헌정하였고 영의정 채제공은 《만덕전》이라는 전기까지 썼다.

호방함만이 아니라 정조는 신하들에게 농담도 잘하는 유머가 넘쳐났다. 요즘으로 치자면 아재개그를 잘 하는 사람이었다. 영조대에 문장으로 이름을 떨친 신광수의 동생 신광하申光河가 과거에 급제하여 승지로 임명되었다. 처음 승지가 되어 어전 회의를 하는 중희당重熙堂에 들어갔다가 표범 가죽이 깔려 있는 빈자리에 엎드렸다. 이 자리는 국왕이 앉는 자리였는데, 신광하가 국왕의 자리인 줄 모르고 엎드린 것이다. 좌우에 있는 신하들이 모두 깜짝 놀라서 말을 하지 못하고 있는데, 신광하만 눈치 없이 그 자리에 계속 엎드려 있었다.

정조는 이를 개의치 않고 다른 자리에 앉아 회의를 진행하였고, 모든 회의를 마치고 자리를 파할 때 다른 승지를 들어오게 하고 신광하를 내보냈다. 그리고는 정색을 하며 신하들에게 "이괄李适이 다시 나왔으니 경들은 목욕재계하고 토벌을 청해야 하지 않겠는가?"라고 하였다. 신하들이 당황하여 놀라서 정조에게 무슨 말을 한 것인지 알려달라고 하였다. 정조는 신하들에게 "조금 전 신광하가 표범 자리에 직접 오른 것과 이괄이 용상龍床에 올라앉은 것이 무엇이 다른가?"라고 하였다. 그리고는 크게 웃었다.

인조반정의 주역 중 한명인 이괄은 인조仁祖의 공신 포상에 만족하지 못하고 난을 일으켜 창덕궁을 점령하고 인정전의 용상에 앉아 스스로 국왕이 되고자 했다. 그러니 신광하가 국왕의 자리인 표범가죽 위에 앉은 것과 이괄이 용상에 앉은 것과 같다는 것이다. 신하가 자기의 자리에 앉는 것을 너그럽게 용서도 해주면서 그가 다른 신하들에게 혼이 나지 않게 농담을 하여 분위기를 풀어준 것이다.

정조가 크게 웃자 여러 신하들 역시 머리를 숙인 채 웃으며 물러났다. 요즘으로 치면 아재개그를 아주 세게 한 것이다. 이러한 정조의 아재개그는 수시로 있어 신하들을 편하게 해주었다.

이처럼 정조는 이전의 국왕과 달리 호방하고 유머스러운 모습을 수시로 보여주었다. 이런 모습 때문에 조정의 신하들은 정조를 더욱 존중하였고 충성을 하였다.

호방함과 유머는 선천적인 것도 있지만 훈련과 노력으로도 가능하다. 천성적으로 대범하지 못하다면 대범해지기 위한 노력을 해야 한다. 유머가 담긴 농담도 하려는 노력을 하다 보면 자연스럽게 늘어난다. 정조와 똑같은 호방함과 유머를 가질 수는 없겠지만 그와 비슷한 행동을 한다면 한 조직을 이끌거나 한 시대를 이끌어 가는데 크게 도움이 될 것이다.

24

정통성을 확보하기 위해
치밀하게 준비하다

지도자가 조직을 이끌어나갈 힘이 없다면 그 조직은 제대로 발전할 수 없다. 물론 현대 사회는 한 명의 특별한 인재만으로 발전하는 것을 원하지 않는 경향이 있기도 하다. 그래서 민주주의국가는 삼권분립 체제를 만들어 국가와 사회를 합리적으로 운영하고 있다. 행정부와 입법부, 사법부로 대변되는 삼권분립 체제는 민주사회에서 너무도 당연한 것으로 평가되기 때문에 특정 세력 혹은 특정 인물에 의해 삼권분립이 훼손되는 것을 절대로 인정하려 하지 않는다.

그러나 이와 같은 현재의 민주사회 운영 논리로 전근대 국가를 바라보는 것은 타당하지 않다. 물론 국왕이 자신의 권한을 신하들에게 나누어주는 군신공치를 매우 중요하게 생각했고, 이는 중국 요순시대부터 하고자 했던 이상향의 정치였다. 군신공치와 같이 군주가 신하들의 의견을 적극적으로 수용하여 국가를 운영하는 것과 국왕의 권한이 제한되어 입법과 사법의 권한이 신하들에게 공식적으로 이관되는 것은 다른 차원의 문제이다.

국왕이 자신의 강력한 권한을 바탕으로 신하들과 권력을 공유하는 것과 국왕이 힘이 없어 신하들에게 강제로 권력이 넘어가는 것은 다르다. 국왕이 권한이 없어 신하들에 의해 권력이 운영된다면 전근대사회에서는 백성들에게 피해가 갔다. 관료들과 기득권 세력이 자신들의 권력을 더욱 강화하기 위해 다른 세력들과 다툼을 하게 되고, 그 과정에서 나타나는 폐단들이 모두 백성들에게 미치기 때문이다. 그래서 조선시대에는 강력한 국왕이 등장하면 백성들의 살림살이가 나아졌다. 요즘과는 달리 아이러니하게도 말이다.

정조는 국왕이 되는 과정에서 정통성이 부족했다. 사도세자의 아들이라는 것이 정조에게는 가장 큰 정통성의 문제였다. 아버지인 영조를 죽이려 했다는 모함을 받아 죽게 된 사도세자는 뒤늦게나마 분명 세자의 지위를 회복했다.

세자의 지위를 회복했다면 당연히 죄인의 누명을 벗었다고 해야 맞다. 하지만 사도세자를 죽이는 데 참여한 기득권 세력들은 절대 그렇게 생각하지 않았다. 그들에게는 사도세자가 영원히 죄인이 되어야 했다. 그래서 그들은 사도세자를 죽인 이후 '역적지자 불위군왕'이라는 팔자 흉언을 만들었고, 이 팔자 흉언은 정조가 국왕으로 재임하고 있는 와중에도 공공연하게 세상에 퍼져나갔다.

이처럼 역적의 아들이라는 소리가 세상에 가득하게 되면 정조는 절대로 강력한 군주가 되어 자신이 하고자 하는 개혁정책을 추진할 수 없었다. 그래서 정조로서는 사도세자의 명예를 회복하는 일에 집착을 하게 된 것이다.

그러나 정조가 아무리 사도세자의 명예를 회복하고 스스로에 대한 정통성을 갖추려고 하여도 근본적으로 해결될 수 없는 문제가 있었다. 바로 할아버지 영조 때문이었다. 영조는 사도세자가 죽고 2년 뒤에 손자인 정조를 동궁으로 책봉했다.

세손의 동궁 책봉식이 마무리될 때 영조는 "동궁이 장차 국왕이 되더라도 선세자(사도세자)를 절대 국왕으로 추존하지 말라."고 하교했다. 이렇게 문서로 내리지 않고 말로 내린 하교는 승정원 승지들에 의해 기록되어 영원히 남게 되었다.

영조의 이 같은 발언은 절대로 사도세자를 용서하지 않겠다는 것이었다. 그러니 정조는 아버지 사도세자를 자신이 국왕으로 재임하는 동안에는 절대로 국왕으로 추존할 수 없었다. 그래서 정조는 1776년 3월 10일 즉위 당일 자신의 왕실 족보상의 아버지인 효장세자를 진종眞宗이란 국왕으로 추존하고, 사도세자의 이름은 장헌세자莊獻世子 정도로 높이는 것이 고작이었다.

조선시대는 국왕으로 추존이 되어 위패가 종묘宗廟로 들어가는 순간 그에 대한 모든 허물은 사라지게 된다. 추존된 국왕이 살아생전에 잘못했던 일에 대해 거론하며 시시비비를 가리면 곧 대역죄인이 된다. 국왕은 어떠한 잘못도 없다는 조선왕조의 이데올로기에 정면으로 위반하는 것이기 때문이다. 그러니 만약 사도세자가 조선의 국왕이 된다면 어떠한 허물도 없는 사람이고, 사도세자에 대하여 이런 문제가 있었고 저런 문제가 있었다고 하는 이야기를 꺼내는 순간 국가의 대역죄인이 된다. 당연히 정조의 정통성에는 아무런 문제가 없게 되고 정조는 자신이 원하는 개혁 정책을 마음껏 펼칠 수 있게 된다.

정조가 자신의 개혁정책을 강력하게 추진하기 위해서 가장 중요하게 해야 할 일이 바로 사도세자의 명예를 회복하는 일이었다. 또한 진짜 중요한 것은 사도세자의 국왕 추존이었다.

그러나 사도세자의 국왕 추존은 정조가 할 수 없는 일이었다. 앞서 이야기했지만 영조가 못하게 해버렸기 때문이다. 그래서 정조는 사도세자의 국왕 추존을 위한 특별한 계책을 마련했다. 바로 자신의 아들에게 국왕의 지위를 물려주고 상왕上王이 되는 방법이다. 영조가 사도세자를 국왕으로 추존하지 못하게 한 것은 자신에게 해당하는 말이지 증손자에게까지 한 말은 아니었기 때문이다. 정조는 바로 영조의 발언을 지키면서 영조의 의도를 무너뜨리고 아버지 사도세자를 국왕으로 추존하게 만들고자 했다. 정말 기가 막힌 반전의 기획이었다.

마침 후궁 의빈 성씨와 사이에서 아들도 낳았다. 이 왕자가 문효세자였다. 왕비인 효의왕후가 임신이 불가능한 것을 알고 있던 정조는 국왕 즉위 후 5년 차인 1782년(정조 6) 9월에 의빈 성씨가 아들을 낳자 "비로소 아비라는 소리를 듣게 되었으니, 이것이 다행스럽다."라며 기뻐했다. 이는 아버지가 되어 기쁜 것도 있지만 자신의 장기적인 계획인 사도세자의 국왕 추존을 할 수 있는 기반이 마련되었기 때문에 더욱 기뻐했던 것이라 보아야 할 것이다.

정조는 아들을 낳자 바로 원자元子로 책봉하고 그가 3살(22개월 만 1세) 때 바로 왕세자王世子로 책봉했다. 그러나 문효세자는 1786년(정조 10) 5월 11일에 5세의 나이로 창경궁 자경전 동쪽 행각에서 갑자기 죽고 말았다. 처음에는 홍역으로 죽은 줄 알았는데 2년 뒤 구선복에 의한 독살임이 밝혀졌다.

정조는 문효세자의 죽음을 너무도 슬퍼했다. 아들의 죽음에 슬퍼하지 않을 아비가 어디 있겠는가만 정조의 슬픔은 더욱 컸다. 자신이 사랑하는 여인이 낳은 아들이 죽은 것에 슬퍼하고 또한 아버지 사도세자의 국왕 추존이 불가능해지거나 혹은 지연되는 상황을 슬퍼했다.

정조는 그러나 실망하지 않고 사도세자의 명예회복을 위한 노력을 게을리 하지 않았다. 사도세자가 늘 군복을 입고 다녔기 때문에 본인도 군복을 입고 다니고, 세도세자가 가마를 타지 않고 늘 말을 타고 다녀서 본인도 말을 타고 다녔다. 사도세자가 군복을 입은 초상화를 그렸기 때문에 본인도 군복을 입은 초상화를 그리는 등 아버지가 했던 행동을 따라 했다. 이런 일은 아버지가 올바른 사람이었다는 것을 강조하기 위해서였다. 사도세자의 원찰인 용주사를 건립할 때도 왕실 비용으로 충분히 감당할 수 있었지만 굳이 백성들에게 시주를 거둔 것은 사도세자가 백성들 사이에서 인정받는 세자였음을 강조하기 위해서였다.

이처럼 국왕이 지위를 물려줄 왕세자를 낳기 전에도 정조는 포기하지 않고 아버지의 명예회복을 위한 노력을 아끼지 않았다. 그러던 차에 1789년 사도세자의 묘소를 수원으로 옮기고 정조는 왕세자를 낳게 되었다. 새로 들인 후궁인 수빈 박씨가 임신을 했고, 혜경궁 생일날인 6월 18일에 아들이 태어났다. 정조의 기쁨은 말할 수 없었다.

정조는 이 원자를 잘 키우기 위해 노력했다. 홍역 등 어떠한 질병에라도 걸리지 않게 최선을 다했다. 한 번의 쓰라린 아픔이 있었기 때문이다. 하다못해 화성 축성을 기념하기 위한 낙성연에 정조가 직접 참석하여 잔치를 하고자 했으나 당시에 홍역이 돌아 세자에게 해가 미칠까 봐 정조는 수원 행차를 포기하고 창덕궁 깊숙한 곳으로 왕세자를 데리고 가서 홍역에 걸리지 않게 하기도 했다. 이만큼 사도세자의 명예회복을 중요하게 생각했다.

정조는 세자인 순조가 15세가 되면 국왕의 지위를 물려주고 상왕이 되고자 했다. 15세가 되면 국왕이 직접 정치를 할 수 있는 나이가 된다. 부왕이 일찍 죽어 어린 나이에 국왕이 되면 대비에 의해 수렴청정을 하게 되는데 대비들의 수렴청정은 국왕이 15세가 되면 자연스럽게 거두어지고 국왕이 친정을 하게 된다. 만약 국왕의 건강이 나빠서 세자가 대리청정을 하는 것도 최소 나이가 15세가 되어야 한다. 조선 왕실에서는 15세란 나이를 매우 중요하게 생각했다.

정조는 세자의 나이가 15세가 되면 미련 없이 아들에게 왕위를 물려주고 상왕이 되어 국가경영을 하고자 했다. 일찍이 조선시대에 이런 상황이 없었던 것도 아니었다. 태종도 살아 있을 때 왕위를 세종에게 넘겨주고 상왕으로 살았다. 상왕 태종은 세종에게 중요한 권력은 넘겨주지 않았다. 국방을 책임지는 군사권과 관료들의 인사권, 마지막 재판을 하는 사형의결권은 태종 자신이 가지고 있었다.

정조 역시 태종이 가졌던 권한을 갖고 상왕으로서 국가를 통치하고자 한 것이다. 그러면 새로 국왕이 된 순조純祖가 할아버지인 사도세자를 국왕으로 추존하여 그간의 허물을 일거에 사라지게 할 수 있다. 정조의 가장 큰 약점인 사도세자의 아들이란 허물을 사라지게 하고 완벽한 정통성을 갖게 되어 개혁정책을 주도할 수 있게 된다.

정조는 그 해를 1804년 6월 18일로 확정했다. 이날은 바로 혜경궁 홍씨의 칠순날이다. 화성행궁에서 혜경궁 홍씨의 칠순 행사를 하고 다음날 화성행궁 봉수당에서 상왕으로 주상에게 국왕의 지위를 물려주는 의식을 하려고 계획했다. 새로 국왕이 된 주상 순조는 다음날 한양으로 가서 종묘에서 사도세자의 국왕 추존식을 거행하기로 한 것이다. 이 내용은《한중록》에도 기술되어 있지만 1899년 고종이 마침내 사도세자를 장조莊祖라는 국왕으로 추존하면서 추존문에 정조가 하려던 사도세자 추존 계획을 상세하게 정리해 놓았다.

그러나 안타깝게도 정조의 계획은 이루어지지 못했다. 그가 4년 전에 이미 죽었기 때문이다. 참으로 안타까운 일이다. 그가 살아서 사도세자를 국왕으로 추존했다면 더욱 많은 스토리가 남았을 것이다.

이 글에서 이야기 하고 싶은 것은 바로 정조가 사도세자를 국왕으로 추존하기 위해 원대하고 장기적인 계획을 세운 것을 이해하고 이를 오늘의 지도자들이 반영해야 한다는 것이다. 짧은 기간 안에 마무리하려는 계획만 세우지 말고 나라와 기업 그리고 각 조직과 개인을 위해 멀리 내다보고 원대하고 차분한 계획을 세워야 한다.

25

개혁저항세력을
과감히 척결하다

1794년(정조 18) 1월 7일, 국왕 정조는 경상좌도 병마절도사 윤범행尹範行을 파직시켰다. 수원에 새로 지을 성곽 도면을 엉터리로 그려 보냈기 때문이다. 수원에 쌓을 성곽의 도면을 그려 올리는 것은 단지 하나의 성곽을 만들기 위한 것이 아니라 정조의 개혁정치를 추진할 혁신의 터전을 만드는 것이었기에 정조 재위 18년 중 가장 중요한 사업이었다. 그런데 윤범행이 정조의 명을 우습게 여기고 성곽 도면 전체를 세밀히 그리지 않고 얼렁뚱땅 반만 그려 조정에 올려 보낸 것이다.

정조는 영조의 뒤를 이어 즉위한 후 온 열정을 다해 개혁을 추진했다. 백성들의 경제적 안정과 인재 육성, 그리고 국방 개혁과 국가재정 안정을 위해 다양한 개혁을 추진했다. 하지만 정조의 개혁은 한양을 중심으로 하는 노론의 기득권 세력들로부터 저항을 받았다. 이들은 모든 백성들이 자유롭게 장사를 할 수 있게 하는 개혁법안도 반대했고, 쓸모없는 군영의 통합도 반대했다. 신분제도의 전면적인 개혁 추진도 반대했기에 정조는 자신의 개혁을 강력하게 추진할 수 있는 개혁도시를 직접 조성하고, 이곳에서 강력한 왕권을 바탕으로 개혁을 추진하고자 했다. 그곳이 바로 아버지 사도세자의 묘소가 있는 수원이었다.

정조는 1792년 말부터 은밀히 수원에 성곽을 쌓기로 마음먹고 이듬해에는 도시 위상도 승격시켰다. 정3품 부사가 수령으로 있는 도호부에서 정2품 이상 직위의 관직을 가진 최고위 관료가 수령으로 오는 유수부로 승격시켰다. 정조는 자신의 측근인 정약용으로 하여금 성곽의 설계를 지시하여 축성 방안과 거중기 등 축성도구 제작방법까지 만들었지만 이것으로는 부족하다고 생각하여 1794년 1월이 시작되자마자 전국의 고을 수령 및 병마절도사들에게 수원 성곽의 도면을 그려 바치라고 했다. 단순히 권고한 것이 아니라 국왕의 명령인 전교로써 하명한 것이었기 때문에 이는 매우 중요한 업무였다.

그런데 정조가 국가 개혁을 위해 재위 기간 중 가장 중요한 명령을 내렸음에도 윤범행이 이를 무시한 것이다. 그럼에도 국방을 책임지는 부서인 비변사는 윤범행의 잘못된 행위에 대해 아무런 이야기 없이 슬쩍 넘어가고자 했다. 윤범행이 이전에 황해병마절도사를 역임하는 등 무반으로서 상당한 영향력을 갖고 있는 인물이라 동료의식을 갖고 허물을 덮어주려고 한 것이다. 이에 정조는 더욱 분노했다. 정조는 자신의 개혁을 대놓고 반대하는 것이라고 생각했다. 그래서 윤범행을 파직하고 즉시 선전관을 보내 병마절도사의 인장인 부신符信을 빼앗아오게 했다. 그리고 의금부로 하여금 체포하여 신문하게 했다.

정조의 명령을 무시한 이는 윤범행만이 아니었다. 김해부사 유진숙柳鎭琡도 윤범행과 마찬가지로 수원 성곽 도면을 전체의 반도 아니고 한 구역만 그려서 보냈다. 김해에 있는 읍성을 토대로 수원에 쌓을 성곽을 창조적으로 그렸어야 했는데, 선진적인 성곽 도면은커녕 전체도 아니고 한 구역만 그려서 보낸 것이다. 이 사실을 알게 된 정조는 자신의 명을 태만히 여기고 무시한 유진숙도 파직하고, 감독을 소홀히 한 경상감사 조진택의 봉록을 1등급 감봉시켰다. 윤범행과 유진숙, 경상감사 조진택 등의 행위를 개혁에 대한 조직적인 반항으로 생각한 정조가 이들에 대해 강력한 대응을 함으로써 자신의 개혁을 추진하려고 했다. 정조는 다시 8도에 명령하여 수원성곽의 도면을 다시 그려 올리게 하고, 이를 참고하여 수원 화성을 축조했다. 개혁에 대한 저항을 강력한 의지로 막아낸 것이다.

정조는 자신의 개혁에 저항하는 또 다른 인물을 처단했다. 1786년(정조 10) 12월 6일, 정조가 국왕으로 등극한 지 10년 만에 처음으로 능지처참형을 당한 인물은 정조시대 군권을 장악한 '무종'이라 불린 구선복이었다.

아무리 뛰어난 무예 실력을 지니고 있고, 무인들에게 추앙을 받을지라도 '무종'이란 표현은 감히 상상할 수도 없는 것이었다. '종'宗이란 국왕에게만 사용되는 표현이기에 아무리 고위직 관리나 명망 높은 양반 가문이라 하더라도 '종'이란 표현만큼은 사용할 수 없었다. 이를 사용하면 곧 역적이다. 그런데 일개 무관인 그에게 무종이란 단어를 사용했고, 그가 스스로 무종임을 자랑하고 다녔으니 이는 국왕에 대한 대역불충이었다. 그럼에도 불구하고 정조를 비롯하여 조정의 관료들이 아무도 그를 제어하지 못했다. 왜냐하면 그의 집안이 오랫동안 무반 가문들의 우두머리 역할을 했고, 그를 따르는 무사들이 가득했기 때문이다.

인조반정 이후 도성을 중심으로 중앙오군영中央五軍營이 만들어졌는데, 이들 대부분은 인조반정 당시 반정 주체들의 사병으로 만들어진 군대였다. 인조는 자신을 국왕으로 만들어준 서인 세력들에게 각 군영의 대장을 그들 스스로 임명할 수 있게 하는 특권을 주었다. 그러니 서인들은 자신들의 권력을 공고히 하기 위해 자신들과 뜻을 같이 하는 세력들을 군영대장으로 임명하고, 이렇게 임명된 군영대장들인 무반들은 철저히 자신들의 세력을 보호하기 위한 군사력을 휘둘렀다. 그러니 개혁을 열망하는 새로운 세력들은 이들 군부집단에 의해 쥐도 새도 모르게 죽임을 당했고, 군부세력을 등에 업은 기득권 서인 세력들은 정조시대까지 권력의 정점에 있었다. 이렇게 군부세력의 힘이 강하게 유지되었기 때문에 구선복은 무종이란 칭호로 조선의 군사권을 장악하고 국왕에게 대항할 수 있었다.

정조가 조선의 국왕이 되고 나서 국가 운영을 위하여 전반을 들여다 보았다. 정조가 들여다 본 조선은 너무도 심각했다. 국가 예산의 대부분은 쓸모없는 군대와 능력도 없는 장수들의 급료로 사용되고 있었다. 그리고 그 세금으로 호의호식했던 군영의 고위 장군들은 백성들을 괴롭히고 국왕의 개혁을 반대했던 것이다.

정조는 국왕으로 즉위하기 전부터 구선복에 대한 분노가 가득했다. 영조가 사도세자를 뒤주에 가둘 때 구선복은 뒤주에 들어가는 사도세자의 얼굴에 침을 뱉었다. 그 광경을 11살의 세손이었던 정조는 똑똑히 보았다. 그러나 정조는 세손 시절만이 아니라 국왕이 되어서도 구선복을 비롯한 강력한 서인들의 군사력을 감당할 수 없었다. 그들의 비위를 거스르면 그들이 노론 세력들과 연대하여 국왕을 제거할 수 있었기 때문이다. 실제로 대비 정순왕후 등 보이지 않는 손에 의해 서인들의 군사들이 도성의 자객집단과 연계하여 경희궁으로 정조를 죽이러 쳐들어오기까지 했었다. 구선복은 정조를 은근히 능멸하는 것에서 더 나아가 아예 정조를 시해하려고까지 했다. 정조가 국방의 잘못된 내용을 정확히 파악하고 근본적으로 바꾸려고 했기 때문이다. 그러다가 정조를 시해하기 전에 발각되어 쿠데타는 실패했다. 정조는 구선복 제거 이후 국방 구조조정을 통해 군영을 통폐합하고 무과 제도를 정비했으며, 정예화한 군영 체제로 변화시켜 나갔다. 조선 역사상 최고의 국방개혁을 이루어낸 것이다. 이는 정조의 과감한 용기의 결과였다.

지금 우리 사회는 적폐와의 전쟁이 아직도 마무리되지 않았다. 적폐청산이 너무 지루하다는 이야기도 나오지만 실제로 이루어진 것은 별로 없다. 잘못된 것을 청산하는 것은 이념과 아무런 관계가 없는 것이다. 필요한 일을 위해서 악습은 반드시 없애야 한다. 그렇게 하지 않으면 올바른 미래로 나아가기 힘들다. 리더들은 구악이 어떤 형태로 남아 있는지, 그러한 적폐를 자신의 이익을 위해 운영하고 있는 이가 누구인지를 정확히 파악하고 이를 과감하게 쳐내야 한다. 정조와 같은 과감한 결단으로 두려움 없이 추진해나가야 한다. 그래야 다른 모든 분야의 개혁을 할 수 있다.

26

군사훈련을
진두지휘하다

리더가 조직을 이끌어가기 위해서는 많은 이들과 소통을 하여 정책을 만들고 계획을 추진하는 것이 가장 이상적이다. 소통을 한다는 것은 상대방의 다양한 의견을 수용하고 이를 합리적으로 모아서 미래로 나아갈 계획을 수립하는 것이다. 그러나 이러한 과정에서도 리더가 조직을 장악하는 힘이 없다면 리더가 계획한 원래의 방향과 달리 엉뚱한 곳으로 갈 수도 있다. 그래서 리더는 힘이 있어야 한다. 그 힘은 민주사회인 21세기에서는 조직 장악력이고 전근대 국왕들에게 있어서는 강력한 군사력이었다.

국왕에게 강력한 군사력이 없다면 국왕의 힘은 무의미하다. 아니 현대사회에서 장면 정부가 무너진 것과 최규하 정부가 전두환에게 정권을 이양한 것은 모두 군사적 힘이 없었기 때문이다. 현대사회에서도 대통령이나 내각 수반은 군대를 통솔할 권한이 있기 때문에 지도력을 발휘할 수 있는 것이다. 그래서 《정치가 정조》를 쓴 박현모 교수는 합법적 폭력집단인 군대를 장악해야만 조선시대 국왕이 안정될 수 있다고 했다. 당연히 맞는 말이다.

군사적 힘이 없는 국왕은 제대로 된 통치행위를 할 수 없었다.

조선 후기 인조반정 이후 조선의 국왕은 군사적 힘이 없었다. 인조반정의 주체들이 중앙오군영의 대장 임명권을 자신들에게 달라고 요구하면서 국왕의 군사력 장악은 처참하게 실패했다. 서인들에 의한 군사권 장악은 국왕의 힘을 미약하게 하는 요인이 되었고, 이후 국왕들은 군사력을 장악하기 위해 서인정권과 각을 세우기도 하고 타협을 하기도 했다.

정조는 국왕이 된 이후 군사제도 개혁을 추진하면서 군영 대장들에 대한 임명권을 되찾았다. 이는 정조시대 새로운 정치의 기반이 되었다고 생각한다. 하지만 정조는 군영 대장 임명권만으로는 군대를 장악할 수 없다고 생각했다. 그래서 추진한 것이 바로 자신이 대규모 군사훈련을 주도하며 국왕의 위상을 높이는 것이었다. 이는 이전의 국왕들에게서 볼 수 없는 정조만의 특별한 군권 장악 방법이었다.

정조가 처음으로 대규모의 군사훈련을 실시한 때는 1779년(정조 3) 8월 북벌을 주장했던 효종 사후 120년을 맞아 여주 영릉寧陵을 방문했을 때였다. 정조는 영릉 방문을 마치고 여주행궁에 머물면서 청심루에서 신포信砲의 성능을 시험한 다음 육상과 수상에서 군사훈련을 실시했다.

정조는 수도권 일대의 선대왕 능행 시 규모의 차이는 있을지언정 항상 군사훈련을 실시했다. 이는 수도권의 방위 상황을 점검하고 국왕을 수행하는 중앙군의 무예를 단련시키는 기회로 활용한 것이었다. 그래서 정조는 능행 시 궁궐을 출발할 때부터 융복을 갖춰 입고 이동할 때는 말을 이용했다. 따라서 백성들이 보는 국왕의 모습은 전장에서 군사를 지휘하는 모습과도 같았다.

그리고 각 군영 깃발인 영기營旗를 점검한 이후 각 영문 대장에게 휘하의 군대를 인솔하여 언덕에 진을 치게 했다. 그런 다음 경기감사와 광주목사에게 수백 척의 선박을 정렬시키고 청심루에서 올린 봉화를 따라 일제히 북과 징을 치게 하여 신호를 주었다. 이때 관람한 백성들이 만 명이 넘을 정도였으니, 정조는 대규모 군사훈련을 통해 백성들로부터 국왕의 지엄함을 보여주었던 것이다.

환궁하는 길에 정조는 병자호란의 치욕이 서린 남한산성을 방문하여 승군들의 훈련을 관람하고 명나라에서 수입한 홍이포의 일종인 매화포埋火砲를 설치하는 등 대규모 군사훈련을 실시했다. 남한산성의 군사훈련 역시 병자호란의 치욕을 극복하기 위한 훈련임과 동시에 즉위 초반 자신의 왕권이 확고함을 보여주고자 하는 정치적 시위였다. 정조는 남한산성의 군사훈련을 통해 과거 병자호란의 치욕을 극복하기 위해서는 강력한 군사력을 키워야 한다고 강조했다.

정조의 두 번째 대규모 군사훈련은 여주 행차 이후 2년 만인 1781년(정조 5) 사도세자의 묘소인 영우원을 방문하고 환궁하는 도중 서울 근교의 사아평沙阿坪에서 이루어졌다. 정조는 사아평에 이르러 병조판서 홍낙성에게 명하여 5반의 금군을 거느리고 먼저 사아평으로 나아가 진을 치게 하고, 훈련대장 구선복에게는 보군의 선두를 거느리고 길가에 주둔하게 했다. 그리고 좌우별장은 마병을 거느리고 금군이 진을 친 서쪽에 진을 치게 했다. 정조는 이때 지휘소인 막차에 올라 대신들을 불렀는데, 금위대장 이경무는 지휘소 아래에 주둔한 병마를 거느리고 지휘소의 동쪽에 진을 쳤고, 어영대장 이주국은 병마를 거느리고 지휘소의 서쪽에 진을 쳤으며, 중앙에는 병조판서 홍낙성이 금군을 거느리고 있고, 좌우별장 이명운과 신대겸은 마병을 거느리고 동남쪽의 모퉁이에 진을 쳤다.

정조는 이와 같이 진을 형성하게 한 후 금군으로 하여금 학익진을 이루게 하고 마병으로 하여금 방진方陣을 이루게 하여 전투하는 진陣을 만든 다음, 두서너 번 충돌하게 하고 나서, 이어 징을 쳐서 원래의 장소로 돌아가게 함으로써 군사훈련을 종료했다.

정조는 대규모 진법 훈련의 중요성만이 아니라 무사들의 개별 말 다루는 기술의 연마도 매우 중요하다고 강조했다. 본인이 탁월한 궁마 기술이 있었기 때문에 자신 있게 이야기할 수 있었던 것이기도 했다.

"우리나라가 인재는 비록 적어도 궁마弓馬의 기술이 이와 같이 숙달되었으니 급한 일이 일어났을 때 진실로 믿을 수 있겠다. 다만 말을 모는 데는 기술이 있어서 천천히 하면 느슨한 데 가깝고, 빠르게 하면 넘어지기 쉽다. 오직 소리를 조화롭게 하고 절조를 맑게 하여 느리지도 빠르지도 않게 하는 데 달려 있으니, 그런 뒤에야 나라가 크게 패하는 일을 면할 수 있을 것이다. 이번에 시험한 바는 미미한 한 가지 기예에 불과하지만 내가 두려워하는 바는 늘 썩은 밧줄로 여섯 마리의 말을 모는 것과 같다는 경계에 있었다. 경들은 알고 있으라."

이처럼 궁마 기술에 대해 강조를 한 것은 바로 군사들의 능력을 더욱 높이기 위해서였다. 그러기 위해 정조는 계속 군사훈련을 시켰다.

정조는 1785년(정조 9) 사아평에서 또다시 대규모 군사훈련을 실시했다. 정조는 강릉康陵과 태릉泰陵을 배알한 후 돌아오는 도중 사아평에서 갑작스런 군사훈련을 실시하겠다고 했다. 이번에도 예정에 없던 훈련이었다. 정조는 금위대장 서유대로 하여금 기병 50명을 거느리고 서쪽에서 진을 치게 하고, 금군별장 이득제에게 기병 50명을 거느리고 동쪽에 진을 치게 했다. 즉 금위영 군사들과 금군으로 하여금 실전 훈련을 시키자는 의도였다.

이때 정조는 비밀리에 마병별장 조학신에게 명하여 휘하 기병 50명과 무예 출신을 거느리고 기병을 만들어 양쪽 진영 사이를 치게 했다. 또 국왕 가마의 호위를 맡은 가전별초駕前別招와 어가 후위를 맡는 가후별초駕後別招에게 명하여 그 동쪽으로 나가서 이를 에워싸게 했다. 서로 추격하게 하여 말을 사로잡은 군사에게는 말을 주고, 사람과 말을 사로잡은 자에게도 똑같이 했고, 깃발을 빼앗은 자에게는 면포를 주었다.

정조의 지시를 성공적으로 수행한 마병별장 조학신에게는 잘 훈련된 말을 상으로 주었다. 이어서 대취타를 연주하도록 명하여 군사들로 하여금 차지했던 지점으로 돌아오게 했다. 정조는 가전별초와 가후별초, 무예 출신, 별대마병別隊馬兵에게 명하여 원진圓陣을 치게 하고, 대기치大旗幟로써 4곳의 문을 만들게 한 다음 금위대장과 금군별장에게 명하여, 단신으로 말을 몰아 달려가서 채찍과 몽둥이를 잡고 진의 가운데 들어가서 맞받아치고 서로 무기와 기계를 빼앗게 했다.

정조의 선대 국왕 묘소 참배 후 돌아오는 도중 실시되는 이 같은 군사훈련은 대체적으로 즉흥적인 훈련이었다. 물론 정조는 행차에 앞서 군사훈련을 실시하겠다는 의중을 지니고 있었지만 이를 사전에 공표하지 않았다. 따라서 정조의 갑작스런 군사훈련 지시는 정조의 행차를 호위하는 중앙오군영의 군사들에게 긴장을 놓을 수 없게 했다.

정조는 장용영, 훈련도감, 금위영, 어영청 등 중앙 군영의 합동 군사훈련을 시행하면서 각 군영의 대장들에게 전혀 낯선 훈련 방법을 요구했다. 기존의 방식과 다른 방식으로 훈련을 추진하고자 한 것이다. 군영대장들이 자신의 직속 군사를 통솔하지 않고 다른 군영의 군사를 상대로 돌아가며 영솔하도록 한 점이다. 잘 훈련된 군사들도 처음에는 이러한 방식이 쉽게 적응하기 힘들었을 것이다.

정조는 1788년(정조 12) 4월 4일 사도세자의 묘소인 영우원에 작헌례를 한 뒤 장용영, 훈련도감, 어영청의 3군영이 합동으로 진법陣法 훈련을 하여 곡진曲陣, 방진方陣, 직진直陣 등 진법을 익히고, 일본 군사들의 복식을 입은 가왜군假倭軍을 출동시켜 모의전투를 치르게 했다. 당시까지 일본군에 대한 적개심이 있음을 알 수 있다. 이처럼 정조는 원행園行이나 능행陵幸을 활용하여 합동군사훈련을 했다.

정조는 각 군영의 대장들에게 평소에 자신이 지휘하지 않는 타 군영에 소속된 군사를 지휘하는 것을 지속적으로 했다. 1797년(정조 21) 8월 4일에 벌어진 훈련은 그러했다. 이날도 장용영을 비롯하여 훈련도감, 어영청, 금위영, 총융청의 중앙 군영이 참여했다.

어영대장은 훈련도감군을, 훈련대장은 어영군을, 장용대장은 총융청 군사를 지휘하도록 했다. 1798년(정조 22) 1월에도 이런 모습의 훈련이 거듭되고 있다. 이를 통해 정조대의 진법 훈련의 양상을 어느 정도 추정할 수 있다.

정조는 정책적으로 이를 밀고 나갔다. 일관된 방침을 가지고 거듭 반복하다 보니 군사들도 차츰 합동군사 훈련에 적응해 나갔다. 이러한 합동 훈련 방식은 군사 지휘체계의 일원화를 추구했던 정조의 의도가 드러나는 부분이 아닐까 싶다.

그럼에도 정조의 지휘 하에 진행되는 군사훈련의 규모가 어가를 호위하는 2,000여 명의 인원만 가지고 하는 훈련이었기에 정조가 원하는 수도군 방어훈련으로는 적합하지 않았다. 특히 군사들의 세부적인 무예능력과 지휘관들의 통솔능력을 한 차례의 군사훈련으로 확인하기는 어려운 일이었다. 따라서 정조는 대규모의 인원으로 사전에 계획된 훈련을 할 필요가 있었다. 그러한 군사훈련은 국왕 정조가 장용영을 중심으로 새로운 군사체제를 개편하고자 하는 계기가 되었다. 그래서 정조는 그로부터 10년 뒤인 화성행차에서 대규모 군사훈련을 실시한 것이다.

정조는 장용영외영을 화성에 신설하고 자신의 강력한 왕권을 보여주기 위하여 1795년 윤2월의 화성행차 시 대규모의 군사훈련을 실시했다. 모친의 회갑연 준비와 사도세자의 묘소인 현륭원 방문에 초점이 맞춰진 8일간의 화성행차에서 오히려 장용영외영과 화성을 지키는 협수군의 군사훈련이 더 중심이 되었다. 정조가 이렇듯 화성행차 시에 실시하는 군사훈련을 중요하게 여겼던 것은 스스로 강력한 군사력을 지니고 있음을 보여줌과 동시에 화성방어체제를 시험할 수 있는 계기로 보았기 때문이다.

정조는 화성에서의 성조와 야조를 통해 장용외영의 군사력을 대소신료들에게 보여주기 위하여 군령軍令을 강화했다. 일반적으로 군령을 임금에게 결재 받는 방법은 무릇 임금의 행차를 준비하라는 명이 있으면 병조판서가 승정원에 나아가서 군령을 마련했음을 임금에게 아뢰고, 입시入侍하라는 명이 내려지기를 기다렸다가 국왕의 명령을 받아 군령을 병방승지가 전하여 훈련을 하는 것이 일반적이었다.

하지만 이번 현륭원 행차는 정조의 의중이 담긴 특별한 행차이고 자신의 군사력을 보여주는 것이기에 특별 명령으로 군령을 내려 국왕 행차를 담당하는 기관인 정리소에서 글을 올리며 궁궐을 출발한 후에는 각 참의 군령은 병조에서 예에 따라 거행하도록 하되 병조판서가 관여하지 못하게 했다.

만약 장용영의 외영과 내영이 함께 열무閱武하면 병조에서 주관하여 거행하는데, 이번은 외영만 군사훈련을 하기 때문에 장용외사壯勇外使가 주관하여 거행하도록 했다. 즉 일반적인 군사훈련은 병조에 의해 주관되어야 함에도 불구하고 정조는 장용외영을 중심으로 군사훈련을 실시하고자 했기 때문에 병조판서를 제외시키고 장용외사로 하여금 행사를 주관하게 한 것이다. 이를 통해 친위군영인 장용영의 강화가 이루어지고, 훈련도감을 비롯한 기존 군영들의 긴장감으로 각각의 군영들도 강력한 훈련을 함으로써 군사력이 강해질 수 있었다. 결국 정조가 주도하는 군사훈련은 정조에게 강력한 힘을 주어 그의 개혁정책을 원활하게 추진할 수 있는 힘을 주었다.

오늘날 리더들은 정조처럼 강력한 군사력을 갖고 그것을 지휘할 여건이 있는 것은 아니다. 그러나 그와 유사한 일들은 있을 수 있다. 조직의 미래를 위해 필요한 회의와 워크숍을 진행할 때 외부 기관에 맡겨 그대로 따라하는 것이 아니라 리더가 직접 기획하고 운영한다면 큰 도움이 될 것이다. 조직원들이 리더의 역량을 확인하고 이를 통해 믿음이 생길 수 있기 때문이다. 그러면 자연스럽게 조직의 기강도 생기게 된다. 따스한 리더이면서 강력한 힘이 있는 리더의 모습을 만드는 것이 현대 사회에서는 매우 중요하다.

27

국왕의 행차를
백성과 함께하다

정조는 능행을 통해 먼저 왕실의 권위를 높이고 자신의 정통성을 강조하는 효과를 얻고자 했다. 하지만 정조의 능행의 근본 목적은 능행이란 형식을 통해 상공업의 발달로 사회변동이 활발하던 수도권 지역을 직접 방문하여 사대부와 백성들의 사기를 북돋우고 갈등과 분쟁을 해결하는 데 있었다.

잘 알려져 있다시피 정조는 조선시대 다른 국왕들에 비해 능행차가 특별히 많았다. 그가 재위 기간 24년 동안 도성을 벗어나 경기도에 흩어져 있던 왕릉을 방문한 횟수는 총 66회이다.

정조는 태조, 숙종, 영조의 왕릉을 자주 방문했는데 이는 선왕에 대한 효성의 표현인 동시에 왕위 계승의 정통성을 강조하는 의미가 있기도 했다. 이에 더하여 정조는 전체 능행 횟수의 절반에 육박하는 31회에 걸쳐 사도세자가 잠들어 있는 영우원과 현륭원을 방문했는데, 이는 당파싸움의 와중에 희생된 아버지 사도세자의 억울한 죽음을 신원하고 자신의 혈통을 대외적으로 드러내고자 한 것이었다.

하지만 앞서 말한 바와 같이 정조의 행차는 백성들의 삶의 질을 높이고자 한 데 주목적이 있었다고 보아야 한다. 정조 이전의 국왕들은 능행차를 단순히 행차行次라고 표현했다. 하지만 정조는 자신의 행차를 단순한 행차가 아닌 행행幸行으로 규정했다. 국왕의 행차가 백성들에게 행복을 주는 일이라고 생각했기 때문이다.

사실 백성들로서는 국왕의 행차가 귀찮고 힘든 일이었다. 국왕의 행차를 위해 세금도 내야 하고 행차 길을 닦는 일에 끌려 나가야 하고 더구나 국왕의 장엄한 행차를 마음대로 볼 수도 없었기 때문이다. 그렇기 때문에 국왕의 행차는 백성들에게 있어 행복은커녕 고통스러운 일이었다.

그러나 정조는 경기도 일대 곳곳에 있는 선대왕의 묘소로 가는 길 중간중간에 많은 도시들을 방문하면서 권위를 내세우지 않고 철저하게 백성들을 위로하는 데 주안점을 두었다. 혜경궁의 회갑 진찬연을 위해 8일간의 화성 방문을 그림으로 기록한 8폭 병풍에도 나오듯이 백성들이 국왕의 행차를 자유롭게 구경하고 있는 모습을 볼 수 있다. 하다못해 국왕 주위에서 엿파는 소년과 언덕 위에서 담배를 피며 국왕의 행차를 한가롭게 관람하고 있는 모습도 있다. 바로 이러한 것이다. 정조는 자신의 행차를 전 백성들이 자유롭게 보기를 원했다. 억압과 권위에서 탈피하여 국가 행사 중 가장 화려하고 멋진 국왕의 행차를 백성들이 편하게 볼 수 있도록 한 것이다.

행차 한 달 전부터 전국에 방을 내어 국왕의 행차를 보고 싶은 사람들은 와서 볼 수 있도록 했다. 당시 사람들은 정조의 능행차 관람을 '관광'觀光이라 했다. 밝은 빛, 곧 국왕을 보기 위한 일이 관광이었던 것이다. 그러니 관광이라는 것은 가장 아름답고 장엄한 것을 보는 것이 틀림없는 것이리라!

정조는 방문하는 왕릉과 연고가 있거나 능행로 주변에 있는 공신功臣, 문신文臣의 사당에 제사를 지내게 하고 그 자손을 관리로 임명하기도 했다. 아울러 방문지의 서원이나 향교에 제사를 올림으로써 해당 지역 문신들의 학덕學德을 기리고 유생들의 학문을 권장했다. 정조는 모든 당파를 초월하여 이와 같은 일을 한 것이다.

물론 자신의 지지 세력이 아닌 노론의 서원에 방문하여 국왕의 은혜를 베풂으로써 자신의 편으로 끌어들이고자 한 정치적 의도가 숨어 있었던 것도 사실이다. 자신을 비방하는 사람들을 청와대로 초청해 저녁식사라도 한번 같이 하면 6개월은 조용하다고 현재 정치판에서 이야기하듯이 정조 역시 상대 진영에 대한 암묵적 동의를 이와 같이 해서 받은 것이 아닌가 한다. 어쨌든 학문을 진흥시키고자 노력하는 국왕의 모습은 백성들에게 있어 무척이나 고무적인 일이었다.

더구나 능행지에 와서 별시別試를 통해 문·무사文·武士를 수시로 선발하기까지 했다. 조선시대에는 입신양명이 최고의 효도였는데 지역민들을 대상으로 특별과거시험을 개최하니 백성들의 기쁨은 말할 것도 없었다.

이러한 정조의 배려에 보답하듯 백성들이 능행에 자발적으로 봉사하는 경우가 나타났다. 1788년(정조 12) 8월 정조의 행렬이 서빙진西氷津에 이르렀을 때 갑자기 강물이 불어나 선창이 물에 잠겼는데 관광을 나선 과천, 광주의 백성들이 몰려들어 물이 솟는 곳을 배로 막고 그 위에 배에 있던 기물을 깔아 길을 만들어 건너게 했다. 참으로 아름다운 광경이 아닐 수 없다. 조선시대 그 어느 국왕의 행차에서도 찾아볼 수 없는 일이었다. 그만큼 백성들에게 정조는 아버지와 같은 따스한 존재로 여겨졌던 것이다.

정조가 능행을 통해 진정으로 하고자 했던 것은 백성들과의 직접적인 대화를 통해 그들의 억울함을 해소해 주고 나라가 발전할 수 있는 길을 찾는 것이었다. 정조는 우선 경기감사, 지방관, 민정 파악을 위해 미리 현지에 보낸 암행어사 등 관리들의 보고에 따라 민원 사항을 처리하게 했다. 하지만 이 정도 가지고 정조의 마음이 흡족할 수는 없었다.

그래서 정조는 능행 시 상언上言과 격쟁擊錚의 제도를 활성화했다. 상언은 위로는 관원으로부터 아래로는 공사천公私賤에 이르는 모든 사람이 쓸 수 있는 문서이다. 다만 상소와는 달리 관원으로서가 아니라 사인私人으로서 올리는 것이며, 상소에는 이두吏讀를 쓰지 않으나 상언에는 이두를 쓸 수 있었기 때문에 상언을 만들어 올리는 일이 그리 어려운 일은 아니었다. 격쟁은 국왕의 행차 길에 징과 북을 두드려 행차를 막고 억울함을 호소하는 것인데 백성들이 감히 상상할 수도 없었던 일을 정조는 자연스럽게 시행하게 한 것이다.

그런데 상언이나 격쟁을 할 수 있도록 허용된 네 가지 일이 있었는데, 그 네 가지란 형륙刑戮을 당하게 된 경우나 부자父子의 분별, 적서嫡庶의 분별, 양천良賤의 분별을 원하는 경우이며, 지극히 원통한 사정이 있을 때 자손이 조부모나 부모를 위해, 처妻가 남편을 위해, 동생이 형을 위해, 종이 주인을 위해 상언이나 격쟁을 하는 것도 각기 사건사에 준하여 허용되었다. 이 외의 사안이면 외람되이 군 죄에 대해 사불이실률詐不以實律로 처벌하기도 했다. 그럼에도 정조의 이와 같은 파격적인 결정은 백성들에게 자신의 억울함을 국정 최고책임자에게 호소할 수 있는 절호의 기회를 준 것이다.

이 결과 정조의 능행 중에만 총 3,355건의 상언, 격쟁이 있었고(상언 3,232건, 격쟁 123건) 정조는 환궁하여 이에 대한 모든 조처를 취했다. 이 모든 것을 정조는 읽고 해결의 지시를 내린 것이다. 백성의 일을 자신의 일로 여기지 않는다면 도저히 할 수 없는 일이었다.

국왕의 능행차가 사전에 알려지면 수도권뿐만이 아닌 전국의 억울한 백성들이 국왕을 만나기 위해 능행차길에 참여했고 억울함이 풀리는 행복을 맛보았다. 그래서 정조의 말대로 능행차는 선대왕에 대한 참배를 위한 단순한 행차가 아닌 백성들에게 행복을 주는 행차였던 것이다.

그 사례를 보면 정조가 얼마나 백성들의 이야기를 경청하고 억울한 일을 해결하려고 노력했는지 알 수 있다.

1781년(정조 5) 윤5월 8일, 정조는 선농단에 가서 제사를 지내기 위해 행차에 나섰다. 정조가 안암교에 이르자 그를 기다리던 백성 수백 명 가운데 충청도 덕산에서 올라온 김성옥이란 사람이 한 관리의 부정부패를 고발했다. 궁궐 재산을 담당하는 내수사 관리인 궁감宮監 김응두가 덕산 백성에게 패악을 저지르고 있다는 것이었다.

이 내용을 들은 정조는 탄식했다. 그는 즉위 직후부터 관리들의 부정부패를 없애기 위해 '절사경보민산絶私逕保民産(사사로운 일을 끊고 백성 재산을 보호하라)'이라는 글을 신표로 만들어 조정 모든 문서마다 찍어주었는데, 이런 노력에도 불구하고 모범을 보여야 할 궁감이 부정을 저질렀다는 소리에 더욱 화가 났던 것이다. 이에 정조는 "즉시 해당 궁임宮任을 잡아다가 엄중히 신문해 사실을 직고하게 하라."고 지시했고, 덕산 백성은 억울함을 해소할 수 있었다.

정조는 능행陵幸하고 돌아온 후에 서울과 지방의 상언上言을 모두 친히 열람하여 그날을 넘기지 않았다. 그리고 자신이 이렇게 상언과 격쟁을 꼼꼼히 챙기는 것이 "내가 부지런한 것이 아니라 선왕을 생각하면 감히 힘쓰지 않을 수 없는 것뿐이다."라고 했다.

정조에 대한 가장 대표적인 격쟁이 있다. 바로 흑산도 백성 김이수의 격쟁이었다.

1791년(정조 15) 1월 18일 오후, 국왕 정조는 수원에 있는 아버지 사도세자의 묘소를 참배하고 창덕궁으로 돌아가고자 한강을 건너 숭례문으로 향하고 있었다. 자신의 행차를 보려는 백성들을 막지 않는다는 정조의 생각 때문에 국왕의 위엄 있는 행차에는 수많은 백성들이 나와 구경하는 것이 하나의 풍속이 되어가고 있었다.

이때 갑자기 꽹과리 소리가 요란하게 들리더니 한 사람이 백성들의 구경 대열에서 튀어나와 정조의 행차를 가로막았다. 격쟁이 시작된 것이다. 그리고는 소리 높여 억울한 일을 호소하기 시작했다. 그 사람은 흑산도에서 사는 백성 김이수金理守였다.

김이수가 흑산도에서 올라와 국왕을 막은 이유는 흑산도에 부과된 잘못된 세금을 철회해 달라는 것이었다. 조선이 건국된 후 각 지역마다 특산물을 조정에 세금으로 바치게 했다. 이를 공납이라고 한다. 가령 경상도 상주는 곶감이 유명하고, 충청도 한산에는 모시가 유명하고, 연평도는 꽃게가 유명하니 이러한 특산물을 세금으로 바치게 한 것이다. 그런데 문제는 흑산도의 경우에는 유명하지 않은 것이 아니라 섬에 아예 있지도 않은 닥나무가 특산물로 지정되어 해마다 닥나무를 조정에 바쳐야 했다. 닥나무는 종이를 만드는 가장 중요한 재료로 아무 데서나 자라지 않는 귀한 나무였다.

사실 조선 초기만 해도 흑산도에 닥나무가 자랐었다. 그런데 흑산도 성인 남자에게 40근의 닥나무를 바치라는 규정으로 인하여 생업을 포기하면서까지 닥나무를 베다 보니 닥나무 자체가 흑산도에서 완전히 사라지게 되었다. 그래서 흑산도 백성들은 자라지도 않는 닥나무를 바치기 위해 돈을 모아 외지에서 닥나무를 사다가 바쳐야 했다. 이것은 잘못돼도 너무 잘못된 행정이었다.

그래서 흑산도 백성들은 너무도 잘못된 이 문제를 해결하기 위해 1772년(영조 48)과 1783년(정조 7)에 나주 관아에 해결을 해달라고 요청을 했었다. 흑산도가 나주목 소속이었기 때문이다. 하지만 나주관아의 담당 관리가 흑산도 백성들의 억울한 내용을 접수조차 하지 않아 조정에서는 흑산도의 문제를 전혀 알지 못하고 있었다. 그러자 김이수는 전라감영을 찾아가 문제점을 이야기했다. 하지만 답변은 오래된 세금 규정을 바꿀 수 없다는 것이었다. 관리들의 답변은 한결같았다.

전라감영에서도 해결하지 못한 흑산도 백성들은 마침내 김이수를 정조의 수원 행차에 맞춰 한양으로 올려 보내 억울한 일을 호소하게 하기로 했다. 국왕 정조가 백성들의 억울한 소리를 듣고 해결해준다는 소문이 흑산도에까지 들렸기 때문이다.

김이수는 이날 정조에게 자신들의 기가 막힌 사연을 이야기했다. 차분히 듣고 있던 정조는 그 자리에서 해결할 수 없는 중차대한 문제라고 생각했다. 그래서 이 문제를 조정의 공식 논의로 올려 토론하고 해법을 제안하게 했다.

백성들이 격쟁을 하면 3일 안에 문제를 해결하고자 했던 정조에게 이 문제는 매우 중차대한 것이었다. 왜냐하면 단순히 흑산도 지역의 특산물에 대한 문제만이 아니라 국가의 세금 부과에 대한 전면적인 검토를 요구하는 사안이었기 때문이다.

결국 3개월에 걸친 흑산도 현장조사와 조정의 토론 끝에 흑산도에 부과한 닥나무 공납은 잘못된 세금부과로 결정하고 이를 철폐했다. 비록 조정이 세금을 받지 못한다 하더라도 백성들에게 이익이 된다면 올바른 것이라는 정조의 손상익하損上益下의 정신이 반영된 것이다. 흑산도 백성들의 용기 있는 행동과 백성들의 소리에 귀를 기울인 정조의 판단이 어우러진 결과였다.

리더는 이처럼 자신과 함께 하는 사람들, 혹은 대중들의 이야기를 들어야 한다. 이는 단순히 집무실에 앉아있기만 해서는 절대 할 수 없다. 밖으로 나와 사람들을 만나야 한다. 가볍게 호프집에서 이야기할 수도 있고, 자신이 운영하는 여러 기관과 아니면 사업체에 찾아가서 이야기할 수 있다. 몸을 움직이지 않고는 소통할 수 없다. 길 위의 군주로 평가받는 정조가 왜 백성들에게 절대 신임을 얻었는지 우리는 정조의 행차를 통해 배워야 한다. 사람들과 만나지 않는 리더는 생명력이 짧다.

28

천재지변에
적극 대응하다

1781년(정조 5) 8월 5일. 경상도 일대에 폭우가 내리기 시작했다. 비가 내릴 계절이 아님에도 날이 갈수록 더욱 세게 내리는 비는 열흘 동안 그치지 않고 내렸다. 이 폭우로 경상도 일대 대부분의 고을이 수재水災를 입었고 특히 고령과 합천은 그 피해가 더욱 심했다. 무려 11개 고을의 대부분 집들이 무너지고 139명이나 물에 빠져 죽었다. 하늘이 갑자기 내린 재앙이기에 백성을 위한 정치를 하고자 노력하는 정조로서도 어쩔 수 없는 상황이었다.

정조는 일단 경상감사 이문원에게 온 마음을 다해 수재로 인한 백성들의 마음을 치유하게 했다. 정조는 피해를 당한 백성들의 마음 치유를 가장 중요하게 생각한 것이다. 그리고 폭우에 휩쓸려 죽은 이들의 가족들 전체에게 환곡과 각종 세금을 모두 탕감해 주었다. 그와 더불어 경상감영에 임시 거처를 마련하고 폭우로 쓸려나간 가옥들을 모두 무상으로 다시 지어주게 했다.

그런데 수재 피해를 처리하는 과정에서 도저히 있을 수 없는 일이 발생했다. 수재 당시 합천 관아의 식량창고에 쌀, 콩, 조[米豆租] 2천여 석이 물에 잠겼었다. 그런데 합천군수 심흥영이 비가 그친 뒤에 이 식량을 잘 말려서 백성들에게 나누어주었어야 했는데 신경을 쓰지 않고 방치하여 모조리 썩고 말았다. 그래놓고는 해당 고을 수령들은 피해 상황을 제대로 보고하지도 않았다. 백성들의 분노가 하늘을 찔렀다. 정조는 공법公法으로 도저히 용서할 수 없는 일이라 판단하고 심흥영을 파직시키고 해당 수령들에게 강력 경고했다. 정조는 정확한 보고만이 피해를 빠르고 올바르게 해결할 수 있다고 판단했다. 그래서 그는 정확한 피해 보고를 다시 받으며 수재 피해를 최대한 빨리 해결하기 위하여 직접 지휘했다.

정조의 재해 대처는 수재만이 아니다. 전염병에 대해서도 매우 적극적이었다. 조선시대에는 전염병이 돌아 심각한 국가 위기에 처한 때가 한두 번이 아니었다. 조선시대 500여 년 역사에서 전염병이 돌았던 해는 무려 320년이다. 《조선왕조실록》의 기록만으로 볼 때 전염병은 무려 1,455건이나 되었다. 이러한 전염병으로 죽은 백성은 무려 천만 명 이상이나 된다. 현재와 같은 의료기술이 존재하지 않았기 때문에 많은 이들이 전염병을 극복하지 못하고 죽을 수밖에 없었다.

《순조실록》1821년의 기록에 보면 중국으로부터 전해진 전염병으로 고관대작을 비롯하여 백성들이 치료도 하지 못하고, 심한 기침과 설사를 하고 몸이 뒤틀리다가 열흘도 되지 않아 10만 명 이상이 죽었다고 적혀 있다. 이때 중국에서 들어온 전염병은 바로 콜레라였다. 지금은 콜레라를 완벽하게 통제하고 있지만 200년 전만 하더라도 콜레라는 죽음의 전염병이었다.

조선시대에는 콜레라만 전염병으로 등장한 것이 아니다. 조선시대 전염병 중 가장 많은 이름으로 나타난 것이 바로 괴질怪疾이다. 병의 근원이 무엇인지 도저히 알 수 없기 때문에 이름도 괴질이다. 그 괴질은 바로 장티푸스였다. 20세기 중반 이후 장티푸스는 한반도 땅에서 완전히 사라졌지만 그 전까지 장티푸스는 콜레라와 함께 가장 무서운 전염병이었다.

조선시대에는 전염병을 막기 위해 자신들이 가진 최대한의 의료 기술과 공동체 문화로 위기를 극복하고자 하였다. 먼저 의료적인 측면을 보자. 조선시대 역사상 최고의 명의名醫로 알려진 허준은 《신찬벽온방》新纂辟瘟方이란 의서를 편찬하여 보급하였다. '벽온방'은 온역瘟疫, 즉 전염병을 막는 비방이란 말이다. 광해 임금 때는 전염병이 돌면 백성들한테 전염병 예방 의서인 《간이벽온방》을 훈민정음으로 번역하여 전국 고을에 나누어 주었다. 백성들 모두가 이 의서를 읽고 병에 대처하라고 한 것이다. 그런데 임금과 조정의 의도는 좋았지만 너무 간략하게 서술되어 있어 실질적으로는 그다지 쓸모가 없었다. 그래서 광해 임금은 허준에게 보다 더 구체적으로 전염병을 대처할 수 있는 방안을 마련해 달라고 부탁하였다. 《동의보감》 저술을 마친 허준은 《동의보감》의 내용을 보다 구체화 하여 전염병 방지 빛 퇴치 방안을 연구하고 마침내 이를 정리하였다.

허준은 전염병이 나타나는 것은 바로 자연의 섭리가 온전히 이루어지지 않은 때문이라고 진단했다. 봄에 따스해야 하는데 춥거나, 여름에 더워야 하는데 서늘하거나, 가을에 서늘해야 하는데 덥거나, 겨울에 추워야 하는데 따스하다면 반드시 전염병이 생긴다고 하였다. 봄, 여름, 가을, 겨울이 그때의 성질에 맞게 운행되어야 하는데 그렇지 않으면 반드시 화가 일어난다는 것이다. 사실 이 말은 철학적인 듯하면서 이치에 맞는 말이다.

정조는 도성 외의 지방에 거주하는 빈민들의 홍역 치료에 대한 특별한 관심을 가지고 있었다. 이는 단순히 전염병인 홍역을 치료하는 문제만이 아니라 백성들을 사랑하는 은혜가 빈궁한 이들에게 먼저 가야 한다는 위민의식爲民意識의 발로이자 극빈계층의 사회복지 정책 측면에서의 강조였다.

"의식이 조금 여유 있는 사람은 자연히 제때에 간호할 수 있지만, 가난한 선비, 궁한 백성들 중 고할 데도 없는 사람에게 있어서는 그 누가 구제해 준단 말인가? 저들의 광경을 생각하면 눈으로 본 것 같다. 사람마다 병을 진찰해 주고 집집마다 약을 지급하는 것은 물론 의논하기 어렵지만, 가장 가난한 무리를 들은 대로 구제한다면 조금이나마 실효가 있을 것이다."

이로 볼 때 정조의 의료정책은 모든 백성들을 대상으로 하는 것을 기본으로 하되 빈민들에 대한 구제가 더욱 우선이었음을 알 수 있다.

정조는 새로운 의서醫書를 간행하여 자신에게 바치면 적극 검토하여 전국의 각 지방으로 배포하게 했다. 1786년(정조 10) 5월 박상돈과 남기복이 엮은 《진역방》疹疫方이라고 하는 홍역 치료에 대한 의서가 바쳐졌을 때도 이를 기존의 한문으로 된 내용에 언문으로도 번역하여 보내도록 지시했다. 의서가 한문으로만 간행되면 일반 백성들이 쉽게 읽을 수 없어 병의 치료를 원활하게 할 수 없기 때문이었다. 이는 정조가 생각하는 의료의 대중화 정책의 일환이라고 볼 수 있다.

정조는 의서를 편찬하고 배포하면서 치료법을 중요하게 생각했다. 치료법은 오로지 물을 반드시 끓여먹고, 옷가지를 삶아서 입고, 몸을 깨끗하게 해야 하고 고여 있는 물을 퍼내어 깨끗하게 한다는 것이다. 고여 있는 썩은 물에서 전염병이 발생한다는 것을 알고 치유법을 만든 것이다. 그리고 마늘과 생강 등을 많이 먹어야 한다고 했다. 지난번 메르스 유행 때 김치가 치료에 도움이 된다고 하였듯이 발효된 우리 음식은 전염병에 도움이 되었던 것 같다.

마지막으로 중요한 것은 바로 전염병의 사회적 공포를 없애는 것이다. 각 고을에서 경제적으로 여유 있는 사람들이 자신들의 재물을 내놓고 마을 사람들에게 나누어주고 병으로 농사를 못 짓는 가정을 위해 대신 농사를 지어주는 등 공동체 문화를 한층 강화시켰다. 가난과 질병으로 죽은 백성들을 위하여 마을에서 공동제사를 지내 억울한 원혼을 없게 하는 것이 전염병을 막는 길이라고 생각하였다. 오늘날의 시각에서 보면 말도 안 되는 미신 같지만 이는 실제 오래전에 죽은 귀신들이 전염병 귀신을 막아 살아 있는 백성들을 구제할 수 있다고 판단하는 것이 아니라 병을 이길 수 있다는 마을의 자존감을 회복하는 방편이었다. 이렇게 해서 정조시대 재해를 극복할 수 있었다.

지금 전 세계가 신종 코로나 바이러스로 심한 고통을 받고 있다. 우리나라 역시 많은 확진자가 발생하였다. 그러나 우리는 문재인 대통령을 비롯하여 정은경 질병관리본부장 등 리더들의 헌신으로 전 세계에서 가장 모범적으로 코로나 정국을 극복하고 있다. 바로 리더들이 재난의 상황을 빠르고 정확히 인식하고 이를 극복하고자 하는 확실한 의지와 결단 그리고 대안을 가지고 있기 때문이다. 이를 위해서는 국민들과의 신뢰가 무엇보다도 중요하다. 결국 어려운 처지에 빠진 상황을 극복할 리더들은 대중들과의 신뢰 관계를 구축하고 자신의 진정성을 모두 보여주어야 한다. 기업을 경영하는 리더들도 마찬가지이다. 기업이 국내외적인 일로 인하여 갑작스럽게 어려운 일을 당할 수 있다. 이때 추호도 감추는 일 없이 있는 그대로 이야기하고 기업의 경영진과 노동자들이 함께 어려운 재난을 극복하자는 의지를 보여주면 반드시 해결할 수 있다.

29

강고한 기득권 세력에
강력하게 맞서다

오랫동안 잘못된 관행을 혁파하지 않고는 살아 남을 수 없을 때 리더는 어떻게 할 것인가? 당연히 개혁을 해야 하지만 기득권의 강고한 힘 때문에 개혁을 하지 못한다면 리더로서의 자격이 없는 것이고, 그 조직은 죽는 것이다. 지금도 우리 사회 곳곳에서 적폐를 청산하고 개혁을 하고자 하지만 해방 이후 모든 분야를 장악하고 있는 기득권들의 힘 때문에 제대로 된 새로운 정책을 만드는 개혁을 추진하지 못하는 경우가 허다하다. 이는 무엇보다 리더의 강력한 개혁의지가 부족하기 때문이다. 이럴 때 정조를 다시 한번 들여다보자.

"군자는 싸움을 하지 않을지언정 싸움을 하면 반드시 이긴다고 했으니, 그렇게 되지 않겠느냐?"

폐단을 척결하고 반드시 개혁을 하겠다는 정조의 강한 의지가 담긴 말이다. 원래 군자는 싸움을 하지 않는 사람들이지만 싸움을 해야 할 상황이 되면 반드시 이길 수 있는 싸움을 한다는 것이다. 당시 정조의 개혁을 반대하는 세력들에게 이 청천벽력 같은 말을 하고 정조는 선대왕 때부터 기득권을 형성하고 그들의 이익을 위해 만들어졌던 잘못된 법령과 제도를 과감히 바꾸는 데 전력을 다했다.

조선 후기 가장 큰 적폐는 과도할 만큼 많은 군영軍營을 위한 국방비 지출이었다. 정조는 국왕이 되고 나서 국가 재정을 담당하는 오늘의 기획재정부인 호조戶曹로부터 충격적인 보고를 받았다. 그 보고 내용은 다름 아니라 국가 재정의 56% 가까이가 국방비로 사용되고 있는데, 그 국방비의 상당액이 장군들의 급여 지출이라는 것이다.

영조, 정조 시대 1년의 조세 수입은 중간 풍년을 기준으로 할 때 10만 석이 넘지 않는 정도였다. 이 조세 수입에서 훈련도감의 군사에게 주는 급료가 5만여 석, 7백여 명의 국왕 호위부대인 금군과 훈련도감을 제외한 4군영의 장수들이 받는 급료가 6천여 석이었다. 결국 오군영으로 지출되는 비용이 1년 조세의 5할이 넘는 심각한 상황이었고, 이는 자연스럽게 백성들의 고통으로 전가될 수밖에 없었다.

당시 수도를 방위하는 중앙 군영의 핵심은 오군영이었다. 훈련도감, 금위영, 어영청, 총융청, 수어청이다. 이 오군영은 원래 훈련도감을 제외하고 인조반정을 일으킨 주역들의 사병이었다. 이들이 인조를 국왕으로 만들고 국가 권력을 장악하면서 자신들의 사병을 국가의 군영으로 변경하여 국가로부터 급여를 받게 했다. 자신들이 주어야 할 돈을 정부가 주게 한 것이다. 당시 기득권 집단의 이기심이 이토록 컸다. 백성들의 삶은 전혀 고려하지 않은 것이다.

영조대 영의정 최규서는 조선 초기부터 존재하던 군영체제에서 임진왜란과 인조반정 이후 설치된 훈련도감을 비롯한 중앙오군영과 각종 군문으로 재정을 분배하다 보니 국가 재정의 피폐함이 나타나게 된 것이라고 판단했다.

이처럼 군영의 과도한 증설로 인한 백성들의 과도한 군포납부는 백성들만 곤궁에 처하게 하는 것이 아니라 국가 재정에도 심각한 문제를 초래하고 있었다. 영조 즉위 후 본격적인 논의가 시작된 군역 폐단의 조처문제에 대하여 대사헌 이명언은 군제 개혁에 대한 3가지 대안을 제시했다.

첫 번째는 조선 초기 오위체제를 당장 복원하기 어렵기 때문에 중앙오군영의 금위영을 혁파하여 재정을 안정시키자는 것이었다. 금위영은 창설된 지 얼마 안 되었고, 체제가 5초哨에 불과함에도 불구하고 별장, 천총, 파총, 초관을 두었으며, 서울의 표하군에 많은 양민을 두었기 때문에 이를 혁파해야 한다는 것이었다. 두 번째로 남한산성의 수어사와 광주부윤을 겸직하게 하여 각종 폐단을 없애야 하며, 세 번째로 수원 지역의 7천여 병사가 매우 용맹한 부대이나 자주 수원부사가 교체되어 제대로 된 명령체계를 유지할 수 없기에 총융사로 하여금 수원부사를 겸직케 하여 정예화하자는 것이었다.

영조는 이명언의 금위영 혁파에 대한 상소에 전반적으로 동의했지만 군문을 없애는 것에 대한 부담으로 인하여 적극적인 조치를 취하지 못하고 민폐를 끼치지 않을 것을 당부하는 수준으로 정리했다.

그렇지만 이들 오군영은 국가 재정의 피해만이 아닌 사회적 문제까지 야기하여 백성들의 지탄을 받았다. 군문의 위세를 업은 군졸들은 18세기 당시 발달한 도성 내 상업적 분위기에 편승하여 난전亂廛에 투입하거나 금송禁松을 도벌하여 판매하는 등 여러 사회적 문제를 야기했다. 그렇지만 군영의 권한이 강하고 조정에서 이를 통제할 힘이 없었기 때문에 군졸들의 불법행위에 대해서도 군문 자체 내에서 해결을 하도록 조치하여 강력하게 금지하지 못하고 있었다.

영조대부터 계속되어 온 군정軍政의 폐단을 목격한 정조는 국왕으로 즉위한 후 적극적인 군제개혁을 추진하고자 했다. 이러한 그의 개혁론은 영조의 3년 상이 끝난 후 1778년(정조 2) 6월에 행한 첫 번째 조회에서 천명한 '경장대고'更張大誥에 잘 드러나 있다.

정조는 민산民産, 인재人才, 융정戎政, 재용財用의 4항목을 대내외에 천명했다. 이 경장대고는 정조의 재위기간 전체의 국정목표였고 그는 이를 실현하기 위해 노력했다. 경장대고의 융정은 그런 의미에서 자신이 국왕으로 재임하는 동안 군사통수권을 장악함과 아울러 군제개혁을 추진하겠다는 것을 보여주는 것이라 하겠다. 그리고 정조는 쓸모없는 군사들을 덜어내어 새로운 군제를 갖춘다는 원칙을 밝히고 군비 축소를 통해 민간 경제를 활성화하고자 했다.

정조는 오랜 동안 이어진 군영의 폐단을 이해할 수가 없었다. 정조가 볼 때 '장수는 범처럼 굳센 위엄이 없고, 군사는 오합지졸'인 상황이었다. 이렇게 허약한 군대가 되었는데도 군영의 장군들 급여가 나라 예산의 절반 가까이를 차지한다는 것은 도저히 있을 수 없는 일이라고 생각한 것이다.

"임진왜란 이후 오위제도가 없어지고 군영을 두었는데 이는 한漢의 중앙 중병 제도이다. 지금 몇 백 년 동안 나라가 태평하여 문관과 무관이 무사안일에 빠져 있기 때문에 장수도 편승의 법을 모르고 군사들도 격자의 기술을 익히지 못하여 이른바 군영들이라는 것이 패상에 가시로 문을 설치한 것에 불과할 뿐이다."

정조는 이렇게 중앙 오군영을 지휘하는 무반 핵심가문들과 오군영의 무능함에 대한 불만을 토로했다. 당시 상황은 정조의 표현대로 "군영제도가 나타나 오위제도가 폐지되었으니 옛날과 지금이 서로 같지 않은 것이 하늘과 땅처럼 현격한데 농부가 밭을 갈아도 먹을 수가 없고, 아낙네가 길쌈을 해도 옷을 입을 수가 없게 된 지 이제 200년이 되었다."고 할 정도로 민생이 어려웠는데 정조는 그 이유가 바로 오위제도의 폐지 때문이라고 인식했다.

그래서 정조는 군제개혁을 위해서는 강화의 통어영과 진무영을 통합하고, 수어청과 총융청을 통합했다. 유사한 군대를 통합하여 장군들의 숫자를 줄이고, 이를 통해 국가 재정을 안정시키고자 한 것이다.

남한산성을 지키는 수어청의 장군들은 도회지인 한양을 떠나기 싫어 수어경청守禦京廳이라는 이상한 직제를 만들어 자신들은 한양에 남고 군사들만 남한산성에 주둔하게 했다. 장군들은 높은 급여만 받고 실제 국방을 위한 헌신은 없었던 것이다.

총융청은 북한산성에만 군사를 두는 것이 아니라 강화도 옆에 있는 교동에도 군사를 두어 장군들을 주둔하게 했다. 그런데 이곳은 원래 경기수사京畿水使가 관할하는 수군 지역이었다. 육군인 총융청이 이곳에 군사를 둘 이유가 전혀 없었다. 한 지역에 육군과 수군이 동시에 주둔하면서 백성들의 혈세만 낭비하고 있을 뿐이었다.

정조는 "우리나라는 군문軍門이 너무 많은 것이 문제다."라고 강조하고 수어청과 총융청의 통합을 추진하라고 지시했다. 하지만 영의정 김상철은 북한산성은 누가 관장할 것이냐면서 통합 논의에 부정적 견해를 드러냈다. 이에 정조는 총융사가 아닌 통합된 군영에서 북한산성만을 관장하는 관성장으로도 충분하다고 설명했다.

하지만 정조의 이와 같은 군제개혁이 신하들에게는 받아들여지지 않았다. 왜냐하면 당시 조정의 관료들 대부분이 노론 당파에 소속된 인물들이었고, 한양과 경기도에 주둔한 중앙오군영의 장군과 장교들 대부분이 노론 소속이었기 때문에 이들은 자신들의 군사적 위력을 빼앗길 수 없었다. 군영의 통폐합을 통한 군영 축소와 이에 따른 군비 축소를 절대 받아들일 수 없는 것이었다. 이는 관직의 문제이기도 했다. 조선 후기 명문 가문의 자제들이 문과시험에 합격하지 못하면 대신 무과시험을 보게 하여 관직에 나가 양반의 지위를 유지하게 했는데, 만약 국방 개혁을 하여 장군들의 자리를 대대적으로 축소하게 한다면 양반가문 자제들의 관직이 줄어들게 되기 때문이다.

이들은 국방의 문제가 백성들의 세금이 국방비로만 사용되어 나라가 온전하지 못하게 운영되는 것을 전혀 안타깝게 생각하지 않았다. 오로지 자신들의 관직 자리만이 중요했다. 하다못해 정조의 최측근이었던 홍국영마저도 노론의 일원으로 군영의 통폐합이 문제될 것은 없으며 무반직의 자리가 줄어들면 한탄하는 사람들이 많을 것이니 다음으로 논의를 미루자고 할 정도였다.

그럼에도 정조는 기득권의 저항을 막아내고 이들과 싸웠다. 잘못된 것을 그대로 둘 수는 없기 때문이었다. 그래서 정조는 신하들의 반대에도 강력한 국방 개혁을 추진했다. 결국 군영 통폐합으로 백성들이 낸 세금이 요즘으로 치면 경제 활성화와 사회복지에 사용되게 되었다. 국가 예산의 합리적 운영으로 백성들의 삶의 질은 나아졌다.

장차 나라의 왕이 될 왕세자도 죽인 세력들과 싸워 이긴 정조를 보라! 잘못된 정책은 없애야만 나라가 바로 설 수 있기에 정조는 기득권 세력들과 엄청난 대결을 한 것이다. 이제 우리 리더들도 기존의 잘못된 적폐를 지키고자 하는 세력들과 싸우고 진정한 개혁안을 만들어야 한다. 그 싸움은 절대 쉬운 싸움이 아니다. 하지만 이기지 못할 싸움은 없다. 백성들이 지지하는 대의大義가 있는 싸움은 반드시 승리하기 마련이다.

5장

인간적인 모습을
보여주다

봉수당진찬도
(국립중앙박물관)
1795년 화성행궁 봉수당에
화려하게 펼쳐진
어머니 혜경궁의 회갑잔치

30

참된 효를
실천하다

수원 사람들은 자신의 고장인 수원을 효원孝園의 도시라고 부른다. 그 이
유는 바로 정조의 효심이 수원에 가득하기 때문이라는 것이다. 더불어 수원
화성이 정조의 효심으로 만들어진 것이라고 생각한다.

그러나 필자는 이 말이 반은 맞고 반은 틀리다고 생각한다. 왜냐하면 개
인의 효심 때문에 국가의 전력이 투여될 성곽을 쌓는다는 것은 아무리 조
선이 봉건체제였다 하더라도 실행하기 힘든 일이기 때문이다. 정조는 매우
뛰어난 효자이지만 사적인 효심으로 공적인 대규모 토목공사를 단행할 사
람은 아니다.

그렇다면 화성은 왜 만든 것일까? 정조의 효심이 진정 담겨 있기는 한
것일까? 이러한 질문에는 이런 답변이 가능할 것이다. 당연히 정조의 효심이
담겨 있다. 하지만 그 효심은 사적인 효심이 아니라 공적인 효심, 즉 유교 사
회가 지향하고 있는 사회적 윤리 속에서 나타난 것이다. 효를 통해 충을 발
현하고, 충을 통해 사회의 모든 윤리와 기강을 반듯하게 하고, 이를 통해 조

선을 개혁하고자 하는 공적인 효로부터의 출발인 것이다. 이것이 바로 수원 화성에 담겨 있는 정조의 효인 것이다.

유교에서 효는 개인적 기능에만 머물지 않고 사회와 정치, 인류애와 자연사랑에까지 확대되는 기능을 가지고 있다. 또한 대동사회의 사람들은 자기 부모만 부모로 여기지 않으며, 자기 자식만 자식으로 여기지 않는다. 유교는 이상적인 사회의 모습을 정치적 안정과 경제적 근본에 중점을 두고 있는데 "국가를 소유한 사람은 백성이 적음을 근심하지 말고 고르지 못함을 근심하며, 가난함을 근심하지 말고 편안하지 못함을 근심한다. 고르면 가난이 없고 화하면 적음이 없고, 편안하면 기울어짐이 없는 것"이라고 했다.

이러한 유교의 이상적인 정치와 경제의 이념을 잘 인식한 정조는 효에 기반한 정치와 경제를 고려하지 않을 수 없었다. 윤리와 교육에도 힘쓰면서 효의 본질을 잊지 않고 끊임없이 효를 통한 대동사회를 지향한 정조의 효사상은 그의 통치이념에서도 핵심적 역할을 한다.

정조가 죽은 이후 대제학 이만수가 정리한 그의 일대기인 《정조행장》正祖行狀에 의하면 어린 시절부터 효성이 얼마나 대단했는지를 알 수 있다. 어린 시절부터 정조가 아버지 사도세자를 얼마나 효성스럽게 대했는지 행장에 기록되어 있다. 정조는 어린 시절 책을 좋아했다. 백일도 되기 전부터 글을 보면 좋아했다고 하는 기록은 과장된 것일 수도 있지만 그만큼 책을 좋아했다는 반증이기도 하다. 그런데 책을 좋아한 것은 효도와 직접적으로 연관이 있다.

아들이 책을 좋아하는 것을 알게 된 사도세자는 어린 아들을 위해 정성스럽게 글을 써서 책을 만들어주었다. 어린 정조는 아버지가 만들어 준 책을 항상 옆구리에 끼고 다녀 종이가 모두 너덜너덜해질 지경이었다. 아버지가 만들어준 책을 귀하게 가지고 다녀 아버지를 기쁘게 해드리고자 했던 것이다. 어린 시절부터 부모를 기쁘게 하기 위한 노력을 한 것이다. 또한 어린 시절부터 효자들의 이야기를 그린 〈효자도〉와 공자의 행적을 그린 〈성적도〉 등을 보기를 좋아하였고, 그러한 효자들의 행동을 따라하는 것을 즐겁게 생각하였다.

정조는 6~7살 겨울에 영조가 병에 걸려 누워 있을 때 할아버지의 건강을 걱정하여 가슴아파하면서 병구완을 하고 하루 종일 곁을 떠나지 않았다. 참으로 대단한 효손孝孫이 아닐 수 없었다.

정조의 효사상은 부모에 대한 효성을 기초로 하여 백성에게 다가간다. 즉 정조는 효가 개인적 기능에만 머물지 않고 사회와 정치 그리고 인류애와 자연사상에까지 확대될 수 있다는 것을 잘 인식하고 있었다. 특히 유교는 이상적인 사회의 모습을 정치적 안정과 경제적 균분에 초점을 두고 있는데 이에 대한 출발점이 바로 효라는 것을 알고 정조는 몸소 행한 것이다.

정조는 노인을 봉양할 것과 농사에 힘쓸 것을 강조했다. 정조는 백성들이 어버이에게 효도하고 노인을 공경하는 것이 인간의 기본윤리를 실천하는 것이고, 노인이 편안하고 상하가 화합하면 그 기운이 풍년으로 이어진다고 하여 민생이 안정되고 상하질서가 유지되는 것을 이상적인 형태로 보았다. 이때 백성들에게 기본윤리를 가르치는 방법 내지는 수단을 정조는 백성들이 《소학》小學과 《오륜행실도》五倫行實圖를 익히고 향음주례鄕飮酒禮와 향약鄕約의 실천을 통하면 윤리가 습득될 수 있다고 생각했다.

"온양溫陽 행궁의 세 그루 홰나무는 경진년(1760, 영조 36) 행행 시에 명하여 심은 것으로, 수십 년 사이에 뿌리는 깊어지고 가지는 무성해져 엄연히 들보의 재목을 이루었다. 왕가의 홰나무 그늘은 오히려 후세에 덕을 심은 것이라고 일컬어지거늘 하물며 옛날에 북돋워 심어 놓은 은택이 남아 있음에랴.

대저 풀 한 포기와 나무 한 그루도 오히려 사람들에게 사랑을 받으니, 예를 들면 직산稷山의 연蓮과 순안順安의 밤에서 성인의 교화가 사물에 입혀지지 않음이 없음을 알 수가 있다."

정조는 사도세자와 인연이 있는 인물들에 대해서도 보답을 하고 그를 기렸다. 그러한 행동이 백성들에게 사도세자에 대한 이미지를 호의적으로 만들 수 있기 때문이기도 하고, 효심의 자연스러운 발로이기도 했다.

1791년(정조 15) 7월 중순, 도성에는 흐트러진 머리에 더러운 얼굴로 문밖으로는 일절 나가지 않고 노파에게 의지해 사는 한 여인의 이야기가 정조에게 전해졌다. 그 노파는 과거 궁궐에서 일하던 궁인宮人이었고, 함께 사는 여인은 사도세자를 모셨다는 소문까지 있었다.

정조는 이야기가 사실인지 궁금했다. 그래서 신하를 보내 이 여인들의 삶을 알아보게 했다. 노파는 실제로 영조 재위 시에 궁중에서 일하던 궁녀였다. 함께 사는 괴이한 여인은 노파의 조카인 이씨李氏로, 역시 궁인이었다. 노파를 따라 10세에 궁중으로 들어간 이씨는 1760년(영조 36) 15세 나이에 사도세자의 승은을 입게 된다. 하지만 사도세자와 얽힌 여러 루머 때문에 노파와 궁 밖으로 나와 소천어동(현 서울 종로구 경운동)에 살게 됐다.

그런데 1762년(영조 38)에 사도세자가 뒤주에 갇혀 죽자 이씨는 자신도 죽기로 작정하고 폐인의 삶을 살기 시작한다. 세수도 하지 않고, 빗질도 하지 않았으며, 대소변도 방 안에서 해결하면서 문 밖으로 나오지 않은 것이다. 그녀는 이런 삶을 무려 30년 가까이 지속했다. 사도세자와의 짧은 인연을 지키기 위해 평생을 수절하고 세상과 담을 쌓은 것이다.

정조는 이 이야기에 감동받고 신하들과 협의해 궁녀였던 이씨에게 '수칙' 守則이란 작위와 '정렬'貞烈이란 칭호를 내리고, 경제적 지원과 함께 그녀의 집에 '수칙이씨지가'守則李氏之家라는 편액을 달게 했다. 아버지에 대한 효를 이렇게 보여준 것이다.

정조는 1795년 혜경궁 홍씨의 회갑잔치를 계기로 일반 백성의 교화에 본격적인 관심을 기울였다. 《오륜행실도》五倫行實圖는 정조의 이런 관심의 구체적인 성과 중 하나이다. 《오륜행실도》는 효자, 충신, 열녀의 행적을 기록한 《삼강행실도》三綱行實圖와 연장자와 연하자의 처신과 벗의 사귐에 모범이 될 만한 47인을 골라 그 행적을 기록하고 그림과 찬贊을 넣어 《삼강행실도》에서 미비한 부분을 채워 넣은 《이륜행실도》二倫行實圖가 그것이다. 《이륜행실도》는 형제와 붕우朋友 등 2부로 나뉘어 있으며 종족과 사생師生이 각각 부록으로 첨부되어 있다.

화和가 연장자가 연소자에게, 윗사람이 아랫사람에게 베풀어야 할 덕목이라면, 경敬은 연소자가 연장자에게, 아랫사람이 윗사람에게 실천해야 할 덕목이다. 《오륜행실도》는 상하질서의 유지를 목적으로 하니 당연히 경敬의 실천이 중심이 된다. 그렇지만 이에 조응하여 정조는 화和의 정치를 구현할 때에만 비로소 요순의 가르침이 실천되고 삼대의 이상정치가 이뤄질 것임을 강조한 것이다.

한편 정조는 어머니인 혜경궁 홍씨의 회갑잔치를 열면서 신민들과 그 기쁨을 함께하기 위해 양로연을 개최하고 효행이 뛰어난 사람을 표창했는데, 이는 막상 자신이 다스린 시대를 뒤돌아보니 역사에 기록할 만한 공적도 없고 민간의 풍속도 쇄신되지 않고 있음을 인식한 것이다. 특히 당대의 사회분위기가 안일과 방종으로 흐르고 어버이를 섬기고 연장자를 공경하는 기본윤리가 제대로 실천되지 않음을 안타깝게 생각했다.

이는 정조로 하여금 윤리의 실천이란 사회질서를 유지하는 수단이 될 뿐만 아니라 국가기강을 굳건히 하는 문제임을 인식하게 하는 계기가 된 것으로 보인다. 이에 정조는 1797년이란 시점을 흐트러진 사회 분위기를 바로 잡고 국가기강을 확립할 수 있는 기회로 삼고자 했다. 이에 대한 정조의 윤음을 보면 구구절절 백성을 교화하려는 정조의 의지를 확인할 수 있다. 정조는 《소학》과 《오륜행실도》 그리고 향음주례와 향약의 중요성을 매우 강조하고 있다. 정조는 《소학》이 초학자들에게 학문의 기본을 갖추고 인간의 기본 도덕을 터득하게 한다는 점을 강조했는데, 이는 정조 역시 어린 시절 할아버지인 영조의 가르침으로 《소학》을 익혔으며, 이를 바탕으로 학문을 연마할 수 있었다고 생각한 때문으로 보인다.

정조는 유교의 이상적인 사회를 건설하기 위해 효에 대한 교육을 《오륜행실도》五倫行實圖나 《향례합편》鄕禮合編 또는 《소학》小學 등을 간행 보급하는 것으로 이를 구체화했음을 볼 수 있다. 이는 효를 통해 궁극적으로는 소외된 백성들을 화합하게 하여 고루 잘 살게 하려는 정조의 깊은 뜻이 담겨 있는 것으로 볼 수 있다. 군주가 백성에 대해 지속적으로 관심을 갖게 되면 결국 자신과 백성의 관계는 물론 천지만물까지도 저절로 하나로 이어질 수 있다는 것을 정조는 누구보다 잘 인식한 결과라 할 수 있다.

정조 효사상 실천의 백미는 사도세자를 위한 지극한 효성과 어머니 혜경궁 홍씨에 대한 진찬례進饌禮이다. 1795년의 정조의 화성 행차는 많은 반대와 우여곡절을 거쳐 완성단계에 있는 화성을 최종적으로 점검하는 계기이자, 화성 성역이 상징하는 여러 가지 정치적 의미를 확인하고 집권 후반기의 개혁정국을 알리는 시위였다.

재계齋戒하는 날 각신閣臣에게 하교하기를, "요사이 자궁慈宮을 기쁘게 해 드리기 위해서 《시경》에서 100편篇을 발췌하여 《모시백선》毛詩百選이라고 이름 짓고 경들로 하여금 분담하여 언해로 번역해서 올리게 했다. 옛날에 김만중金

萬重은 하룻밤 사이에 《구운몽》九雲夢을 지어 자신의 어머니에게 바쳤는데, 더구나 나의 경우에는 뜻을 봉양할 수 있는 길이 오직 여기에 있으니, 경들은 게을리 말고 힘쓰도록 하라."

정조는 백성이 부모에게 효도하고 어른을 공경함으로써 향촌사회의 상하 질서를 유지할 수 있고, 그 안정화를 통해 국가기강을 확립할 수 있다고 생각했다.

그 구체적인 결과물이 바로 백성 교화를 위한 교재로 편찬한 《향례합편》鄕禮合編의 간행이다. 이 《향례합편》은 신도시 화성 52개 면을 포함하여 전국에 배포, 혜경궁 홍씨의 회갑연 이후 효행과 양로, 향음주례, 향약의 실천을 통해 유교윤리에 입각한 이상적인 유교정치를 구현하려는 데 그 목표를 둔 것이었다.

정조는 재위 21년(1797) 정월 초하루에 양로養老 무농務農의 윤음을 전국에 반포, 국가적인 차원에서 정치, 사회적으로 효사상을 고취했다. 《일성록》日省錄과 《홍재전서》弘齋全書에 수록된 '양로무농반행소학오륜행실향음의식향약조례윤음'養老務農頒行小學五倫行實鄕飲儀式鄕約條例綸音이 바로 그것인데, 정조는 여기에서 국왕의 의도를 이렇게 밝히고 있다.

……내가 하늘의 복을 받아 자궁慈宮(혜경궁 홍씨)의 회갑을 맞이했으니, 전국의 신민과 그 즐거움을 함께할 것을 기약하며 노인을 높이고 효행을 널리 알리는 전례에 최선을 다했다.…… 어버이를 공경하는 자는 다른 사람을 함부로 대하지 않으니 그 공경함을 넓히고 근본을 따르기 때문이다.

정조는 이렇게 선친인 사도세자와 어머니인 혜경궁 홍씨에 대해 극진한 효성을 다한 군주였다. 특히 비운에 간 사도세자를 추존하기 위해 묘를 화성으로 옮기고 현륭원이라 이름 붙이는가 하면 13차례에 걸쳐 선친의 묘소를 찾았다. 또한 그는 재위 24년간 66회나 경기도 일원에 산재한 왕릉을 찾아 나섰다.

정조가 이처럼 적극적으로 대민접촉을 시도한 것은 왕세손으로서 영조의 국정운영을 보좌하면서 일찍이 그 중요성을 깨달았기 때문이었다. 그는 왕세손으로서 1765년(영조 41) 명릉 배알 때부터 영조를 수행하기 시작하면서 관료들의 중간 왜곡 없이 직접 백성들의 말을 들으려 했다. 이는 임금과 백성 사이에서 국왕의 덕의를 왜곡하고 중간에 소멸시켜버리는 '탐오하고 교활한 관리들'을 제거해야만 성왕의 정치가 이루어질 수 있다는 그의 정치관에서 비롯되었다.

정조는 효의 개인적 기능인 자신과 부모에 대한 효행을 넘어 사회로 더 나아가 정치로까지 확대했다는 점에서 단순한 효로만 바라볼 수 없을 만큼 효에 대한 확고한 정신을 가지고 정치를 했음을 볼 수 있다. 선친을 추존하고 능침천봉과 화성건설 그리고 화성행궁에서의 진찬례 등 정조의 행위 하나하나가 당대 백성들에 대해 모범을 보이는 것으로, 교화의 중심이요, 주체였다. 이것은 그의 효사상이 가족제도를 비롯하여 정치제도에 이르기까지 하나의 대동사회를 추구하는 정조대왕의 이상정치를 실현하기 위한 과정이었음을 알 수 있는 부분이다.

현대사회를 살아가는 오늘의 우리는 과연 효를 어떻게 생각하고 있는가? 과연 나는 부모에게 효를 하고 있는 것인가? 지금의 효는 과거의 효도와는 차원이 다르지만, 그럼에도 효의 본질은 벗어나지 않는다. 부모에게 효를 다하지 않는 이들이 어찌 사회에서 올바른 일을 수행할 수 있겠는가?

진정한 리더가 되기 위해서는 반드시 부모를 생각하는 효성스런 마음을 가져야 한다. 만약 이러한 마음이 없다면 노력과 훈련을 통해서라도 익혀야한다. 효를 훈련을 통해서 익힌다는 것을 슬프다고 생각할 필요는 없다. 그것이 시대적 흐름이기 때문이다. 다만 리더가 되기 위해서는 반드시 부모에게 하는 개인적인 효의 실천과 많은 노인들을 공경하는 사회적 효의 모범을 보여야 한다.

31

자신을 따른 이들을
끝까지 보호하다

혼자만의 힘으로 세상의 중심인물이 되는 것은 쉬운 일이 아니다. 그를 인정하고 보좌하는 이들이 있기 때문에 가능한 일이다. 숱한 역경과 어려운 처지를 극복하려는 자신의 뜻과 함께하는 이들이 없다면 절대 리더가 될 수 없다.

우리는 이러한 일을 역사에서 확인할 수 있다. 그런데 의외로 세상을 이끌어가는 리더가 된 후 자신의 능력만으로 현재의 위치에 올라섰다고 착각하는 이들이 상당수다. 그들은 자신을 위해 기꺼이 목숨을 바치면서 충성한 이들을 헌신짝 버리듯 내던진다. 유방이 한신과 팽월을 내버렸듯이 제왕이 된 자들은 자신과 함께한 이들을 버렸다.

그러나 그런 리더들은 일시적으로는 권력과 지위를 유지할 수 있으나 절대 역사가 인정하지 않는다. 조직을 잘 이끌어가기 위해서는 자신과 대업을 함께 도모한 이들에 대한 예우와 동지애를 일관되게 보여주어야 한다. 그래야만 그 리더를 믿고 따라갈 수 있기 때문이다.

정조는 자신을 위해 목숨을 걸고 정권 창출을 한 인물들과 평생을 함께 지냈다. 동덕회同德會라는 모임을 만들어 단 한 해도 거르지 않고 그들과 우의를 나누었다. 그 많은 업무를 챙기고 국정을 운영하는 정조였지만 한 해에 단 하루만큼은 옛 동지들과 함께 술을 마시고 시를 쓰고 노래를 부르면서 보냈다. 그러니 국왕과 하루 종일 함께한 이들의 충성심이 얼마나 깊어졌겠는가? 우리는 정조의 이 같은 배려와 우정을 되새길 필요가 있다.

사도세자가 죽은 이후 영조는 손자인 정조를 동궁으로 책봉했다. 그리고 자신이 종로를 행차할 때면 세손인 정조를 데리고 다니며 그의 위상을 높여주었다. 아마도 손자에게 국정운영을 위해 백성들의 삶을 보여주고자 하는 의도도 있었겠지만 실제로는 신하들에게 동궁인 세손의 위상을 확인시켜주기 위함이었을 것이다.

정조는 동궁으로 있는 동안 많은 고초를 겪었다. 그가 국왕이 되고 만든 《명의록》明義錄을 보면 기가 찰 노릇이다. 장차 영조의 뒤를 이어 조선의 국왕이 될 왕세손이 밤에 잠을 잘 때 갑옷을 입고 잠을 잔다거나, 궁녀와 환관들이 수시로 염탐을 하는 바람에 잠을 이룰 수가 없었다는 내용을 보면 이게 정말 가능한가 하는 생각이 든다. 자객의 살해 위협 때문에 잠자리에서도 갑옷을 입었다니! 흡사 대통령이 청와대 관저에서 자객의 위협 때문에 방탄복을 입고 잠을 잔다는 것과 하나도 다르지 않다.

여기에 팔자흉언으로 정조의 정통성에 시비를 걸었고, 영조의 두 번째 왕비인 정순왕후 김씨의 오라버니인 김귀주는 영조에게 왕비에게 양자를 들이자는 이야기를 서슴없이 꺼내기도 했다. 만약 정순왕후가 양자를 들인다면 그 양자가 왕세자가 될 것이고, 영조가 죽게 되면 그 왕세자가 왕위를 이을 것이었다.

영조는 이 같은 이야기를 모두 물리치고 오로지 손자를 새로운 국왕으로 만들고자 했다. 81세가 된 영조는 자신의 건강이 점점 더 안 좋아진다는 것을 스스로가 잘 알고 있었다. 밀레니엄 시대인 지금 21세기에도 80세가 넘으면 고령으로 인정하고 있는데, 과거 200여 년 전에 80세가 넘는다는 것은 정말이지 엄청난 고령이었다.

영조의 타고난 건강상태가 아무리 좋다고 하여도 나이는 속일 수가 없었다. 스스로가 판단력이 자꾸 흐려진다고 생각한 영조는 1775년(영조 51) 10월부터 세손에게 대리청정을 시키겠다는 이야기를 하기 시작했다. 그러나 노론 세력들은 영조의 대리청정을 적극적으로 반대했다.

좌의정인 홍인한의 "아직 전하가 80세밖에 되지 않았다."는 말은 그저 기가 막힐 뿐이다. 영조의 막내딸인 화완옹주와 그의 양아들인 정후겸이 홍인한 등과 함께 궁중의 안과 밖에서 영조의 명령을 거부하게 만드는 일을 했다. 사도세자를 죽인 핵심 세력들이 정조가 국왕이 되는 것을 막기 위해 공작을 시작한 것이다. 영조가 처음 대리청정을 이야기한 날은 10월 7일이었는데 이날의 하교 역시 교묘하게 틀어버려 없던 일로 만들어버렸다. 참으로 무서운 사람들이었다.

이처럼 홍인한 등 사도세자를 죽인 세력들이 정조의 대리청정을 적극적으로 막았다. 조금 더 강력하게 자신의 생각을 밀고 나가야 하는데 영조는 뜻은 있으나 반대가 심해 제대로 추진하지 못했다. 그러다가 11월 20일에 영조는 굳게 결심을 하고 손자인 정조에게 대리청정을 지시했다.

이날 영조는 긴요하지 않은 공사公事를 동궁에게 처리하라는 대리청정의 명령을 계속 내렸는데, 영조가 하교하면 홍인한 등이 계속 흉계를 만들어 이를 못하게 했다. 영조는 이날 세손에게 조정의 관료들이 어떤 당파의 소속인지 정확히 알아야 한다고 했다. 그리고 이조판서와 병조판서가 누구인지도 알아야 한다고 했다. 여기에 더해 조정의 논의를 알아야 국정을 운영할 수 있다고 했다. 이는 너무도 당연한 것이다.

장차 나라를 운영할 국왕이 문관 인사를 담당할 이조판서와 무관 인사를 담당할 병조판서를 정확히 알아야 하고, 관료들 중 누가 남인이고, 누가 소론이고, 누가 노론인지 알아야 인사를 하고 정책 조율을 할 수 있다. 여기에 더해 조정에서 논의되는 중요한 정책을 알아야만 국정을 지휘할 수 있지 않겠는가?

그런데 영의정 한익모는 자신들이 영조를 보필하고 있으니 대리청정은 필요가 없다는 식으로 이야기하고, 홍인한은 영조에게 세손은 전하가 말한 3가지를 모두 알 필요가 없다고 했다. 소위 '삼불필지설'三不必知說이라는 것이다.

동궁은 이조판서와 병조판서가 누가 되는지 알 필요가 없고, 당파도 알 필요가 없고, 조정의 논의도 알 필요가 없다는 것이다. 다시 말해 조정의 대소사와 관리들에 대한 인사권, 국방에 대한 모든 문제에 일절 관여하지 말고 그저 조정의 대신들이 하는 대로 따르기만 하라는 이야기였다. 이는 곧 국가의 주인이 국왕이 아닌 신하인 자신들이라는 이야기였다.

이게 도대체 신하들이 할 말인가? 이는 동궁인 정조만을 능멸하는 것이 아니라 임금인 영조도 능멸하는 것이었다. 이와 같은 신하들의 강경한 반대로 정조의 대리청정은 이루어지지 못했다.

문제는 단순히 대리청정이 이루어지지 않은 것만이 아니라 이를 영조가 기억하지 못한다는 것이었다. 영조에게 약간의 치매기가 있었던 것인지 노령화되어 기억을 잘 못한 것인지 이렇게 엄청나게 국왕에게 무례를 범한 홍인한에게 어떠한 죄도 주지 않고 대리청정의 명령도 제대로 이행되지 않았다. 국왕의 명령을 받아 대리청정의 하교를 공식화 해야 하는 승정원에서도 하교 명령서를 작성하지 않았다.

이는 명백한 반역 행위였다. 그러나 영조는 이미 정신이 나간 국왕이었고 사도세자를 죽인 노론 벽파 세력들은 왕권을 뛰어 넘는 강력한 힘을 가지고 있었기에 두려울 것이 없었다. 그대로 나간다면 정조의 국왕 등극은 이루어질 수 없을 수도 있었다.

사태의 심각성을 느낀 정조의 최측근 홍국영은 이를 타개할 방법을 찾았다. 홍인한을 탄핵하여 영조의 마음을 다시 대리청정으로 돌릴 인물을 찾았다. 그러나 쉽지 않았다. 결국 홍국영은 동궁 정조의 궁료들을 결집시켰다. 정조를 가르치기 위한 시강원의 강사들이 정조의 옆에 있을 뿐 나머지는 모두 정조의 반대 세력들이었다.

홍국영은 동궁시강원의 사부로 있던 김종수, 정민시, 이진형과 뜻을 같이 하기로 했다. 그리고 이들과 논의하여 소론의 핵심 인물인 서명선에게 홍인한의 탄핵 상소를 부탁했다. 서명선은 강직한 인물이었다. 서명선의 친형이 서명응으로 서명응의 아들 서호수도 후에 뛰어난 실학자였고, 서호수의 아들이 서유본과 서유구였다. 《임원경제지》를 완성한 대표적인 실학자 서유구가 서명응의 손자였다.

서명응은 사도세자의 동궁시강원의 사부였다. 그래서 서명응과 서명선은 사도세자 죽음에 깊은 슬픔을 가진 인물들이었다. 서명응이 동궁시강원 강사로 있을 때 사도세자가 공부를 하지 않는다고 영조에게 이야기를 해서 사도세자가 질책을 받기도 했다. 서명응은 자신의 발언 때문에 사도세자가 죽게 된 것이 아닌가 하는 마음의 빚을 가지고 있었다. 그러니 그의 동생 서명선이 형의 빚을 청산하고 사도세자를 죽인 노론 세력들을 청산하며 정조의 대리청정과 향후 국왕 등극을 위해 영조에게 홍인한을 탄핵하는 상소를 올렸다.

영조가 말한 동궁이 알아야 할 세 가지에 대해 홍인한이 알 필요가 없다고 했으니 이는 역적질에 해당되는 것이라고 했다. 이날이 바로 1775년 12월 3일이었다. 장차 만들어질 동덕회 모임의 날이었다.

문제는 영조가 한 달 전에 있었던 당시의 일을 제대로 기억하지 못한다는 것이었다. 그날 정조가 영조의 옆에 시좌하고 있었음에도 영조는 정조가 자신의 옆에 있었는지도 기억을 못했다. 그러니 서명선의 상소가 제대로 먹힐 상황이 아니었다.

서명선은 차분하게 당시의 상황을 설명했다. 영조는 기억이 나지 않았기 때문에 창경궁 집경당에 있는 정승과 판서들에게 당시의 일을 설명하라고 했다. 그러나 노론 대신들이 이를 제대로 이야기할 리가 없었다. 그 와중에 현장에 있던 이은이 제대로 된 이야기를 하고, 그날 통분하여 영조에게 홍인한의 잘못을 상소하려 했던 정조의 상소문이 공개되면서 영조는 서명선의 말을 믿게 되었고 홍인한에게 죄를 주라고 했다.

이날 상소가 있은 지 4일 뒤에 영조는 정조에게 대리청정을 공식적으로 지시했고, 3일 뒤인 12월 10일에 대리청정을 하여 공식적으로 국가운영을 했다. 이후 4개월 뒤인 1776년 3월 10일, 정조는 영조의 뒤를 이어 경희궁 숭정전에서 조선의 국왕이 되었다.

정조는 국왕이 된 후 12월 3일이 되면 자신을 국왕으로 만들기 위해 목숨을 걸고 행동한 홍국영, 서명선, 김종수, 정민시, 이진형과 동덕회라는 모임을 만들어 함께 즐겼다. 그리고 이들에게 영원히 보호해주겠다는 약속을 했다. 그것이 바로 '보종시'保終始였다. 어떠한 일을 하여도 절대 사약을 내려 죽이지 않겠다는 약속이었다. 실제 홍국영이 즉위 4년 뒤 오만방자하고 왕비 시해를 기도하는 역모를 꾀했지만 정조는 그를 강릉으로 유배를 보냈을 뿐 사형언도를 내리지 않았다.

정조는 동덕회란 이름을 만든 이유를 이렇게 이야기했다.

"모임의 명칭을 왜 동덕同德이라고 했는가? 우리의 모임이 좋은 모임임을 표시하기 위해서였다. 우리 동덕회의 여러 군자君子들은 다들 나와 함께 위험을 무릅쓰고 위기를 겪으면서 오늘까지 살아온 이들로서, 이 모임이 훈전薰殿에서 노래를 주고받고 남궁南宮에서 술 잔치하던 그 아름답고 훌륭했던 모임과 즐거움 면에서는 같지만 그 사정은 다르다. 전날의 그 어려웠던 일들을 늘 생각하면서 우리 동덕同德의 뜻을 세상에 알리자면 문자로 기록하여 오래도록 전해질 수 있도록 도모하지 않아서야 될 일인가."

정조는 동덕회의 회원들이 죽는 날까지 그들에게 우의寓意를 보냈다. 서명선은 소론의 영수이고, 김종수는 노론의 영수였다. 비록 채제공이 동덕회 멤버는 아니었지만 정조는 동덕회 회원들을 중심으로 탕평정국을 이끌었다. 자신의 국왕 등극에 절대적인 힘을 준 이들에게 끝까지 의리를 보여주었기에 이들도 정조에게 끝까지 의리를 보인 것이다.

정조는 동덕회 모임 날 시를 지어 회원들에게 들려주었다.

하늘 문에 구름 해치는 저녁이요閶闔排雲夕
함지에 해 떠받드는 가을이로다咸池擎日秋
백년을 이 모임 길이 한다면百年長是會
덕을 함께하고 복도 함께하리라同德又同休

여기에 더해 정조는 이런 모임을 만들고 즐기는 것은 위태로웠던 시절을 잊지 않기 위함이라고 했다. 다시 말하자면 초심을 잃지 않기 위해서라는 것이다.

이 나라의 리더들에게 제일 문제가 되는 것이 바로 초심을 잃는 것이다.

초심을 잃지 않고 조직을 탄탄하게 이끌어가기 위해서는 반드시 처음에 함께한 이들을 배려하고 그들과의 우정을 변치 말아야 할 것이다.

32

사랑하는 여인에게
최선을 다하다

평생 한 사람을 온전히 사랑해 본 적이 있는가? 요즘 시대에 한 사람을 온전히 사랑한다는 것은 너무 고전적인 이야기 같지만 그래도 한 사람을 평생 온전히 사랑하고 기억하는 것은 아름다운 것이다. 요즘 사람들이 너무 쉽게 사랑을 하고 또 너무 쉽게 헤어지기 때문에 사랑이라는 것이 실제 존재하는지도 잘 모르겠지만 그래도 사랑을 온전히 하는 사람들은 누구에게라도 존중을 받는다.

이 사회의 리더라면 무조건 한 사람을 온전히 사랑해야만 한다고 할 수는 없겠지만 그러한 진정성을 갖고 있는 것은 중요하다. 그런 인물들을 우리는 매우 귀하게 보기 때문이다.

정조에게는 사랑하는 여인이 있었다. 그 여인을 진정으로 사랑했고, 죽은 이후에도 그녀를 그리워했다. 그래서 그녀의 일대기가 담긴 '묘지명'墓誌銘을 정조가 직접 썼다. 아마도 조선 역사상 여인의 묘지명을 쓴 국왕은 정조가 유일할 것이다. 그러나 안타깝게도 정조가 쓴 그녀의 묘지명은 정조의 문집인 《홍재전서》에 수록되지 않았다. 정조가 죽고 나서 문집인 《홍재전서》를 편집할 때 여인에 대한 글이라고 해서 빼버린 것 같다. 그러나 이 묘지명은 국왕의 '어제 어필'이기 때문에 보존되었고 현재 한국학중앙연구원 장서각에 보존되어 있다. 이 여인이 바로 정조의 후궁 '의빈 성씨'宜嬪成氏이다.

정조와 의빈 성씨의 러브스토리는 마치 소설과도 같다. 동궁으로 있던 정조가 일개 궁녀에게 청혼을 했을 때 1차 거절을 당했고, 국왕이 되어서 다시 후궁이 되어 달라고 요청했을 때 다시 거절당하고 마침내 세 번째 청혼을 했을 때 승낙을 받아 부부의 인연을 맺었으니 이게 어찌 가능한 일이겠는가? 일개 궁녀가 국왕의 승은을 거절했다는 기록은 고금을 통틀어 의빈 성씨밖에 없을 것이다.

사실 정조는 그의 문집에 나온 기록대로 여인을 가까이 하지 않고 깊이 사랑하지 않았다. 국왕으로서 해야 할 일이 태산같이 많았기 때문에 여인과 사랑을 나눌 시간이 없었기 때문이다. 그럼에도 정조는 이 여인만큼은 진심을 다해 사랑했다. 그만큼 이 여인이 정조에게 특별했기 때문이다.

의빈 성씨가 궁으로 들어온 것은 열 살 때인 1762년(영조 35)이다. 이 해는 임오년으로 정조가 효의왕후와 1월에 혼인을 하고 윤5월에 사도세자가 죽은 때이다. 임오년에 정조가 11살이었으니 의빈보다는 한 살이 더 많은 나이였다. 의빈은 본래 정조의 외조부인 홍봉한 가문 청지기 성윤우의 딸인데, 의빈이 1762년에 혜경궁 홍씨 처소 궁녀로 입궁했다고 한다. 아마도 사도세자가 죽고 혜경궁이 외롭게 지내기 때문에 친정 집안에서 착하고 총명한 아이를 보내준 것이 아닌가 한다.

정조의 묘지명에 의하면 의빈은 태어나면서부터 맑고 총명하여 생후 만 1년이 갓 되자 능히 이름을 구별할 줄 알고, 단정한 태도와 자세를 수양하고, 맑고 올곧고, 더욱 상서로이 화기로우며 온화했다고 한다. 보통 왕실에서 죽은 이에 대해 의례적으로 좋은 점을 쓰기는 하지만 이 내용으로 보면 총명한 여인이었음은 분명한 것 같다. 이렇게 보자면 정조는 외모보다는 내면의 아름다움과 총명한 여인을 좋아했던 것 같다.

의빈(성나인)이 하도 기품이 있어 궁중의 외척들이나 궁내부 사람들은 모두 그녀를 명문거족의 딸인 줄 알았다고 한다. 특히 의빈은 자신을 낮추고 남을 높이며 분별력이 뛰어나 많은 사람들을 놀라게 했다.

두 사람의 만남은 의빈이 처음 궁에 들어온 임오년부터는 아니었을 것이다. 이해 윤5월에 사도세자가 죽고 정조는 영조를 따라서 경희궁으로 가서 3년 동안 있었기 때문에 최소 3년은 보지 못했을 것이다. 그러다가 다시 창덕궁으로 14살에 돌아왔기에 아마도 이때 만났을 것이다.

혜경궁 홍씨는 어린 의빈이 아주 마음에 들었는지, 의빈을 곁에 두고 친히 길렀다고 한다. 어머니가 친히 기르는 궁녀였으니, 정조도 경희궁에서 돌아와 어머니의 침전에 문안인사를 다니다가 얼굴을 보았을 것이다.

1년 가까이 의빈의 얼굴을 본 15세의 정조는 마음이 가서 그녀에게 승은承恩을 내리려 했다. 그러나 의빈은 아직 효의왕후가 귀한 아이를 낳고 기르지 못했다고 눈물을 흘리고 울면서 죽음을 맹세하고 정조의 명을 따르지 않았다.

참으로 있을 수 없는 일이었다. 동궁이 승은을 내리겠다고 하며 후궁이 되라고 하면 기쁘게 받아들였어야 하는데, 일개 궁녀가 세손빈의 처지를 생각하여 승은을 거부한 것은 참으로 놀라웠다.

세손빈인 효의왕후는 11살에 처음 국혼을 하고 나서 심한 병에 걸려 아이를 낳을 수 없는 허약한 몸이 되었다. 물론 이때만 하더라도 정조로서는 이런 사실을 제대로 알지 못했겠지만 세손빈인 효의왕후보다 궁녀인 의빈에게 마음을 둔 것은 사실이다. 사실 여기서 놀라운 것은 정조다. 동궁의 신분으로 궁녀가 거절을 한다 해도 충분히 힘으로 후궁으로 삼을 수 있었을 텐데 정조는 의빈의 의사를 존중해주었기 때문이다. 힘없는 여인의 의사를 존중해주는 정조, 이 얼마나 멋진 사람인가!

정조는 국왕이 된 5년 후 1781년(정조 5) 후궁을 간택하기로 하고 다시 의빈에게 후궁이 되어 달라고 요청했다. 효의왕후는 이미 건강상의 이유로 아이를 가질 수 없는 석녀石女로 의관들이 진단을 했다. 그래서 대비인 정순왕후의 명령으로 즉위 1년 후 후궁을 간택하게 했는데, 이때 들어온 후궁이 홍국영의 여동생 원빈 홍씨였다. 그러나 원빈은 건강이 좋지 않아 1년도 못되어 죽고, 이후 판관 윤창연의 딸인 화빈 윤씨가 후궁이 되었으나 정조의 혈통을 잇는 왕자를 갖지 못했다.

이때 정조는 늘 마음에 두고 있던 의빈에게 다시 후궁이 되어 달라고 요청했다. 그러나 의빈은 또다시 거절했다. 참으로 놀라운 일이다. 이때도 역시 효의왕후가 있는데 어찌 후궁이 되겠느냐는 것이었다. 두 번 청혼을 거절당한 정조는 한 번 더 청혼을 했고 마침내 의빈은 정조의 뜻을 받아들여 후궁이 되었다. 정조가 처음 청혼한 지 15년 만에 이루어진 결실이었다.

의빈은 정조와 합방을 하고 난 후 바로 임신을 하여 다음해 9월에 문효세자를 낳았다. 이때 정조는 드디어 아버지가 되었다는 이야기를 하며 너무도 기뻐했다. 원자를 낳았으니 교만해질 수도 있는데 의빈은 전혀 그런 모습을 보이지 않고 더욱 왕비를 존중하여 온 마음을 다하여 예를 갖추고 존경하며 섬겼다. 의빈은 정조와 잠자리를 할 때마다 "이제부터 국사國事를 의탁할 데가 있지만 위로 내전이 있고 또 후궁이 있습니다."라며 정조에게 왕비와 다른 후궁에게 마음을 다해 사랑해주라고 요청했다.

효의왕후는 의빈이 낳은 문효세자를 자신의 아들처럼 생각하여 따스하게 대했고, 의빈은 "왕세자는 내전(효의왕후)의 아들입니다. 제가 낳았다고 어찌 감히 스스로를 높이겠습니까?"라고 했다. 의빈이 얼마나 검소했는지 궁궐 안의 거처는 겨우 비바람을 가리어 막고, 의복과 음식은 될 수 있는 대로 얼마 되지 않아 변변하지 못하게 했다. 이에 "지금 지체가 높고 귀한 신분은 이미 나에게는 과분합니다. 도리어 스스로를 자랑하고 방자하게 행동한다면 어찌 더욱이 몸에만 재앙이 든다고 할 수 있겠습니까? 동궁이 복을 오래 누릴 수 있도록 생활을 검소하게 하는 것입니다."라고 말했다. 훗날 의빈이 죽어 장례를 치를 때 염을 하기 위하여 비단옷을 찾았는데 단 한 벌도 없었다고 정조가 기록할 정도였다.

의빈은 자신의 가족들에게 지위나 재물을 주지 않았다. 정조에게 청탁도 하지 않았다. 왕세자의 외삼촌이 되면 낮은 벼슬자리라도 충분히 임명될 수 있었지만 의빈은 그것이 올바른 것이 아니라고 생각하여 정조에게 일절 요청하지 않았다. 정조는 이런 자신의 후궁을 더욱 사랑했다.

묘지명의 기록을 보면 두 사람은 특별한 애정놀이를 했다. 총명한 의빈에게 정조는 문자를 가르치고, 수학 문제를 함께 푸는 시간을 보냈다. 문자를 알려주면 빠르게 이해하고, 수학 문제는 쉽게 풀어냈다. 당시 서양에서 들어온 상수학象數學을 학자들이 연구하고 풀어내는 일을 했는데, 정조가 이를 후궁인 의빈과 함께 풀었던 것이다. 참으로 특이한 부부가 아닐 수 없다. 정조는 마음 착하고 총명한 이 여인을 정말 좋아했던 것 같다.

이처럼 서로를 사랑하던 부부에게 청천벽력 같은 일이 벌어졌다. 1786년 4월에 두 사람의 아이인 문효세자가 갑자기 죽었다. 처음에는 홍역으로 죽은 줄 알았는데, 사실은 구선복에 의한 독살이었다. 당시 노론과 구선복은 정조의 후계구도를 끊고 자신들이 내세우는 인물을 세자로 책봉해 후일 그를 국왕으로 만들어 권력을 독점하려고 했다. 그래서 1차로 문효세자를 독살한 것이다.

당시 의빈은 정조의 아이를 다시 임신한 상태였다. 비록 아들의 죽음으로 인하여 엄청난 슬픔이 있었지만 장차 태어날 정조의 아이를 위하여 마음을 다잡고 차분하게 행동했다. 의빈은 주변 사람들에게 "내 몸은 내 몸이 아닙니다. 지금 보는 나라는 위태로움이 머리카락과 같습니다. 다행히 내가 임신했지만 늘어놓고 슬퍼하고 이와 같이 거리낌 없이 마음대로 행동한다면 내가 자연스럽지 못한 것과 같아 나라에 죄를 짓는 것입니다."라고 했다. 참으로 대단한 여인이 아닐 수 없다.

그러나 의빈 역시 죽음의 문턱을 넘고 말았다. 정조는 의빈의 죽음이 단순히 갑작스럽게 찾아온 알 수 없는 병 때문이라고 생각했다. 하지만 2년 후 의빈의 죽음 역시 구선복에 의한 독살임이 밝혀졌다. 당시 의빈의 죽음을 기록한 실록은 사관의 말을 빌려 병이 중하지 않은데 갑자기 죽어 많은 사람들이 무슨 빌미가 있는가 의심했다고 기록하고 있다.

의빈이 해산할 달에 기력이 없어지기에 정조는 매일 의빈이 세수할 때 찾아갔다. 그녀를 사랑했기 때문에 아침마다 만나러 간 것이다. 의빈은 정신이 혼미하여 어지럽고 사지를 움직일 수 없어도 정조를 대할 때면 몸가짐을 조심하고 용모를 단정하게 하고 기운을 내서 응답했다.

그러나 임종하기 전날 저녁에는 정조가 의빈의 침전으로 가자 갑자기 슬퍼하고 한탄하며 눈물을 흘렸다. 이에 정조가 "평상시 나를 볼 때는 근심 어린 얼굴이 아니었는데 오늘은 어찌하여 이와 같은가?"라고 물었다. 의빈이 말하기를 "한 번 죽는 것은 두렵지 않으나 오직 오래도록 지닌 소원은 죽을 고비에 임하여도 아직 왕비전하가 왕자를 얻지 못하여 근심입니다. 그러니 정전에 자주 가시어 대를 이을 아들을 부지런히 구하면 경사가 있을 것이니, 장차 제가 땅속에서도 즐거워하고 기뻐할 것입니다."라고 했다. 그리고 하루가 지나지 않아 의빈이 34살의 나이로 세상을 떴다. 죽는 순간까지도 정조와 왕비를 생각하고 대를 이어 조선의 왕실이 이어지기를 소망한 것이다.

《정조실록》 1786년(정조 11) 9월 14일 기록에 의하면 정조는 의빈의 죽음 이후에 "이제부터 국사를 의탁할 데가 더욱 없게 되었다."라고 했다. 국사란 아들을 낳을 일을 말하는 것인데, 사랑하는 여인을 잃은 슬픔을 정조는 이렇게 표현했다.

정조는 의빈을 위하여 다음과 같은 명銘을 남겼다.

"하늘을 따라 정중하게 행동하고, 말을 하면 사람을 감동하게 했다. 몸은 정중하게 행동하고 입은 극진한 말을 했으나 복록이 은덕에 보답을 받지 못한 것은 아마도 운명인가 보다. 저 고요한 율곡의 언덕은 문효세자가 잠든 곳이니 영원토록 서로를 지켜줄 것이다. 생각하건대 멀고 오랜 세월 동안 배회하며 탄식하고 근심할 것이다."

참으로 아름다운 부부의 슬픈 사랑이야기다. 정조는 의빈을 처음부터 사랑했고, 부부의 인연을 맺은 이후에도 줄곧 사랑했고, 그녀가 죽은 이후에도 자신이 죽는 날까지 의빈을 잊지 않았다. 이런 사랑을 가지고 있었기 때문에 정조는 오늘날까지 더욱 높은 평가를 받는지 모른다.

오늘처럼 사랑이 빠르게 변하는 시대에, 이 땅의 많은 이들이 정조처럼 진정한 사랑을 하기를 바란다. 특히 리더들은 자신과 함께한 모든 이들에 대한 진실한 애정과 우의를 지니고 그들을 존중해야 할 것이다.

33

측근의 실수를
단호하게 처리하다

리더의 삶 중에서 가장 힘든 일이 바로 측근을 내치는 일이다. 자신을 도와 일가를 이루는 데 결정적 도움을 준 사람을 정리하는 일은 결코 쉬운 일이 아니다. 그러나 그 일을 하지 않으면 조직 전체가 무너지고 잘못하면 국가가 망할 수 있다. 그래서 리더는 늘 따스하면서도 차디찬 칼을 마음에 두고 잘못한 측근을 과감히 끊어버려야 한다. 정조는 자신을 국왕으로 만들어준 이들에 대한 지속적인 예우를 하면서도 역모를 꾀한 경우에는 과감히 내치는 결단을 보여주었다.

1779년(정조 3) 9월 28일, 창덕궁 인정전 옥좌에 앉아 있는 정조는 홍국영을 인정전으로 들어오게 하고 지팡이와 나무로 만든 의자를 선물로 주었다. 나이가 불과 31살밖에 되지 않은 젊은이에게 지팡이와 의자를 주는 것은 매우 뜻밖의 일이었다. 지팡이와 의자는 주로 70세가 넘는 정승급의 은퇴 관료에게 주는 것인데, 정조는 이런 선물을 홍국영에게 준 것이다.

그리고 정조는 홍국영에게 더 이상 조정에서 정치적 행위를 하지 말고 집으로 돌아가 편하게 쉬라고 권유했다. 정조의 권유는 사실상 명령이었다. 정조의 이 말로 인하여 천하를 쥐락펴락했던 홍국영은 영원히 조정에서 사라지게 되었다.

정조의 최고 측근인 홍국영은 왜 즉위 4년 만에 몰락하게 된 것일까? 홍국영은 풍산 홍씨라는 명문거족의 후손이었지만 그의 어린 시절은 불우하기 짝이 없었다. 그 이유는 다름 아닌 그의 아버지 홍낙춘洪樂春 때문이었다.

홍낙춘은 풍산 홍씨 집안에서 소문난 천덕꾸러기였다. 그는 다른 낙樂자 돌림의 형제나 인척들과 달리 공부에는 관심이 없고 기생집과 노름판만 전전했다. 그의 친형이었던 홍낙순洪樂純은 일찍이 과거에 급제하여 청요직을 두루 거치고 대사간과 지금의 행정자치부 제2차관인 이조참의에 이르고 있었다. 그나마 다행인 것은 그의 부인이 남편으로 인하여 망가진 집안을 꾸리며 홍국영을 키웠다는 사실이다.

집안에 거의 들어오지 않는 아버지로 인해 홍국영 역시 어린 시절부터 동네 왈패 대장 노릇을 했다. 머리 좋고 담력 있던 홍국영은 글공부에는 관심이 없고 아버지의 핏줄 때문이었는지 노는 데만 관심이 많아 어머니의 속을 썩였다. 그러던 어느 날 이렇게 사고치는 아들을 보느니 차라리 자결을 하겠다는 어머니의 눈물 젖은 호소에 홍국영은 마음을 다잡고 공부를 시작했다.

본격적인 글공부를 시작한 이후 홍국영의 학문이 성장하자 풍산 홍씨 집안에서도 그를 인정하는 분위기였고 자연스럽게 홍낙춘도 아들을 보아서라도 새로운 인생을 찾아보고자 했다. 당시 정승이었던 홍봉한과 판서였던 홍인한에게 의탁하여 작은 벼슬이라도 해볼 생각이었던 것이다. 부친의 벼슬 청탁의 서찰을 들고 홍인한의 집을 찾아갔던 홍국영은 그가 자신의 아버지를 '광인'狂人, 즉 온 나라 전체에 미친놈으로 소문난 인간이란 소리를 듣고 홍인한에게 깊은 원한을 갖게 되었다.

홍국영이 당시 조정의 권력을 한손에 쥐고 있는 홍인한과 정후겸, 김귀주에게 가지 않고 바람 앞의 촛불과도 같은 존재인 세손 정조의 측근이 된 것은 바로 이 사건 때문이었다. 홍인한이 홍국영의 아버지인 홍낙춘과 자신을 무시하지만 않았어도 권력을 추구하던 그가 정조의 편에 서는 일은 결코 일어나지 않았을지도 모른다.

어쨌든 열심히 공부한 덕분에 1771년(영조 48) 정시 문과에 병과로 합격한 그는 승문원부정자를 거쳐 세손시강원의 설서說書가 되었다. 설서란 정7품의 벼슬에 불과하지만 장차 왕위를 이을 동궁을 보호하고 그의 의중을 반영하는 일을 하는 임무로서 국왕의 의중을 받드는 승지의 존재와도 같았다.

정조는 머리가 좋고 민첩한 홍국영을 신뢰했다. 홍국영은 먼저 궁중의 정보를 빠르고 정확하게 얻기 위해 궁녀들을 이중스파이로 만드는 데 주력했다. 궁중의 대부분의 궁녀들은 철저하게 당파가 형성되어 정치적이었다. 그래서 당시 궁중은 정순왕후의 지시를 받아 정조의 일거수일투족을 감시했다. 이때 홍국영은 궁녀들에게 자신의 남성스러운 멋과 온갖 선물을 동원하여 자신에게 정보를 제공하게 했다. 이러한 정보들은 정조를 살리는 기반이 되었다. 그리고 시간이 지나자 세손 정조는 자신을 보호하기 위해서 국왕 영조 주위에서 일어나는 일을 파악하는 것이 가장 중요하다고 판단했다. 그래서 정조는 영조에게 건의하여 홍국영을 춘추관의 사관으로 임명하도록 했다. 홍국영은 귀와 눈을 이용하여 최대한 정보를 수집하고 정조에게 전했다.

1775년(영조 51) 영조는 건강이 악화되어 더 이상 국왕의 지위를 행사하기 어렵다고 판단하여 자신의 사랑하는 손자이자 조선의 백성들을 이끌어

갈 지도자로 판단한 세손에게 대리청정代理聽政을 시키고자 했다. 하지만 정후겸과 홍인한 등은 '삼불필지설'三不必知說을 이야기하면서 세손의 대리청정을 반대했다.

이때 홍국영은 서명선, 정민시 등과 함께 세손의 대리청정을 반대하던 벽파 정후겸, 홍인한, 김귀주 등을 탄핵하여 실각시키고, 1776년 홍상간, 홍인한, 윤양로 등이 세손을 반대, 모해하려는 모역을 적발하여 처형시켰다. 이로써 정조는 대리청정을 하게 되고, 영조의 죽음으로 드디어 국왕의 지위에 오르게 되었다.

정조는 즉위 후 홍국영을 승지로 임명했다. 동부승지에서 승지가 된다는 것은 국가 주요 요직에 있는 것만을 의미하는 것이 아니라 국정운영의 주체로 나아갔다는 것을 의미한다. 승지로 임명된 인물들은 조정의 중요회의에 참석하여 비록 직급은 정승과 판서의 반열이 아니더라도 자신들의 주장을 공개적으로 밝히고 이를 고위 관료들과 토론을 통해 정책을 조율해 나갈 수 있기 때문이었다. 현재도 청와대에 근무하는 비서관과 행정관이 정무직인 장관과 차관보다 더욱 강력하게 대통령에게 영향을 줄 수 있는 것과 비슷하다고 할 수 있다.

승지로 임명된 홍국영은 이제 날개를 펴기 시작했다. 물론 자신을 국왕의 지위로 이끌어준 홍국영에 대한 정조의 배려이기도 했지만 국정운영 전면에 나선 홍국영으로 하여금 아직도 제거하지 못한 정순왕후와 홍인한 등 노론벽파에 대한 일대 전면전을 하도록 하기 위함이었다.

더불어 홍국영 역시 제대로 된 직책을 받음으로써 어린 시절 홍인한으로부터 천대받고 손가락질 받던 모든 과거사를 극복하고 새로운 자신의 시대를 만들고자 했다. 결국 홍국영의 승지 임명은 정조와 홍국영 모두에게 만족스러운 전략이었다. 그런데 재미있는 것은 정조의 하례에 대해 홍국영은 자신은 능력이 모자라는 인간이고 자신에게는 오로지 충성심밖에 없다고 한 것이다. 하지만 이런 말은 얼마나 허구였던가!

홍국영은 정조의 정적들을 하나하나 제거해 나가기 시작했다. 먼저 정후겸을 경원으로 유배 보내고 이어 홍인한을 여산으로 유배 보냈다. 아이러니한 것은 정후겸과 홍인한을 제거하기 위해 정순왕후의 오빠인 김귀주와 연대했다는 사실이다. 당시 정순왕후 때문에 김귀주를 손댈 수 없었기에 일단 그를 이용하면서 화완옹주 계열을 먼저 친 것이다. 그렇다고 해서 그가 김귀주를 그냥 놔두지는 않았다.

1777년(정조 1) 9월 9일 심야에 혜경궁의 환후가 위독하니 모든 관료들은 입궐해 문안드리라는 교서가 내려졌다. 당시 남촌에 살던 김귀주는 황급하게 대궐로 달려왔다. 그러나 그가 승정원에 도착했을 때는 이미 불참자 명단이 통보된 다음이었다. 결국 김귀주는 혜경궁을 위문하지 않았다는 죄목으로 흑산도로 유배되었다. 정조와 홍국영 그리고 혜경궁의 합작품으로 정조가 가장 싫어하는 적을 제거한 것이었다.

국가운영 전면에 나선 홍국영은 도승지와 정조를 시해하고자 하는 경희궁 존현각 침입사건을 극복하고 오히려 정조의 호위부대인 숙위소를 만들어 숙위대장을 겸임하고 아울러 군권의 핵심인 훈련대장까지 맡으면서 오히려 국왕보다 더 강력한 위치를 차지하게 되었다. 권력의 속성상 한번 권력을 잡으면 영원히 잡고 싶고 자그마한 권력을 가지면 더 큰 권력을 갖고 싶은 것이기에 홍국영은 더 큰 권력을 영원토록 잡고 싶었다. 그래서 홍국영은 국왕의 외척이 되어 정조와 더불어 권력을 양분하고 싶었다. 그래서 그는 당시 정조의 왕비였던 효의왕후가 임신이 불가능하여 세자인 국본國本이 태어나지 않아 나라가 위태롭다는 분위기를 조성하여 자신의 여동생을 정조의 후궁으로 들여보냈다. 이 여인이 바로 원빈元嬪 홍씨였다. 정조의 후궁으로 원빈이 들어서자 홍국영의 권세는 사관의 기록처럼 "홍국영의 방자함이 날로 극심하여 온 조정이 감히 그의 뜻을 거스르지 못했다."고 할 정도로 대단했다. 하지만 원빈은 제대로 왕실 생활에 적응하지 못했고 시름시름 앓다 1년 만에 끝내 죽고 말았다. 원빈이 사망하자 홍국영의 눈치를 살피는 예관禮官들이 장례 절차를 왕비의 예법으로 하자고 할 정도로 홍국영의 권세는 하늘을 찔렀다.

원빈의 죽음 이후 홍국영은 정조의 동생인 은언군恩彦君의 아들 담湛을 원빈의 양자로 삼아 완풍군完豊君에 봉하고, 다시 상계군常溪君으로 개봉하여 왕의 후계자로 삼도록 함으로써 세도정권 유지에 급급했다. 완풍군이란 말은 조선 국왕의 본 고향인 전주의 옛 이름인 완산주에서 완을 따고, 풍이란 자신의 본관인 풍산에서 풍을 따온 것이다. 즉 왕실과 자신의 결합이라는 깊은 의미를 담고 있는 것이다. 그리고 이에 더하여 훗날 아직 젊지만 국왕 정조를 국왕의 지위에서 물리고 완풍군을 국왕으로 올려 스스로 나라를 다스리고 싶었던 것이다. 정조는 홍국영의 세도정치를 조용히 지켜보고 있었지만 그의 권력 집착에 대한 수위가 점점 높아짐에 따라 더 이상은 참을 수가 없었다.

마침내 홍국영은 스스로 무덤을 팠다. 그것은 다름 아닌 정조의 왕비인 효의왕후孝懿王后를 독살하고자 한 것이었다. 얼마나 세상에 대한 오만으로 가득했으면 왕비를 살해하고자 했을까?

홍국영은 효의왕후가 원빈을 살해한 것으로 믿고 왕비를 독살하기 위하여 1780년에 독약을 탄 음식을 왕비전에 넣었다가 발각되었다. 정조는 홍국영이 효의왕후를 독살하려다가 발각된 사건에 대해 처음에는 전혀 모르고 있었다. 하지만 홍국영이 아무리 조정의 신하들을 움켜쥐고 있어도 비밀은 영원히 존재할 수 없었다. 홍국영이라고 하는 세도가가 계속해서 정권을 유지해서는 새로운 조선의 개혁이 있을 수 없다고 판단한 사헌부와 사간원의 젊은 관원들은 공개적으로 정조에게 홍국영의 비리를 밝히고 홍국영에 대한 처단을 요구했다. 정조는 거의 까무라칠 지경이었을 것이다. 자신이 사랑하고 아울러 자신의 모든 권력을 넘겨주었던 그가 나라의 국모를 살해하고자 했다는 사실은 놀라움을 넘어 인간에 대한 배반 그 자체였다. 그는 어찌나 분했던지 신하들에게 내리는 하교에 "내 한 번 보고는 머리털이 곤두서고 두 번 보고는 기가 막히어 도저히 마음을 가눌 수가 없었다."라고 토로할 정도였다.

하지만 정조는 홍국영과 지켜야 할 약속이 있었다. 그것은 다름 아닌 즉위 후 동덕회를 만들고 손수 써준 '보종시'保終始라는 약속이었다. 즉 정조는 홍국영을 비롯하여 서명선, 김종수, 정민시 네 사람에 한하여 어떠한 잘못을 저질러도 끝까지 몸을 보호해주겠다는 약속을 했고 이를 지켜야 할 의무가 있다고 판단했다. 이들은 홍인한이 세손의 대리청정을 방해하면서 '삼불필지설'을 이야기할 때 영조에게 홍인한을 탄핵했던 주인공들이었다.

정조의 국왕 등극에 결정적인 역할을 해준 이들이었기에 정조는 홍국영에 대한 '보종시'의 약속을 지키기로 결정했다. 아마도 홍국영은 인간 정조의 이와 같은 품성을 파악하고 자신을 결코 해하지 않을 것이라는 확신 때문에 더욱 거침없이 모반을 꾀했는지도 모른다. 정조는 홍국영에 대한 조정의 온갖 말에 스스로 자신의 허물임을 강조하고 그를 조정에서 내보내고 전리田里로 돌아가게 했다. 아울러 정계와 떨어져 조용히 경제적 어려움 없이 살아갈 수 있도록 정1품 이상 고위관료들의 은퇴 후에 하사하는 직책인 봉조하를 부여함으로써 살아 있는 동안 영예로운 삶을 살도록 했다. 모두들 나이가 많이 들어 관직에서 은퇴하면서 봉조하가 되는 것이 순리인데 조선 역사상 흰 머리카락이 없이 검은 머리카락으로 봉조하가 된 사람은 오직 홍국영밖에 없었다. 그래서 당시 사람들은 홍국영을 '흑두봉조하'黑頭奉朝賀라고 칭하곤 했다.

결국 홍국영은 조정에 복귀하고자 기회를 엿보다가 정조의 명에 의해 강릉으로 유배를 떠났고, 그곳에서 스스로를 다스리지 못하고 화병으로 1781년(정조 5) 33살의 나이로 삶을 마감했다.

정조의 과감한 결단으로 인하여 권력을 농단하는 관료들이 사라지고, 대다수의 관료들은 정조와 함께 개혁을 추진하기 시작했다. 그 결과 정조시대가 오늘날 르네상스 시대로 평가받는 것이다.

정조가 측근의 잘못을 과감하게 처단하였듯이 현대의 리더들도 자신의 측근들의 잘못을 과단성 있게 처리해야 한다. 자신과 여러 인연으로 얽혀 있기 때문에 그들에 대한 면죄부를 주거나 잘못을 덮으려 한다면 조직을 제대로 이끌어 갈 수 없다. 왜냐하면 이것을 용인하는 시대가 아니기 때문이다. 밀레니엄 세대 이후부터 우리 사회는 이전의 20세기와는 완전히 다른 사회로 변해갔다. 90년대생들의 문화는 절대로 잘못한 것을 덮는 이들을 존중하지 않는다. 이제 밀레니엄 세대가 세상의 중심에 설 날도 얼마 남지 않았다. 이들은 90년대생들보다 더욱 투명해질 것이다. 시대의 흐름을 정확히 읽고 측근들의 잘못을 과감히 혁파해 나가야만 21세기에 성공할 수 있다.

34

역대 국왕의 계승자로서
위상을 만들다

북한의 지도자 김정은 국무위원장의 모습은 영락없는 할아버지 김일성 주석의 모습이다. 20대에 아버지 김정일 국방위원장의 죽음으로 북한이라는 특별한 국가의 지도자가 된 김정은은 국민들을 이끌어갈 특별한 기반이 필요했다. 북한의 창업주인 김일성과 같은 이미지를 주는 것이다. 북한 국민들은 일본제국주의에 대항하는 빨치산 투쟁과 이를 통한 해방, 그리고 제국주의 미국으로부터 나라를 지켜낸 김일성에 대해 탁월한 영도력이라 칭송하고 그를 어버이 수령이라고 한다. 자신들에게 있어 어버이와 같은 존재라는 것이다. 이렇게 신격화된 이미지를 갖고 있는 김일성을 그대로 재연하겠다는 것이 김정은의 생각이었을 것이다. 걷는 걸음, 복식과 헤어스타일, 하다못해 담배 피우는 스타일까지 닮았다. 그리고 이는 매우 큰 효과를 얻어 김정은은 북한의 최고 지도자로 다시 태어났다.

역사에서도 이와 같은 일들은 빈번하게 나타난다. 특히 정통성이 취약하거나 힘이 부족할 때 선대를 통해 자신의 이미지를 만들고 이를 통해 권력을 강화하려고 하는 행위는 필요한 일이기도 하다. 조선 후기 군주 숙종은 어린 나이에 국왕이 되면서 자신의 정통성 강화와 왕권 강화를 위해 태조 이성계에 대한 제향을 강화했다. 임진왜란 때 불탄 경복궁에 담을 쌓고 수시로 경복궁 터에 가고, 태조의 건원릉에 참배를 했다. 태조를 계승한다는 모습을 보이고자 한 것이다.

우리 사회의 리더들이 역사적 인물을 내세우며 그 뜻을 계승하겠다고 하는 것도 이와 유사한 일이다. 정조 역시 선대 국왕의 모습을 통해 자신이 국가를 이끌어 갈 국왕이라는 명분을 분명히 만들었다.

정조는 가장 대표적으로 4명의 국왕을 계승한다는 태도를 보였다. 한 명은 중국 왕이고 나머지 3명은 조선의 국왕이다. 중국의 국왕은 바로 하夏·은殷·주周 삼대 시절 대표적인 군왕인 요임금이다. 요순시대라고 표현되는 동양 사회의 가장 이상적인 시대를 만든 임금이 바로 요임금이다.

요임금의 시대는 평화의 시대이고 풍요의 시대이다. 예악이 발전하고 문화가 번창한 시대였다. 그러니 요임금 시대를 중요하게 생각한 것은 너무도 당연했다. 요임금은 학문적으로도 매우 뛰어나서 군사君師이기도 했다. 정조가 임금이자 스승인 군사의 이미지를 만든 것은 철저하게 요임금을 따라서 한 것이다.

정조는 "요堯·순舜·우禹·탕湯·문왕文王·무왕武王·주공周公·공자孔子의 성聖스러움은 내가 감히 바랄 수 없지만, 요·순·우·탕·문왕·무왕·주공·공자의 마음은 내가 감히 놓쳐버릴 수 없다."라고 하면서 중국의 성인들과 같은 군주나 성인이 되고자 했다. 요임금, 순임금, 우임금, 탕임금과 같은 성인군주가 되고 주공이나 공자같이 경전의 최고라 평가받는 주역周易을 완성한 성인聖人이 되고 싶어 했다. 정조가 이와 같은 발언을 하고 역사에 기록된 성인군주들의 행동과 같이 했기 때문에 신하들은 감히 넘볼 수 없는 존재로 인식하기 시작했다. 정조의 요순 이미지화는 성공했던 것이다.

정조는 요임금을 따라서 자신의 이미지만 만든 것이 아니라 도시 건설까지 이어졌다. 그 도시가 바로 수원 화성이다.

"이 부를 '화성'華城이라 이름한 것은 대개 화華 땅의 봉인封人이 축복을 올린 뜻을 붙인 것이다. 원소園所의 주산主山이 곧 화산花山인데, 화花와 화華는 통하고, 부府의 남쪽에 유천柳川이 있으니, 화산유천花山柳川은 그 또한 만화방창萬化方暢한 뜻이다."

정조가 화성이라 이름붙인 "화華 땅의 봉인封人이 축복을 올린 뜻"이란 화봉삼축華封三祝의 고사는 바로 요임금과 관련된 것이다. 요임금이 나라를 다스릴 때 화華나라 사신이 찾아와서 요임금에게 부富, 수壽, 다남자多男子를 축원했다. 이 축원은 쉽게 풀이하자면 요임금이 다스리는 나라의 백성들이 모두 부유해지고, 모두 건강하게 오래 살고, 인구가 번성하여 큰 나라가 되기를 희망했다는 것이다. 요임금은 이러한 나라를 만드는 것이 꿈이기는 하지만 겸손하게 자신은 그런 나라를 만들 능력이 없다고 했다. 그러나 요임금도 화나라 사람이 이야기한 대로 모든 사람들이 부유하고 건강하게 오래 살고 인구가 번성한 나라를 만들고 싶었다. 화나라 사람이 요임금을 찾아갔다는 이 이야기는 '화봉삼축'이란 말로 중국을 비롯한 한자문화권의 모든 나라에 전파되었다. 당연히 조선에도 이 화봉삼축의 고사가 전해졌다. 정조는 화봉삼축의 고사를 따서 모든 백성들이 풍요롭고 건강하게 살아갈 수 있는 나라를 만들기 위해 혁신도시이자 자신의 친위도시를 만들기로 했고, 그 이름을 화성이라고 한 것이다.

정조는 조선의 역대 국왕 3명을 중요하게 생각하고 이들이 한 행동을 따라하거나 그 모습을 계승하고자 했다. 바로 세종, 효종, 영조였다.

정조가 규장각을 만든 것은 세종이 한 집현전과 같은 것이다. 세종이 《농사직설》 등을 통해 농사를 장려했듯이 정조는 해마다 농사윤음을 발표하고 농서를 훈민정음으로 번역했다. 그리고 세종이 중국과 대등한 국가로 만들기 위해 칠정산七政算이란 달력을 만들었듯이 정조도 시헌력時憲曆이란 달력을 만들었다. 정조시대를 문예부흥의 시대라고 하는 것은 바로 세종시대의 문화를 다시 부흥시켰다는 것이다. 정조의 노력은 바로 세종을 잇기 위함이었다. 위대한 세종을 통해 정조는 자신을 세종화시키고 있었던 것이다.

정조는 자신이 《오륜행실도》를 간행한 것이 세종의 《삼강행실도》를 계승하는 것이라고 명확히 이야기했다.

"《삼강행실도》三綱行實圖를 반포한 것은 실로 풍속을 도탑게 하고 시속을 권면하려는 영묘英廟의 성스러운 덕과 큰 뜻에서 나왔는데, 간행한 지 오래된 관계로 판본이 많이 파손되어 민간에 남아 있는 본이 거의 없는 실정이니, 어찌 애석하지 않겠는가. 지금 이 《오륜행실도》五倫行實圖를 간행하여 배포하는 것은 추술追述의 뜻을 붙인 것으로써, 보고 느껴서 본받게 하는 도리에 도움되는 바가 있을 것이다."

《삼강행실도》는 충신, 효자, 열녀의 이야기다. 이는 철저하게 유교적이다. 유교적 덕목인 효와 충을 내세우고 있는 《삼강행실도》를 이어받은 《오륜행실도》를 간행한 것은 세종과 정조 자신이 다르지 않다는 것을 보여주는 것이고, 신하들과 사대부들의 충성을 요구하는 의미이다.

정조는 신하들과 수시로 활을 쏘았다. 정조는 활쏘기를 할 때 역대 국왕의 복장을 하고 나왔다. 선대왕들의 유품을 그대로 사용하면서 자신의 정통성을 확고히 보여주고자 한 것이다. 대구帶鉤는 효종이 사용하던 것을 쓰고, 자립紫笠은 현종이 쓰던 것을 그대로 썼다. 금대錦帶는 숙종이 쓰던 것을 썼고, 협수夾袖는 영조가 사용하던 것을 꼈다. 정조가 차고 있던 패도佩刀 역시 사도세자가 사용하던 것이다. 정조가 이런 유품을 신하들과의 활쏘기에 착용하고 나온 것은 선대 국왕들에 대한 추모의 마음을 담은 것보다 실제로는 역대 국왕의 모든 것들이 자신에게 있다는 선언을 하고자 한 것이다.

정조는 특히 효종을 많이 내세웠다. 영조가 효종을 내세운 것과 다르지 않았다. 영조는 늘 효종의 혈맥이 나에게 있다고 강조했다. 반정을 통해 국왕이 된 인조는 무능력한 국왕이었다. 병자호란을 당해 백성들을 고통 속에 빠뜨린 국왕이었다. 그러니 인조를 계승한다는 소리를 할 수는 없는 일이었다. 효종은 백성들의 한을 풀기 위해 북벌을 추진한 국왕이었기에 조선의 모든 사대부들과 백성은 효종에 대한 애틋함과 존경심이 있었다.

정조는 늘 말을 타고 다녔는데 이는 효종이 북벌을 준비하면서 말을 타고 다닌 것을 계승하기 위함이라고 했다. 정조가 국정을 논하기 위해 창덕궁의 인정전 어좌에 갈 때 어가를 타는 것을 제외하고는 늘 말을 탔는데 이것 역시 효종을 계승하기 위함이라고 했다.

정조의 부친 사도세자 역시 효종을 계승하기 위해 늘 군복을 입고 다니고, 효종이 사용했던 72근의 청룡언월도를 가지고 무예 연습을 했다. 효종, 현종, 숙종인 삼종三宗의 혈맥이 자신에게 있음을 강조하기 위해서였다. 정조 역시 아버지처럼 효종을 계승하는 일을 여러 가지 형태로 드러냈다.

하다못해 효종이 대비를 위해 창덕궁에 수정당壽靜堂이란 전각을 만들어 모셨는데, 정조 역시 영조의 두 번째 왕비인 정순대비를 수정당에 모시고 전각 이름을 수정전壽靜殿이라고 했다. 이처럼 대비를 모시는 전각까지도 효종을 따라 한 것이다.

정치운영에 있어서 척신들을 배제하는 정치적 행위도 효종의 행동을 명분으로 내세웠다.

"척리戚里를 멀리하여 억제하고 조정 신하를 친근히 하는 것이 곧 나의 하나의 통치 규범이다. 이에 우리 가법家法을 상고해 보면 오직 효묘조孝廟朝 때 그렇게 한 적이 있었다."

이처럼 효종은 정조에게 있어 매우 특별한 군주였다. 자신이 척리들을 멀리 하는 것은 효종이 한 일이기 때문에 이를 문제 삼으면 안 된다는 메시지를 신하들에게 분명히 전해주고 있다.

정조는 영조를 계승한 국왕이었기 때문에 영조에 대한 계승의식도 분명히 보여주었다. 영조는 정조의 효성을 높이 평가해서 '효손'孝孫이란 인장을 만들어주었다. 정조는 즉위 후 '효손' 인장을 자신의 행렬 맨 앞 가마에 올리고 받들면서 행차를 했다. 이는 선대 국왕인 영조가 자신을 인정했다는 것을 상징적으로 보여주는 것이다.

그리고 정조는 행차를 할 때 영조가 타던 가마를 사용했다. 정조는 능행 시 단 한 번도 가마를 타지는 않았다. 효종이 가마를 타지 않고 말을 탔기 때문이다. 그럼에도 정조는 영조의 가마를 행렬에 넣어 백성들에게 영조를 계승하고 존중하고 있다는 것을 보여주었다.

처음부터 정통성이 강한 리더들은 역대 인물들이나 자신의 선조들을 전면에 내세우지 않아도 된다. 그러나 정통성이 취약하면 이를 자꾸 내세우는 노력이 필요하다. 그리고 이를 통해 강한 리더십을 보여주어야 한다. 강한 리더십을 갖추는 한편 자신과 관련된 역사적 인물을 내세우며 그 시대의 다양한 정책과 문화 그리고 혁신을 계승하는 새로운 방식의 문화를 만들 필요가 있다. 리더는 항상 롤 모델이 있어야 한다. 그리고 역사적 모델을 적극적으로 활용해야 한다.

35

진정한 소통을 위해
비밀편지를 주고받다

10여 년 전 방송과 신문을 비롯한 모든 언론에 정조의 비밀어찰에 대한 기사가 톱뉴스를 차지했다. 조선시대 세종과 더불어 최대의 성군聖君으로 평가받고 있는 정조가 자신의 반대세력인 노론벽파의 영수 심환지沈煥之에게 비밀 편지를 보내 정국운영과 정조 자신의 개인적인 건강 문제를 협의했다는 것이다. 정조를 사랑하는 일반 대중은 물론이거니와 역사학계에서도 깜짝 놀라는 분위기였다.

언론에서는 이때 공개된 정조의 비밀편지의 내용은 제대로 알지도 못한 채 정조를 '음모가' 혹은 '밤의 정치인'으로 매도하는 경향을 보이며, 나아가 정조가 심환지에게 죽기 13일 전까지 자신의 병을 알려줌으로써 심환지가 정조를 독살했다는 의혹에서 완전히 벗어났다고 했다.

이런 측면에서 우리나라 굴지의 방송국인 문화방송의 '시사매거진 2580'에서 정조의 독살설에 대한 진위 문제를 비중 있게 다룸으로써 정조의 비밀어찰은 정조 본인의 의도와 관계없이 200년 후대의 백성들에게 흥밋거리의 소재로 전락하고 말았다.

　사실 필자는 정조의 비밀어찰이 드러나기 1년 전부터 그 존재를 알고 있었다. 이미 시간이 흘렀기 때문에 공개하는 것이기는 하지만 당시 단국대학교 김문식 교수와 성균관대학교 안대회 교수로부터 정조가 심환지에게 보낸 비밀어찰에 대한 이야기를 들었을 때는 솔직히 필자 역시 상당히 충격을 받기도 했다.

　정조에 대한 연구를 남들만큼 오래 하지는 못했지만 그래도 대학원에 입학하면서부터 약 25년 정도 공부를 해왔는데, 정조의 새로운 모습을 보는 것 같아 신선함을 넘어 충격적일 수밖에 없었다. 물론 당시 선배 교수들이 필자에게 이야기한 내용은 새로운 문헌을 발견했다는 것과 정조가 비밀리에 신하들에게 서신을 보냈다는 정도였다.

　조선시대 국왕이 신하들과 공개적인 것이 아닌 비밀서신을 교환했다는 것은 무척 놀라운 일이다. 조선시대 국왕이란 형식적으로는 초월적 존재이기에 굳이 비밀리에 편지를 보내면서까지 정국에 대한 논의를 할 필요가 없었다.

　기록상 보이는 최초의 비밀편지는 바로 효종孝宗이 자신의 스승과도 같은 우암 송시열宋時烈에게 보낸 비밀편지였다. 그 편지 내용 역시 공개되었는데, 다름 아닌 '북벌'北伐에 대한 내용이었다. 병자호란의 치욕을 겪고 난 후 청나라의 수도인 심양에서 10여 년 가까이 인질로 붙들려 있던 효종은 형이었던 소현세자昭顯世子가 죽고 난 후 자연스럽게 인조의 뒤를 이어 조선의 국왕이 되면서 북벌에 대한 강력한 의지를 표명했다.

　하지만 당시 청나라의 사신들이 끊임없이 조선 땅에 거주하면서 고도의 스파이 노릇을 하고 있었기에 감히 공개적으로 '북벌론'을 주장할 수가 없었다. 그래서 효종은 송시열에게 비밀편지를 보내 어떻게 하면 군비를 증강하고 백성들의 의지를 하나로 모아 북벌을 단행할 것인가를 논의했다. 그리고 효종은 편지의 중요성을 감안하여 불에 태우거나 아니면 원본을 다시 궁중으로 보내줄 것을 지시했다. 송시열은 효종이 보낸 편지를 그대로 모사하여 집안에 소장하고 원본은 돌려주는 방식을 취했다. 그래서 이 편지는 훗날 정조에게로 전해졌고, 정조는 효종과 송시열의 관계에 대하여 직접 글을 쓰기도 했다.

정조가 신하들에게 비밀어찰을 보낸 것은 바로 효종이 자신의 스승이었던 송시열에게 글을 보낸 것을 모델로 삼은 것이다. 가장 어려운 순간, 혹은 정치적으로 반드시 해결해야 될 중요성을 가진 일에 대하여 국왕 스스로 결정하는 것이 아니라 최고위급 신하들과 의견을 소통하여 정국을 조절하고 이를 통해 조선이라는 나라를 안정시키고자 했다. 이런 의도에서 정조의 비밀어찰이 태동되었다.

정조의 비밀어찰이 단지 노론 벽파의 영수인 심환지에게만 전달된 것은 아니다. 수원화성박물관에 소장된 정조의 비밀어찰은 남인의 영수인 채제공과 소론을 지향하는 무당파이자 당대 무반武班의 영수 조심태에게 보낸 것도 있다. 채제공은 정조에게 있어 아버지와 같은 존재로 사도세자가 죽은 날 영조가 세손이었던 정조를 불러 "너의 가장 사심 없는 신하다."라고 할 정도의 인물이었으며, 그후 정조는 한 번도 그에 대한 신임을 끊은 적이 없었다.

조심태 역시 정조가 만든 핵심군영인 장용영의 대장을 역임한 인물로 단순한 무장이라기보다는 도시계획 전문가이자 국방개혁의 핵심인물이었다. 그래서 정조는 이 두 사람을 화성축성 총리대신과 화성유수로 임명하여 화성 축성을 추진케 할 정도로 신임이 남달랐다. 수원화성박물관이 소장하고 있는 정조가 두 사람에게 보낸 비밀어찰에는 채제공에게 남인 신하들에 대한 인사 문제를 논의하는 내용과 일부 신하들이 술을 마시고 사고 친 것에 대하여 너그럽게 용서해 줄 테니 더욱 열심히 일하라는 내용이 담겨 있다. 더불어 조심태에게는 화성축성을 빨리 진행하라고 당부하고 있다.

정조는 자신이 추구하는 올바른 정치, 즉 백성들을 위한 평화로운 나라를 만들기 위해 정국 안정이 가장 시급하다고 판단했고, 결국 자신의 측근과 반대당의 주요 정치인들에게 편지를 보내 자신의 의도를 설명하고 이해시킴으로써 새로운 조선을 만들고자 했다.

정조가 신하들에게 보낸 비밀어찰은 정조가 밀실정치를 하는 것이 아니라 공개적인 자리에서 차마 나누지 못할 이야기들을 편지를 통해서 인간적인 접근 방식으로 문제를 해결하고 이를 조율하는 작업을 한 것이다. 정조는 정치에 있어서 소통이 가장 중요하다고 판단했다. 소통이 없으면 대화가 이루어질 수 없고 대화가 없는 정치는 곧 독단이며 죽은 정치라고 판단한 것이다.

조선시대 사대부들은 자신들이 공부한 철학과 사상을 현실정치에 투영하고자 했다. 요즘으로 치면 기본적으로 이데올로기가 없는 사람들은 정치의 현장에 나갈 수 없었고 혹은 나간다 하더라도 자신의 정치이념을 현실화시킬 수 없었다. 당시 정치상황이 사색당파로 나뉘어 있다 하여도 기본적으로 모든 정치인들은 공자와 주자의 학문을 계승한 인물들이었고, 그 안에 각론으로 '이'理와 '기'氣에 대한 개념적 차이를 두고 있을 뿐이었다. 물론 이와 같은 '이'와 '기'에 대한 개념 차이가 무척이나 크게 나타나고 있기도 하지만 어쨌든 큰 틀 안에서 함께 고민하고 있기에 정조는 이들 당파 간의 미묘한 학문적 견해 차이와 정치적 이해관계 차이를 소통을 통해서 서로를 이해하고 관용을 베푼다면 백성들을 위한 개혁정책 추진이 한결 수월할 것이라 판단했던 것이다. 결국 정치는 소통이라는 것을 극명하게 보여준 것이 바로 정조의 비밀어찰의 핵심인 것이다.

사실 정조는 조선의 그 어떤 임금보다 드라마틱하게 일생을 살아간 사람이다. 아직도 그의 죽음이 독살인지 아니면 과로사인지 혹은 의료사고인지 명확히 밝혀지지 않는 것을 보면 그의 삶이 예사롭지 않았음을 알 수 있다. 그가 자신의 죽음에 얽힌 미스테리를 남기며 극적인 삶을 살아갈 수밖에 없었던 것은 다름 아닌 사도세자의 죽음 때문이었다. 사도세자의 죽음은 단순히 왕세자의 죽음이 아닌 역적의 죽음이었고, 역적의 아들인 왕세손 정조의 비극이기도 했다.

역적의 아들이 역적이 되는 것은 전근대 사회의 일반적인 현상이었다. 따라서 역적의 아들인 정조가 아무리 할아버지 영조에 의해 그의 큰아들인 효장세자의 아들로 호적이 정정되었다 하더라도 그가 사도세자의 아들임을 모르는 이는 조선팔도에 단 한 명도 없었다. 그러니 정조는 효장세자의 아들이 아닌 사도세자의 아들인 것이다. 그래서 정조는 1776년 3월 10일 경희궁 숭정전에서 즉위하면서 즉위 윤음의 첫마디로 "과인은 사도세자의 아들이다!"라고 천명까지 하지 않았던가!

그러니 역시 문제는 정조가 사도세자의 아들인 것이었다. 역적의 아들이 국왕이 되었다고 하는 것은 '명분론名分論'을 중시하는 조선 사회에서 너무도 큰 문제였다. 그래서 정조는 이를 해결하기 위해 앞서 서술한 바와 같이 사도세자의 호칭을 장헌세자莊獻世子로 고치고 양주 배봉산에 있던 무덤을 수원으로 옮기고 현륭원顯隆園이라 하였다. 그러나 이것만 가지고는 정조의 정통성이 회복될 수는 없었다. 정통성이 없는 국왕은 어떤 정치를 추구해도 신하들이 따르지 않을 것이며 그것은 밑 빠진 독에 물 붓기와도 같았다. 그래서 정조는 사도세자의 명예를 회복하고 자신의 정통성을 확립하는 마지막 단계로 사도세자를 상왕上王으로 추존하는 일을 추진했다. 즉 자신의 아들인 순조가 15세가 되면 자신은 국왕의 지위를 세자에게 물려주고 상왕으로 화성華城에 거주하는 것이었다. 사전 준비 작업으로 1793년 1월 수원도호부를 화성유수부로 승격시켜 도시의 위상을 높였고, 이듬해부터 축성을 시작하여 그 어느 세력도 넘볼 수 없는 강력한 군사도시를 만들었다.

정조는 자신이 상왕이 된 다음 날 주상主上인 순조로 하여금 할아버지인 사도세자를 국왕으로 추존케 하여 사도세자 명예회복사업의 마무리를 명쾌하게 하고자 했다. 그리고 이를 통해 진정 영조-사도세자(장헌세자)-정조로 이어지는 조선왕실의 정통성을 가진 국왕으로 새로운 개혁정책을 추진코자 한 것이다.

이와 같은 깊은 의중을 지니고 있던 정조는 이미 화성축성 이전부터 자신의 측근들에게 보내던 비밀편지를 자신의 신하이기는 하지만 반대세력인 노론 벽파의 영수인 심환지에게 보내기 시작했다. 그 시점이 정확히 1796년 8월 20일이었다.

필자가 이 시점을 무척이나 중요하게 여기는 이유는 바로 정조가 화성축성이 완성된 단계부터 국정운영에 대한 확신을 가졌다고 믿기 때문이다. 앞서 말한 바와 같이 정조의 개혁구상의 핵심이 바로 화성 건설이었다. 단순히 《화성성역의궤》에 나오는 "화성 건설은 현륭원을 보호하고 화성행궁을 호위하기 위함이다."의 수준을 넘어 조선 사회의 변혁의 근거지이자 모델이 되는 도시였다. 상업을 진작시키기 위하여 상인들을 유치하여 활발한 사업을 추진케 하고, 농업을 육성하기 위해 둔전屯田을 적극적으로 개발하고 더 나아가 군정軍政의 폐단을 완전히 사라지게 하고자 했다. 화성에서 적극적인 실험을 한 이후 이것이 성공하면 조선팔도 전역으로 확대해 시행할 의도를 정조는 가지고 있었다. 그렇기 때문에 화성은 정조에게 아버지의 무덤이 있는 단순한 고향이 아닌 새로운 조선을 만들기 위한 대전환의 출발점이기도 했다. 따라서 화성이 99% 완공된 1796년 8월 20일은 정조에게 자신의 정치력에 대한 확신을 심어준 날이기도 했다.

이처럼 정조에게 중요한 의미인 화성은 축성 이전부터 노론 벽파의 반대에 부딪혔다. 실제 화성을 축성하기 전에 노론 세력들은 "전하가 화성에 성곽을 축성하시려는 것은 무엇인가 의도가 있습니다."라며 강력 반발했다. 정조가 화성을 기반으로 강력한 정치체제를 구축하려는 것을 눈치채고 있었던 것이다. 그래서 그들은 1793년 1월, 정조가 전국의 모든 고을 수령들에게 보다 나은 축성 방법론을 제시하고 도면을 제출하라는 지시를 거역하기까지 했다. 그들이 제출한 축성 도면은 저질스럽기까지 했다. 국왕의 지시보다는 당론을 중요시 여겼다는 것을 극명하게 보여준 것이다. 하지만 이들은 정조의 진정한 뜻을 알지 못했다. 정조가 화성을 축성하는 것은 화성과 화성에 주둔한 장용외영 군사들의 힘을 빌려 강력한 왕권을 가지고 노론 벽파를 깡그리 없애려는 것이 아니었다.

요즘 일부 학자들 중에는 정조가 화성 축성 이후에 강력한 군왕의 권위를 상실했다고 폄하하는 경우도 있지만 이후 정조의 정치적 모습을 보면 전혀 그렇지 않다. 정조는 화성 축성을 통해 진정한 탕평을 이루고자 했다. 자신의 호위부대로 출발하여 중앙오군영을 축소시켜 만든 조선 최고의 군영인 장용영壯勇營의 편액을 노론 벽파의 영수인 김종수金鍾秀로 하여금 쓰게 한 것만 보아도 그가 얼마나 매사에 당파를 균형적으로 조절하고자 했는지 여실히 알 수 있다.

결론적으로 말하자면 정조의 비밀어찰이 가지고 있는 의미는 바로 소통이다. 국왕이 신하들과의 소통을 통해 자신의 진심을 보여주고 이를 통해 백성을 위한 정치를 하자는 것이었다. 국왕 정조가 무엇이 아쉬워서 신하들과 대화를 하고자 했겠는가? 조선시대 신하들은 영의정이라 하더라도 감히 국왕의 얼굴을 보고 이야기할 수 있는 처지가 못 되었다. 더군다나 정조는 학문과 무예 모든 면에서 신하들보다 월등히 우세했고, 강력한 지도자로서의 리더십을 가지고 있었다. 정약용의 기록에서 보듯이 정조가 목소리를 높여 어전에서 신하들을 꾸짖으면 모두들 두려움에 떨었다고 한다. 이렇듯 정조는 강력한 힘을 가지고 있었지만 그보다 더 우선하는 것은 바로 국왕과 신하, 그리고 관료와 백성들의 소통이라고 생각했다. 정조의 비밀어찰을 통해 국왕 정조의 모습이 새롭고 더욱 위대하게 느껴지는 것은 바로 이 때문이다.

지금 우리 한국 사회에서 가장 필요한 것은 소통이다. 지역 간에도 소통이 필요하고 계층 간에도 소통이 필요하다. 소통이 이루어지지 않고 있기 때문에 오해와 불신이 더욱 커져가고 있다. 이 중에서도 가장 큰 곳은 역시 정치일 것이다. 정치를 하는 이들이 소통이 되지 않고 가짜뉴스를 끊임없이 생산하다 보니 이 사회가 건전하게 나아가지 못하고 있다. 그러니 역으로 소통이 필요한 것이다. 은밀한 소통도 좋고 공개적인 소통도 좋다. 자신과 같은 편하고만 이야기하지 말고 나와 다른 생각을 가지고 있는 사람들과 적극적으로 이야기해야 한다. 그래야만 서로가 원하는 것이 무엇인지 알 수 있고, 그것을 통해서 서로 양보하고 새로운 대안을 마련할 수 있다.

특히 리더는 적극적으로 소통을 해야 한다. 너무나 당연한 이야기이겠지만 소통을 하기 위해서는 용기가 절대적으로 필요하다. 용기가 없는 이들은 절대로 소통을 할 수 없다. 리더는 용기를 갖고 더 큰 일을 위해 소통을 하고 새로운 미래를 만들어야 한다. 그래야 역사에 남을 일을 할 수 있다. 소통하려고 하는 의지가 없는 이는 리더가 될 자격이 없다.

6장

포용의 정치를
추구하다

口又及於白骨其名則老味連伊其年則百歲二百歲徵於族徵於

於猛席子又罷刷官付之列邑然而爲弊有甚而無歇其弊及於黃

乎奴貢與良役均而婢則無役矣其後豈曼有他弊而刷官之弊甚

先朝減良役之半又減奴婢貢之半延至甲午除婢貢呂存口錢於是

聖祖軫其寬苦之情奴貢二延而爲延半婢貢延半而爲一延又於

謂內寺奴婢以是自昔

不待申諭而想記有之矣天下之無告而切矜者莫過於我國所

先朝德意之萬一也卿於伊時在有司之任撰進節目其詳卿必

予於初元先將奴婢之弊罷刷官蠲雜費爲仰承

유서(수원화성박물관, 경기도유형문화재 제347호)

정조가 노비 신공의 폐단을 지적하며 이를 제거할 방안을 모색하라고
채제공에게 내린 문서

36

창덕궁 내원에서
군신동행을 열다

군주가 자신의 왕권이 취약할 때 어떤 정책과 방안을 사용하여 극복할 것인가는 동서고금의 모든 국왕과 통치자들의 고민일 것이다. 특히 취약한 권력으로부터 출발한 군주들은 강력한 왕권을 만들어 안정된 국정 운영의 해법을 찾고자 노력했다.

조선시대 국왕들도 강력한 왕권 갖기를 희망했고, 국정 운영 과정에서 관료들에 대한 통제와 배려 그리고 정치적 배경이 되어 줄 군사들을 포용하려고 했다. 이는 권력을 장악하고자 하는 국왕들의 본질적 속성이라 할 것이다.

그러나 조선의 국왕들 모두가 강력한 군권을 갖고 있었다고 볼 수는 없다. 조선 건국 초부터 드러났던 정도전의 총재정치론은 군권을 제약하고 관료들에 의해 국정이 운영되어야 한다는 것이고, 이러한 관료들의 의지는 조선시대 전 기간에 걸쳐 나타났다. 그래서 조선시대 국왕의 의지와 능력에 따라 국왕 중심의 정치 체제인 육조직계제와 관료 중심의 정치인 의정부서사제가 나타났다.

하지만 시대의 상황에 따라 국왕이 절대적 왕권을 갖는 경우도 있고, 그렇지 않은 경우도 있었다. 그래서 국왕들은 자신이 처한 정치적·사회적 환경에 따라 최대한의 왕권을 확보하기 위한 노력을 했다. 특히 취약한 왕권으로부터 출발한 국왕들은 더욱 적극적인 노력을 했을 것이다. 이러한 노력을 통해 성공한 대표적인 국왕이 바로 정조라고 할 수 있다.

정조는 자신이 흠모했던 세종과 달리 취약한 왕권으로 출발했다. 물론 영조의 보호 아래 동궁으로서의 지위를 유지하고 대리청정을 거쳐 국왕이 되었지만, 정조는 즉위 초 여러 차례 시해 위기를 겪으며 어렵게 국정을 운영했다.

그래서 정조는 왕권을 강화하여 본인이 추구하는 왕도정치를 실현하기 위해 백성들의 지지를 받는 정책을 만들고, 군사론君師論과 황극탕평론皇極蕩平論 등을 제시하며 신하들에게 우월한 존재임을 전달하려 했지만 결국 군신공치론君臣共治論을 바탕으로 사림과 관료들과의 조화를 추진할 수밖에 없었다.

정조는 군주로서 신하들로부터 초월적 존재이고 싶었으나 한편으로는 군신동락君臣同樂이 현실적인 정국 운영에 더욱 중요하다는 것을 알고 있었다. 이는 정조가 맹자의 이야기를 통해 강조한 '여민해락'與民偕樂과 같은 것이다. 그래서 그는 군주의 것을 신하들과 공유함으로써 신료들을 북돋우는 것이 자신을 지지하게 하는 최고의 방안이라고 생각했다. 그래서 정조는 이전의 국왕들과 차별되는 정치적 행위를 했는데 그것이 바로 군주의 공간인 창덕궁 내원을 신하들과 공유하는 내원內苑 연회 정치였다.

창덕궁의 동산은 궁궐 뒤편에 있다고 해서 후원後苑, 또는 궁궐 북쪽에 있다고 해서 북원北苑이라고도 불렀다. 궁궐의 동산은 국왕의 지극히 사적인 공간으로 비록 벼슬이 높은 신하라고 할지라도 국왕의 허락 없이는 절대 함부로 들어갈 수 없는 엄중한 곳이었다. 이렇게 출입이 엄격히 금지된 곳이라 하여 금원禁苑이라 했으며, 궁궐 안 동산이라 해서 내원內苑이라고도 했다. 또한 궁궐의 동산을 관리하던 관청의 이름이 상림원上林苑이었기 때문에 상림원 또는 상림上林이라고 했다.

이처럼 국왕의 은밀한 사적 공간이었던 내원은 국왕의 종친들과의 연회, 왕권 유지를 위한 친위군사들에 대한 격려 차원의 활쏘기 같은 무예시험이나 호궤犒饋 같은 연회에 개방된 적은 있었다. 하지만 이는 내원의 아주 일부 공간에서 진행된 것이지 정조처럼 내원 전체를 공유한 것은 아니었다.

공간을 공유하는 경험을 하고 나면 아랫사람들은 윗사람들에 대한 마음으로부터의 지지를 하게 된다. 정조는 바로 이러한 의도를 정확히 이해하고 조선시대 어느 국왕도 하지 않은 창덕궁 내원의 옥류천玉流川 계곡을 신하들과 산책함으로써 '군신동락'의 의지를 다지고 이를 기반으로 자신의 의도대로 정국을 주도해갔다.

정조가 처음 창덕궁 내원의 옥류천을 신하들과 함께 산책한 것은 1781년(정조 5) 9월 3일이다. 이날 정조는 창덕궁 후원의 옥류천 계곡으로 전 직제학 정민시, 서호수와 현직 직제학 심염조와 호조참판 강세황과 함께 걸어 들어갔다. 그리고 규장각에 근무하고 있는 신하들 30여 명을 대동했다. 정조가 이날 신하들과 옥류천으로 들어간 것은 가을에 피는 꽃을 구경하기 위해서였다. 정조는 직접 앞장서서 걸으며 옥류천의 이곳저곳에 대해 설명했다. 함께 옥류천 계곡을 걷는 신하들의 눈빛은 감격으로 가득 찼다.

정조는 옥류천 산책 직전 자신의 어진을 규장각의 신하들과 함께 보았다. 정조는 즉위 후 처음으로 1781년(정조 5) 8월 26일, 자신의 초상화를 그리게 했다. 조선시대 국왕들은 10년에 한 번씩 초상화를 그리는 것이 원칙이었다. 정조가 처음 초상화를 그린 것은 동궁 시절인 1771(영조 47)년이었다. 20살의 나이에 처음 초상화를 그린 이후 10년이 지났을 때 정조는 국왕이 되어 있었다. 정조는 이 초상화를 9월 1일 규장각에 봉안하게 했다. 그리고 이틀 뒤인 9월 3일 초상화를 신하들과 함께 보기 위해 창덕궁 후원에 있는 규장각을 찾아갔다.

정조는 초상화를 그린 강세황에게 갑작스럽게 자신과 함께 놀자고 했다. 국왕이 신하들에게 놀자고 하는 것은 매우 특별한 일이었기에 강세황은 놀랄 수밖에 없었다. 대답을 하지 못하자 정조는 빙그레 웃으며 자신을 따라 나오라고 하고, 규장각에 있는 모든 신하들에게도 나오라고 했다. 이때 정민시 등이 규장각에 있었는데, 정조의 명으로 따라 나서게 되었다.

정조는 규장각을 나와 부용지를 지나 옥류천 계곡으로 방향을 틀었다. 그리고는 옥류천으로 신하들을 이끌고 들어가기 시작했다. 창덕궁 내의 가장 신비로운 공간인 옥류천 공간은 국왕의 종친이나 경재卿宰 등과도 연회를 베풀지 않는 국왕만의 공간이었다. 궁궐의 다른 어떤 공간과도 위상이 달랐던 이 옥류천 일대를 정조는 신하들에게 개방하고 이들과 함께 산책하기 시작한 것이다.

조선 역사상 전례 없는 내원 옥류천 계곡의 개방은 파격 그 자체였기에 신하들의 기쁨은 이루 말할 수 없었다. 정조와 함께 옥류천 계곡을 산책한 강세황은 이 영광스러운 일을 회고하며 "…… 어찌 우리 임금께서 몸소 이 미천한 신하들을 데리고 다니면서 뛰어난 경치를 하나하나 일러주시고 온화한 얼굴과 따뜻한 음성으로 한 식구처럼 대하셨는가! …… 내가 어떠한 사람이건대 이와 같은 성스럽고 밝은 세상에서 다시 없을 은혜를 받았단 말인가. 멍하니 하늘 상제의 세계에 오른 꿈에서 깨어났나 의심했다. 대략 적어서 우리 자손들에게 전하여 보이노라."라고 《호가유금원기》扈駕遊禁苑記에 기록했다. 정조는 옥류천을 나와 규장각 앞의 부용지芙蓉池로 가서 신하들과 낚시를 하고 술을 마시며 조선의 미래를 이야기했다.

일명 '상화조어연'賞花釣魚宴으로 불리는 조선 역사상 처음 있는 창덕궁 옥류천의 군신동행君臣同行은 고도의 정치적 행위이기도 했다. 정조는 궁중의 금단의 공간인 옥류천을 활용하여 즉위 초반의 정치구상을 펼치고자 했다. 당파가 다른 신하들과 함께 산책을 하면서 정치적 견해가 다른 이들을 하나로 모으고자 했다. 곧 탕평정치의 일환이었다.

정조는 1792년(정조 16) 3월 21일, 두 번째로 창덕궁 내원에서 각신 및 각신의 자제들을 초청하여 꽃구경을 하고 부용정에서 낚시를 즐기는 연회를 개최했다. 물론 이 연회 역시 단순히 정조가 규장각 각신들과 함께 꽃구경을 즐기기 위한 행사는 아니었다. 이는 정조가 집권 15년이 지나며 지난 국정에 대한 자신감과 향후 정국 운영에 있어 군신 간의 화합이 필요한 시기라는 판단에 따라 개최한 군신동행君臣同行이었다.

두 번째 내원 연회 개최는 1790년과 1791년에 있었던 일련의 사안들과 연장선상에 있다. 1년 전인 신해년(1791)에는 정조의 개혁사업과 원자의 돌잔치, 그리고 어진御眞 완성이 있었던 해였다. 신해년은 즉위 13년에 있었던 사도세자의 현륭원 천봉과 수원 신읍치 건설로 정조가 자신의 개혁기반을 어느 정도 만들었다는 것에 대한 안도감과 이를 기반으로 추진한 개혁정책에서 성과를 거둔 매우 의미 있는 해로 판단했다.

그해 2월에 정조가 가장 역점을 두었던 통공정책通共政策이 실시되었다. 조선 건국 이래 육의전을 비롯한 시전상인들은 백성들이 먹는 채소의 유통까지도 독점권을 행사하고 있었고, 이로 인한 폐단이 매우 심각했기 때문에 전면적인 개혁 요구가 있었다. 하지만 당시 노론의 김문순은 이 제도를 개혁하게 되면 상인들이 잔폐된다고 반대를 했다. 당시 노론들은 대부분 자유로운 상업을 추진하는 통공정책을 반대했는데, 정조는 이러한 반대를 물리치고 남인 영수 채제공을 내세워 통공정책을 실시했던 것이다.

또한 1791년에 가장 특별한 일은 원자元子의 돌잔치였다. 정조는 원자가 탄생 후 아무 탈 없이 성장하여 돌잔치를 하게 되자 후계 구도에 대한 자신감을 얻게 되었다. 즉위 10년(1786)에 문효세자와 후궁인 의빈 성씨의 죽음으로 후계 구도에 대한 불안감이 당쟁의 요인으로 발전하고 왕권의 약화가 예상되던 때에 원자의 탄생과 무탈한 성장은 정조에게 큰 자신감을 심어주었다.

이날 정조는 먼저 편전便殿에서 각신들을 만나고, 이날의 행사가 갖는 의미를 이야기했다.

"요사이 날씨가 따뜻하고 화창하여 내원의 꽃 소식이 특히 이르니, 경들과 더불어 꽃구경을 해야겠다. 내가 내각을 설치한 이래로 이 직임에 있는 모든 사람을 한집안 사람처럼 보고 있으니 오늘의 모임도 집안사람을 대하는 예禮를 쓰겠다."

정조의 이 말은 규장각 각신들에 대한 특별한 애정을 보여주는 것이기도 하지만, 한편으로는 조정의 관료 전체에게 군신은 한가족이라는 '군신일가'君臣一家를 강조하는 것이었다. 이는 정조가 군신간의 동락同樂이 결국 국가 운영의 가장 중요한 기반이라는 사실을 강조하는 것이다.

정조는 신하들과 옥류천을 산책하고, '수택재'水澤齋 연못에 배를 띄워 물고기 잡이까지 했다. 정조가 신하들과 물고기를 같이 잡은 것은 군신동행에 이어 군신이 함께 즐거워하고자 하는 군신동락君臣同樂이었다.

정조는 물고기를 잡은 것에 대해 큰 의미를 두었다. 이는 규장각 앞 부용지를 만들면서 서벽에 물고기 형상을 새긴 것과 같은 의미이다. 정조는 신하들에게 중국 촉나라의 소열제^{昭烈帝}인 유비와 제갈공명^{諸葛孔明}, 조선 효종대 효종과 송시열의 관계가 바로 물과 물고기의 관계라고 설명했다. 그래서 정조는 물은 군주이고 물고기는 백성을 말하는 것이기 때문에 규장각 주합루 정문 이름을 '어수문'^{漁水門}이라고 한 것이고, 수택재에서의 물고기 잡이는 '군신공치'^{君臣共治}로 백성들을 위한 올바른 정치를 하자는 다짐이기도 했다.

정조가 자신의 공간을 신하들과 함께 사용함으로써 신하들은 정조의 의도를 이해하고, 그가 제시하는 개혁정책을 받아들이고 실시하게 되었다. 이러한 노력들로 인하여 정조는 왕권을 안정시키고 이를 기반으로 개혁정치를 펼쳤기에 오늘날 개혁의 시대로 평가받게 된 것이다.

리더는 바로 이렇게 해야 한다. 자신의 것을 동료들과 함께 나누어야 한다. 자기 것이라고 해서 자기만 사용하고 그것을 통해 자기만 이익을 얻으려 하면 동료들의 존경도 받을 수 없고, 조직을 이끌어 갈 수도 없다. 국왕이 모든 것을 통치하던 200여 년 전의 봉건시대 국왕인 정조도 이렇게 자신의 것을 신하들과 더불어 사용했는데, 21세기 사회에서 자신의 것을 나누지 않으려 해서는 지도력을 발휘할 수 없다.

37

혁신도시 건설로
경제발전 기반을 마련하다

행정복합도시인 세종시가 만들어진 이론적 근거는 어디에 있었을까? 바로 수원 화성에 있었다. 정조가 수원 화성을 만든 근본적인 이유가 바로 국가 개혁을 위한 것이었다. 서울은 주상의 수도로 두고, 수원에는 화성을 건설하여 상왕의 수도로 만들어 이곳을 중심으로 새로운 정책을 만들고 실험하여 성공시키고자 한 것이다. 성공한 정책은 조선 8도에 보급하여 조선의 백성들 모두를 행복하게 하겠다는 것이 정조의 생각이었다. 그래서 정조는 수원과 서울을 모두 수도로 만드는 양경兩京 체제를 기획한 것이다. 이 양경 체제를 노무현 정부 때 받아들여 세종시 건설의 이론적 근거로 삼았다.

이와 같은 정조의 화성 건설은 요즘의 개념으로 치자면 철저한 혁신도시 건설이다. 화성 신도시라는 대도시를 만들어 백성들이 자유롭게 상업행위를 할 수 있는 혁신적 실험을 하고, 토지 없는 백성들을 위하여 대규모 국영농장인 둔전을 만들어 안정되게 농사를 지을 수 있는 농업기반을 조성하여 경제를 발전시키고자 한 것이다. 이를 위해 정조는 수원에 한양의 육의

전六矣廛과 같은 시전을 설치하여 대부상大富商들이 이를 주도하도록 하고 대규모 국영농장과 저수지를 축조하고자 하였다.

정조의 의중을 알고 있던 채제공은 수원 팔달산 일대로의 신읍치 설치 다음 해인 1790년(정조 14)에 신도시 번영 계획을 제안했다. 수원부의 상업 진흥을 위해 전방廛房의 상설화와 함께 8도의 부호富戶와 부상富商들을 이곳으로 옮겨 와 살게 해 부가富家를 형성시키고, 정부 지원과 민간자본의 유치를 통해 수원 지역의 백성들이 자발적으로 경제 활동을 할 수 있게 하자는 것이었다.

채제공의 건의와 더불어 비변사에서는 수원의 경제 육성을 위해 서울의 부호 20곳을 선발해 당시 중국과 무역하던 품목인 관모官帽와 인삼의 유통을 수원에서만 할 수 있게 해야 한다며 절목(법안)을 입안하기도 했다. 그리고 상인들의 자본 부족을 해결하기 위해 영남 감영의 5만 냥과 평양 감영의 5만 냥을 화성 이주 상인들에게 지원해 밑천으로 삼도록 했고, 이 상인들에게서 나오는 이자를 가지고 화성의 수리비용을 충당하고자 했다.

수원부사 조심태는 정조와 신료들의 수원 육성책을 종합해 새로운 제안을 내놓았다. 그것은 바로 한양의 부상富商을 일부 받아들이되, 수원 상인들을 육성하기 위해 수원 백성들 중 상업에 종사하고 싶은 이들에게 조정에서 총 6만 냥을 지원, 시전을 설치하고 장사를 하게 하는 것이었다. 당시 백성들이 많이 거주하던 5칸에서 7칸 정도의 집 한 채 값이 20~30냥 정도였으니 6만 냥은 정말 엄청난 돈이었다. 이러한 절충 의견을 정조가 받아들임에 따라 수원에는 한양의 부상과 수원의 상인, 그리고 전국 각지에서 올라온 상인들이 특정의 독점권 없이 자유롭게 장사를 할 수 있게 됐다. 여기에 조선의 무역을 주름잡던 역관 상인 일부가 수원에 정착해 인삼과 모자를 유통하며 새로운 시장을 만들었는데, 이 시장이 바로 조선의 3대 시장인 화성

성내외 시장이다. 오늘날 그 맥을 이은 시장이 바로 팔달문(남문) 일대의 시장이다. 정조와 관료들의 이 같은 지원은 바로 수원(화성)을 하루속히 대도시로 만들고자 하는 의도가 강하게 들어 있는 것이었다.

수원에서의 자유 상업 추진으로 자신감을 얻은 정조와 채제공은 1791년(정조 15)에 독점권을 가진 시전상인들의 금난전권禁亂廛權을 혁파하는 '신해통공'을 실시했다. 이로써 조선의 경제 구조에 대대적인 혁신이 이루어졌고, 도시빈민층과 영세상인 및 소생산자가 보호받을 수 있게 되고, 상업의 발전이 촉진되었다.

정조는 상업의 발전만을 기획한 것이 아니었다. 당시 백성들에게 더욱 중요한 것은 바로 농업이었다. 농업의 발전을 위해 그는 과감한 농업 개혁을 기획했다.

정조는 1789년 7월, 수원부 읍치를 이전하고 수원 지역을 농업 개혁의 시범 지역으로 삼고자 했다. '농자천하지대본야農者天下之大本也'라는 말처럼 농업을 기반으로 운영되던 조선 사회에서 백성들을 배불리 먹게 하는 일은 그 무엇보다 중요한 일이었다. 그런데 문제는 수원 지역의 토양이 그리 좋지 않았다는 점이다. 수원 신읍치 이전이 지리적 요건과 상업 활성화에만 너무 치중해 팔달산 일대의 토양을 깊이 고려하지 못했던 것 같다. 이러한 현실 때문에 정조는 수원 백성들에게 대대적인 퇴비 증산을 지시했다. 당시 너무도 척박해 백성들이 거들떠보지도 않던 땅이 3년 동안 퇴비와 함께 섞이니 마침내 최고의 토양으로 변모하기 시작했다. 백성들은 자신들이 일구어낸 성과에 감탄하기 시작했다. 한번 불붙은 열기는 쉽게 가라앉지 않았다. 《화성성역의궤》에도 나오듯이 백성들은 퇴비 만드는 것을 게을리 하지 않았고 즐겁게 농사일에 매진했다.

하지만 백성들이 아무리 열심히 일한다고 해도 무조건 풍년이 보장되는 것은 아니다. 사람의 힘으로 하늘의 재해를 막을 수는 없기 때문이다. 영조는 52년이라는 재위 기간 중 40여 년이나 먹을 것이 부족해 금주령을 발동해야 했었다. 정조 시대 역시 24년 동안의 재위 기간 중 20여 년을 가뭄과 홍수로 인해 백성들이 경제적 어려움을 겪어야만 했다.

이에 정조는 가뭄을 극복하고 농사를 원활하게 짓기 위해 저수지 조성을 제안했다. 저수지를 파고 그 주위에 대규모 국영농장인 둔전을 만들어 농토 없는 백성들도 마음껏 농사를 짓게 해주고 싶었다. 그래서 화성 성역이 한창 진행 중이던 1795년에 '만석거'萬石渠를 만들었다. 이 만석거는 요즘 수원 사람들이 '일왕저수지'라 부르는 곳인데, 만석공원 안에 있는 대형 저수지를 말한다. 당시 전국적으로 얼마나 많은 저수지가 있었는지 정확히 확인할 수는 없지만 조선시대에 농사를 짓기 위해 인공적으로 조성한 최초의 저수지가 만석거라고 하는 학계의 의견을 보면 정조의 저수지 건설은 혁신 그자체라고 할 수 있다. 만석거를 축조한 그 해에도 조선에는 비가 거의 내리지 않았다. 하지만 전국적인 흉작에도 불구하고 만석거를 중심으로 대규모로 조성된 둔전인 '대유둔'大有屯만은 대풍작을 이루었다. 정조의 혜안이 빛을 발하는 순간이었다.

대유둔이 저수 농법으로 성공을 거두자 화성의 백성들은 추가적인 저수지 건설을 요구했다. 그래서 정조는 1798년 현륭원 앞에 '만년제'萬年堤라고 하는 저수지를 추가로 만들었다. 만석거와 만년제의 축조를 통해 정조는 저수지를 이용한 선진 농법에 대해 큰 자부심을 갖게 됐고, 서호西湖로 더 잘 알려진 '축만제'祝萬堤까지 만들게 됐다. 앞선 사례처럼 정조는 이곳에 '축만둔'祝萬屯 혹은 '서둔'西屯이라 불리는 둔전을 만들고 백성들에게 더욱더 농사를 장려했다. 단순히 제방을 쌓아 물을 저장한 것이 아니라 물길을 조성하고 그 물길을 따라 논을 배치해 극심한 가뭄에도 논에 물을 쉽게 댈 수 있도록 저수지를 설계했다. 또한 아름다운 경관을 조성하기 위해 제방 위에 소나무와 버드나무를 심어 더위에 지친 백성들의 쉼터를 마련해주기도 했다. 이와 같은 정조의 농업 개혁 모델은 전국으로 확산되기 시작했다.

이처럼 정조의 화성 건설은 농업, 상업, 국방 제도의 개혁을 통한 혁신 도시의 완성을 위한 것이었다. 이는 아버지 사도세자의 복권과 자신의 왕권 강화는 물론 화성행궁을 대대적으로 확대해 향후 양경체제로 운영될 기반을 마련하고자 했기 때문이었다. 사실 이것이야말로 화성 건설의 진정한 목적이라고 할 수 있다. 정조는 화성 축성을 위해 조선의 전통기술은 물론 중국과 일본의 축성기법, 그리고 서양의 과학기술을 총동원해 성곽을 축조했다. 현대에 이르러 우리 후손들은 화성의 옛 모습을 제대로 복원하기 위한 노력을 계속 기울이고 있다. 하지만 중요한 것은 단순히 성곽의 외형적인 모습에만 치중해 화성을 복원할 것이 아니라, 화성 축성에 담긴 정조의 위민정신과 개혁정신을 계승하려는 노력을 해야 한다는 것이다. 이러한 자세를 갖고 복원이 이뤄져야만 화성이 수원과 대한민국을 넘어 전 세계인이 사랑하는 세계문화유산으로 자리매김할 수 있을 것이다.

리더들은 자신이 계획한 미래를 성공시키기 위해 사전에 이를 실험할 혁신 기반을 마련하는 것이 좋다. 물론 여건이 허락하지 않아 정조와 같은 대규모 실험은 할 수 없다 하더라도 최소한의 준비와 실험은 해야 한다. 아무리 좋은 계획이라 하더라도 사전에 준비 없이 진행하다가 실패하는 사례가 참으로 많기 때문이다. 할 수 있는 여건이 된다면 전문가들과 함께 충분히 준비를 하고 과감하게 실행해야 한다. 그 과정에서 장단점을 파악하고 이를 안정되게 진행할 수 있는 기반을 만들어 원하는 바대로 적극 추진하면 된다. 그러면 진짜 원대한 계획이 이루어지는 것이다.

38

북벌론을 통해
자주의식을 고양시키다

정조시대는 북학北學의 시대였지만 분명 북벌北伐의 시대이기도 했다. 정조는 조선이 중국에 예속된 국가가 아닌 자주국가로 자리매김하기를 원했다. 조선이 곧 중화中華라는 인식, 다시 말해 조선이 세계 문화의 중심이라는 의식은 바로 조선이 중국인 청나라를 뛰어넘을 수 있다는 문화적 자부심에서 비롯된 것이다. 이와 같은 문화적 자부심은 바로 병자호란의 치욕을 극복하는 과정에서 나타난 것이고, 더 이상 청나라에 예속되지 않는 나라를 만들겠다는 의지의 발현이기도 했다.

이를 위해 사대부와 백성들을 하나로 만들 이데올로기가 필요했고 백성들에게도 조선이 중국과 대등하다는 인식을 심어주어야 했다. 그래서 정조는 실제 자신의 친위도시인 화성을 축성하면서 황제만이 쓸 수 있는 글자인 '만'萬자와 '황'皇자를 시설물의 이름으로 사용했다. 1795년(정조 19)에 화성 북쪽에 만든 저수지의 이름을 만석거萬石渠라고 하고, 1798년에 만든 저수지를 만년제萬年堤, 1799년에 만든 저수지를 축만제祝萬堤라고 했으며, 자신이 지나갈 다리 이름을 만안교萬安橋, 황교皇橋, 대황교大皇橋라고 이름 붙였다. 이는 천자만이 사용할 단어들인데 정조는 과감하게도 '만'자와 '황'자를 사용했다. 더불어 자신의 부친인 사도세자의 묘소를 이전하고 수원 신읍치 건설을 기념하는 과거시험 문제를 '상황래유上皇來遊'라고 하며 자신의 지위가 단순히 국왕이 아닌 황제와 같은 반열이라고 강조하기도 했다.

정조가 이와 같이 황제만이 쓸 수 있는 단어를 사용하는 정치적 행위를 한 것은 외세의 침탈을 받지 않는 안정된 나라를 만들어 백성들의 삶을 편하게 하는 것 외에 조선의 자존감을 높이기 위해서이기도 했다. 이를 위해 정조는 효종 이후 시들해진 북벌론北伐論을 적극 활용했다.

일반적으로 북벌론은 효종대에 추진되었다가 효종의 죽음 이후 조정의 논의에서 사라진 것으로 이해되어 왔다. 물론 효종대 이후 북벌론은 거의 논의가 되지 않았지만 정조시대 북학론 중에 북벌도 포함되어 있음을 확인할 수 있다. 정조시대 북벌론은 정조의 동조세력으로 성장하고 있던 남인만이 아니라 북학을 주장하는 노론 청류 계열의 학자들도 북벌에 대한 분명한 인식을 가지고 있는 것이었다.

그래서 정조는 청나라에 대해 북벌론과 북학론 모두를 지니고 있었다. 과학기술에 대한 것은 북학을 통해 배워야 한다고 생각했지만, 조선의 문화와 역량이 청나라보다 우월하다고 인식했다. 이러한 인식을 통해 정조는 북벌에 대한 의지를 즉위 초부터 보여주었다. 정조의 북벌에 대한 표현은 오히려 효종대보다 적극적이었다.

정조가 즉위 초인 1779년(정조 3)에 효종의 영릉을 참배하고 여주에 있는 송시열의 대로사大老祠에 배향한 것은 노론 세력을 자극하지 않고 그들과 연대하겠다는 의지의 표명임과 동시에 한편으로 송시열이 가지고 있던 북벌의 의지를 다시금 계승하고자 하는 뜻이기도 했다. 그래서 정조는 대로사

치제문에 송시열이 북벌을 준비하고 추진했다는 것을 명기했다. 이는 외교적인 문제로 야기될 수 있는 상황이었지만 그보다는 오히려 '북학'과 더불어 북벌론 역시 지속적으로 제기되어야 할 것이라 생각했기 때문이다.

곧이어 병자호란의 역사적 현장인 남한산성에 행차하여 자신의 군권 장악 의지와 더불어 북벌 의지를 보여주었다. 정조는 남한산성의 서장대에 올라 직접 군사훈련을 지휘하고 전임 대신들과 현재 정승 직에 있는 대신들에게 병자호란에 대한 자신의 감회를 나타냈다.

"선대왕先大王 경술년(1769) 행행 때에 이 대臺에 들르셨고 오늘 내가 또 여기에 왔는데 산천이 옛날과 다름없어 사물에 접하면 감회를 일으키니, 내 마음이 더욱 절실하여 슬프고 사모하게 된다. 병자년(1636)에 적병이 밤을 타서 널빤지를 지고 성에 오르는 것을 아군이 발각하고 끓인 물을 부으니 모두 문드러져 물러갔다 하는데, 이곳이 바로 그곳인가?"

이에 대하여 영의정 김상철이 병자호란의 치욕을 잊지 말고 선대왕의 뜻을 이어 받아야 한다고 건의했다. 이에 정조는 명나라의 멸망을 안타까워하면서 북벌을 하겠다는 선대왕의 뜻을 이어받겠다는 의지를 표명했다.

정조는 남한산성 내에서 병자호란 당시 전투가 벌어졌던 모든 시설물을 돌아보면서 신료들에게 북벌에 대한 의지를 다시 강조했다. 사실 북벌을 주장했던 효종대에도 신료들로서는 청나라의 감시와 압박이 존재하는 상황 속에서 효종에게 '복수설치'復讐雪恥를 노골적으로 진언하기는 어려웠다. 효종 초반 척화斥和에 관련된 논의는 꺼리거나 은유적이고 추상적으로 표현되었다. 당시 정승 김집 또한 효종을 월나라 국왕 구천句踐에 비견하는 등 완곡한 어투로 말했을 정도였다. 정조와 신료들 역시 효종대보다는 나았지만 직설적 화법보다는 은유적 표현과 행동으로 북벌에 대한 의지를 보여주었다.

정조가 명나라를 추모하기 위해 창덕궁 후원에 만든 황단皇壇에서 제향하는 과정에서 청나라에 끌려갔던 삼학사에 대해서도 사제賜祭(임금이 죽은 신하에게 제사를 지내주는 것)한 것과 병자호란 이후에도 명나라 군사들과 연대하여 청나라와 전쟁을 하다가 단식하여 자살한 무관 최효일의 후손에게 황단 제향의 반열에 참여하라는 하교를 한 것은 자신의 북벌에 대한 의지를 대소 신료들에게 보여준 것이다.

정조는 황단의 제향을 선대왕인 영조의 탄신일 전날에 거행했는데, 이날 거행한 것은 바로 선대왕께서도 북벌의 의지를 지니고 있었다는 것을 알려주기 위함이었다. 즉 정조의 북벌론은 조정에서 은밀하게 진행되던 것을 자신이 계승하고 있다는 것을 보여주기 위함이었다.

정조의 효종 북벌론에 대한 계승은 일상에서도 이어졌다. 정조는 효종이 후원에서 북벌을 위해 말타기 연습을 한 것을 좇아 본인도 청양문 안에서 반드시 말을 타고 다녔다고 강조했다. 즉 이와 같은 말타기 연습은 장차 자신이 친위 군영을 창설하고 북벌을 위한 군사훈련을 지휘함에 있어 주도적인 역할을 하기 위한 것이었다. 또한 효종의 북벌을 계승하고자 노력한 아버지 사도세자의 위업을 계승하겠다는 의지도 내포되어 있다.

정조는 또한 효종의 북벌에 대한 의지를 잇기 위해 병조판서부터 장군들에 이르기까지 모두 활을 쏘기 위한 '깍지'[角指]를 끼고 다니도록 했다. 효종이 북벌을 하기 위한 준비로써 '깍지'를 끼도록 했듯이 정조 자신도 효종과 숙종의 뜻을 이어 언제든지 군사훈련을 할 수 있도록 '깍지'를 끼도록 한 것이다. 대부분의 신료들에게 깍지 착용을 요구한 만큼 정조의 북벌 계승 의지가 컸다고 볼 수 있다.

정조의 북벌을 통한 민족의식의 발현은 역대 충신들에 대한 재평가로 이어졌다. 정조는 충무공 이순신에 대한 전면적인 재평가와 함께 충무공의 사료를 모아 1792년 8월에 《충무공이순신전서》忠武公李舜臣全書 편찬 사업을 지시했다.

아울러 정조는 1793년(정조 17) 직접 충무공의 신도비명을 지어 올려 충무공에 대한 높은 관심을 나타냈다. 임진왜란 이후부터 이순신에 대한 치제와 사액은 계속되었다. 그러나 이순신은 남해에서 치른 해전의 승리 주역 중의 한 명일 뿐 임진왜란으로부터 나라를 구한 위대한 인물로 평가받은 것은 아니었다. 그러나 정조는 이순신의 위상을 극대화시켰다.

이는 일본의 침탈을 막아낸 충무공의 애국심과 또다시 일본의 침탈을 막아야 한다는 의지 때문이었다. 국방을 강화하고 군제 개혁을 이루기 위해 이순신의 업적에 대한 재조명이 절실했던 정치적 입장도 있었지만 이순신의 애국심은 부인할 수 없기에 이전의 국왕과 다른 결단을 내린 것이다.

더불어 청나라에 맞서다 순절한 충민공 임경업林慶業에 대한 재평가도 이루어졌다. 정조는 임경업에게 시호를 내리고 사당에 사액을 내렸다. 이는 청나라에 대해 항쟁을 추구한 인물에 대한 역사적 복원을 통해 국왕의 자주의지를 백성들에게 알리고자 하는 의도였다.

이와 더불어 백성들의 영웅이지만 임진왜란 당시 억울하게 죽은 의병장 김덕령金德齡도 복권시켰다. 김덕령의 죽음이 소인배들의 농간에 의한 억울한 죽음이었다는 것을 알게 된 정조는 그의 애국적 충정에 진심으로 감동했고, 이를 세상에 알리고자 했다. 그래서 정조는 충민공 임경업과 충장공 김덕령의 일대기인 《임경업실기》林慶業實紀와 《김덕령유사》金德齡遺事를 편찬하여 세상에 알리도록 했다.

이들의 공통점은 모두 민간에서 백성들이 높이 받드는 인물이라는 점이다. 이들 모두가 비운에 죽은 인물들이었기에 임경업과 김덕령은 아예 민간

신앙에서 신적인 인물로 승격된 인물들이기도 하다. 즉 백성들 모두가 높이 받드는 인물들을 존숭함으로써 조선의 백성 모두가 자주의식을 갖게 만들고자 했다.

한편 정조는 이순신과 임경업의 후손들로 하여금 대보단에서 비밀리에 진행하는 황단례에 참석하게 함으로써 청나라에 대한 조선의 자주의식을 더욱 강조했다. 양란의 치욕을 극복하고 애국심을 고양하기 위해서는 충신 후예의 참여가 더욱 중요하다고 판단한 것이다.

정조는 민족 시조에 대한 대대적인 재평가와 치제致祭를 실시했다. 임진 왜란과 병자호란 이후 단군을 비롯한 민족 시조의 치제가 국가 차원에서 제대로 이루어지지 않고 있었으며, 그들의 유적 또한 제대로 관리되지 못하고 있었다. 이에 정조는 단군과 신라의 시조 박혁거세, 고구려의 시조 동명성왕 주몽, 백제의 시조 온조, 고려의 시조 왕건 묘소의 재정비에 대한 법적 절차를 새로 제정했다.

정조는 민족의 시조를 높임으로써 조선이 중국과 차별화된 민족이라는 것을 강조하고자 했다. 단순히 조선의 건국자였던 태조와 태조 이전의 조상들에 대한 치제만이 아니라 민족 시조들의 치제를 새롭게 강조함으로써 백성들 모두가 단군의 후예이자 중국과는 다른 민족임을 인식하도록 한 것이다.

이처럼 정조는 북벌론을 통해 조선의 자주국가 건설을 염원했다. 청에 대한 복수설치가 처음 노론의 정신적 지주인 송시열로부터 나왔지만 이후 노론은 북벌을 배격했다. 그 대신 정조의 지우를 받던 남인들이 정조의 의중을 이해하고 북벌을 지지했으며, 정조는 즉위 내내 북벌을 통한 국방강화와 병서 편찬, 충신 재평가, 민족시조 추숭으로 백성들의 자주의식 고양과 중국과의 차별성을 강조했다.

정조처럼 오늘날의 리더들도 시대를 이끌어 갈 이데올로기를 만들거나 아니면 기존의 이데올로기를 적극 활용해야 한다. 낡은 이데올로기가 아니라 국민과 조직 전체가 믿고 따라갈 수 있는 시대의 과제를 만들어야 한다. 그렇게 하면 처음에는 조직을 이끌어가기에 미약한 힘이더라도 머지않아 조직 전체를 이끌어 갈 수 있는 힘이 생기게 된다. 사람들의 정신을 이끌어가는 힘이야말로 진짜 힘이다.

39

백성들을 존중하고
세심하게 배려하다

　임진왜란과 병자호란 이후 조선 사회는 급격하게 변하기 시작했다. 국정 운영체제와 국가 통치 질서가 해이해지면서 관리들은 점점 백성들을 수탈하는 탐관오리로 변하고, 지방에 있는 양반사족들의 상당수는 탐관오리와 영합하여 양인良人들의 토지를 빼앗고 그들을 자신들의 노비로 삼기 시작했다. 더욱이 시대의 변화에 따라 상공업의 발달이 시작되면서 큰 사업을 하는 상인들의 독과점으로 백성들의 삶은 점점 더 어려워졌다.

　가뭄과 홍수 그리고 전염병이 퍼지면 살아 남기 위해 양인의 신분에서 노비로 전락되는 이들이 부지기수로 늘어나기 시작했다. 이렇게 새롭게 삶이 격하된 노비와 기존의 노비들이 주인들의 강압과 성적性的 학대 등을 이유로 도망가기 시작했고, 이들을 잡기 위한 추노꾼들의 비인간적인 행위는 온 나라의 분노의 대상이 되었다.

　이러한 사회문제를 혁파하여 바로 잡은 이가 바로 정조였다. 정조가 즉위한 후 시행한 가장 빠른 정책이 바로 노비추쇄관을 혁파하고 도망간 노비를 잡지 못하게 한 것이다. 차라리 도망간 노비들에게 자유를 주어 그들이 유리걸식하지 않고 새로운 사회에서 정착하고 양인으로서 새로운 출발을 하기를 원했기 때문이다. 한나라의 국왕이 가장 소외되고 천한 이들의 삶에 진정으로 관심을 가져준 것이다. 그리고 더 이상 노비들이 발생하지 않게 경제구조를 개선하고 관리들의 탐학이 발생하지 않도록 개혁정책을 추진했다.

정조는 백성에 대한 생각을 한시도 잊은 적이 없었다. 그래서 백성을 위해 일을 하는 집무실이 편전인 선정전만이 아니었다. 그는 자신의 침전도 집무실처럼 사용했다. 정조는 기거하는 침실寢室의 동쪽과 서쪽 벽에 재해災害를 입은 각도各道의 고을 이름 및 수령의 성명을 세 등급으로 나누어 죽 적어놓았다. 침실 안 벽면에도 전국의 고을 이름이 적혀 있고, 그 안에 다양한 내용들이 빼곡히 적혀 있었다. 잠을 자는 침실마저도 이렇게 만들어 놓았으니 그의 위민에 대한 이야기는 더 하지 않아도 알 수 있을 것이다. 정조는 각 지역에 세금을 경감하거나 진휼賑恤하는 여러 조항에 있어 매번 한 가지라도 일을 행할 때마다 그 위에 직접 기록했다. 모든 것을 정확히 기입하여 재난과 경제적 상황 등을 정확하게 진단하고자 한 것이다.

정조는 경연經筵 신하들에게 이렇게 말했다.

"백성이 굶주리면 곧 나도 배고프고 백성이 배불리 먹으면 나도 배부르다. 더욱이 흉년의 재해를 구제하여 돌보는 것은 마치 미치지 못할 것처럼 서둘러야 할 일인데 말할 것이 있겠는가. 이는 백성의 목숨이 달려 있는 바이니, 잠시라도 중단이 있어서는 안 된다. 오늘 한 가지 정사를 행하고 내일 한 가지 일을 행하여 곤경에 처한 나의 백성들을 편안한 자리로 옮겨 오도록 한 뒤에야 나의 마음이 바야흐로 편안할 것이다. 학문과 사업은 원래 두 가지

이치가 아니다. 진실하게 쌓아 가고 힘써 오래하여 물 뿌리고 땅을 쓰는 일에서부터 나라를 다스리고 천하를 태평하게 하는 일에 이른 뒤에야 공부의 극치를 이루었다고 할 수 있으니, 사업이나 학문을 막론하고 중도에 그만두어 그전에 이룬 공까지 버려서는 안 된다."

흡사 예전 드라마 〈다모〉에 나오던 "아프냐? 네가 아프면 나도 아프다."는 말과 거의 같다. 백성이 배가 고프면 나도 배가 고프고, 백성들이 배가 부르면 나도 배가 부르다는 정조의 이 말은 진심이었다. 그래서 정조는 "나라에 이롭고 백성들을 위해서라면 나의 살갗인들 어찌 아끼겠는가!"라고 이야기했다. 흉년이 들어 정부에 비축한 재정이 부족하고 백성들의 경제적 현실에 문제가 생기면 잠을 자지 못하고 정무를 보는 전각 주위를 서성거리며 근심과 해결 방안을 모색하기도 했다. 그래서 정조는 왕실과 종친들이 백성들의 토지를 빼앗거나 국가에 세금을 내지 않고 빼돌리려 하는 것을 용서하지 않았다. 국가의 권력이나 기득권들의 힘 때문에 백성들이 고통 받는 것을 용서하지 않겠다는 것이고, 재위 기간 동안 문제가 발생하면 과감하게 처단했다.

정조가 백성들을 존중하고 세심하게 배려하는 모습은 여러 기록을 통해서도 확인할 수 있다. 정조가 수원으로 행차를 하는데 가는 길이 구불구불하고 멀어 군사와 말이 모두 지쳤다. 군사들이 지친 모습을 본 정조는 다른 길이 있는지 확인하게 하고 편한 길로 가라고 했다. 이때 신하들이 정조에게 수원으로 내려가는 지도를 올렸다. 신하들은 지도를 보여주면서 나루 건너에 있는 가운데 길로 가면 편하게 갈 수 있을 것이라고 했다.

그런데 정조가 보기에 그 길이 편한 길인 것은 맞는 것 같지만 분명 민간의 무덤이 있는 것 같았다. 그래서 혹시 그 길에 무덤이 있느냐고 물어보

앞다. 그러면서 만약 그 길로 가면 무덤을 침범하는 것이 아니냐고 물었다. 그랬더니 신하들이 정확히 무덤은 아니지만 무덤이 가까이에 있다고 했다. 정조는 어찌 군왕과 군사들이 편하자고 백성들의 무덤을 침범할 수 있느냐고 하며 그 길로 가지 못하게 했다.

사실 국왕이 그 길을 지나간다고 뭐라고 할 백성들은 없었을 것이다. 그리고 민간의 무덤을 심하게 훼손하면서 걷는 것도 아니고 그 일대를 지나는 것임에도 정조는 백성들에게 피해가 가는 일이라고 하지 못하게 한 것이다.

이런 세심한 배려는 화성 축성에서도 나타났다. 가령 화성의 성벽에 나타난 담장은 당연히 설치된 것으로 생각하지만 이는 정조의 위민정신의 발로였다. 당시 조선의 축성법에는 성곽의 담을 화성처럼 높이 만들지 않았다. 그리고 간격 자체도 띄엄띄엄 있어서 군사들의 몸을 외적의 화포로부터 보호할 수 없었다. 이에 정조는 우리 군사들의 몸을 보호하기 위해 담장을 높이고 간격을 붙이도록 지시했다. 그 결과 오늘날 화성의 성벽과 담장이 어우러져 체성體城을 이루게 된 것이다.

화성 축성 시 장안문의 위치가 애당초 자리에서 변경되었는데 이 역시 정조의 백성들에 대한 배려 때문이었다. 축성공사를 시작하기 직전인 1794년(정조 18) 1월 14일에 정조는 공사 현장을 모두 들렀다. 이때는 성벽을 쌓을 위치에 깃발을 꽂아서 한눈에 성벽 위치를 알아보도록 준비가 되어 있었다. 정조는 팔달산 정상에 올라가 깃발이 꽂혀 있는 모습을 보고 나서 장안문(북문)이 놓이게 되는 위치를 더 바깥으로 이동하도록 명령을 내렸다. 당초 계획한 북문과 남문의 거리가 너무 가깝다는 점과 북문 위치에 많은 민가가 철거될 것을 염려한 결과였다.

정조는 장안문 건립 예정지에 민가가 가득한데 이곳에 깃발이 잔뜩 꽂혀 있는 것을 보고 의아해하며 물었다. 그랬더니 이 자리에 화성의 북쪽 대문을 만들고자 한다는 답변이 나왔다. 화성유수를 비롯한 축성 담당자들은 서문인 화서문에서 북수문인 화홍문을 직선으로 연결하면서 그 가운데에 북쪽 대문인 장안문을 만들고자 한 것이다.

정조는 축성 책임자들에게 그곳의 민가는 5년 전 현륭원 공사 때문에 그 지역에 살던 백성들을 이주하게 하여 정착시킨 것인데, 이들을 우리가 성곽을 만들기 위해 또다시 이사를 가라고 하는 것은 올바른 일이 아니라고 했다. 공역과 시간이 더 걸린다 하더라도 백성들에게 피해가 가서는 안 되니 성문을 백성들의 집이 있는 지역 밖으로 내어 만들라고 강력하게 지시했다. 결국 정조의 명령으로 민간 밖으로 장안문이 만들어지게 되었다.

화성에는 정조의 백성들에 대한 존중 의식이 그대로 드러난 시설물이 또 있다. 바로 화성행궁 봉수당과 무예를 훈련하는 연무대이다. 그 시설물은 화성행궁 봉수당 계단 앞과 연무대로 오르는 계단의 중앙에 마련된 '하마석'下馬石이다.

평소 말 타기를 즐겨했던 정조는 역대 국왕의 능행이나 사도세자의 현륭원 행차에 반드시 말을 타고 다녔다. 그 이유는 두 가지였다. 하나는 군대 통수권자로서의 위엄을 보여주기 위해서였다. 또한 행차 시에 반드시 군복을 입고 다녔는데 이 역시 국왕의 위엄을 보여주기 위해서였고, 자신에게 반기를 들고자 하는 반대 세력들에게 군사적 힘을 보여주고자 한 것이었다. 더불어 북벌을 꿈꾸었던 효종이 늘 말을 타고 다녔기 때문에 자신 역시 말을 타고 다닌다고 신하들에게 설명했었다.

이러한 공식적이고 표면적인 이유 외에 정조가 말을 타고 다닌 것은 수레를 타고 다닐 경우 군사들에게 폐를 끼칠 수 있기 때문이었다. 추운 겨울에 감기가 지독히 들었어도 정조는 따뜻한 수레를 거부하고 말을 타고 이동했다.

이것이 바로 정조가 아랫사람들을 극진히 생각했던 실천의 모습이기도 했다.

이처럼 말을 타고 다니며 군사들을 힘들게 하지 않으려 했던 정조가 화성행궁 봉수당과 연무대에 또 하나의 장치를 해두었다. 그것이 바로 봉수당과 연무대에 오르는 계단의 하마석이었다.

조선시대의 양반 관료들은, 혹은 중인이라 하더라도 장사를 해서 돈을 번 사람들이라면 모두가 말을 타고 다니고 싶어 했다. 말을 탄다는 것은 요즘으로 치면 최고급 승용차를 타는 정도로 대단한 것이었다. 국내 승용차가 아닌 외국의 유명한 브랜드 승용차를 타는 것 이상으로 대단한 가치가 있는 것이었다. 그래서 말을 타는 사람들은 안하무인이기 일쑤였다. 말을 타는 이들은 말에 올라탈 때 하인들의 등을 밟고 올라타는 것이 기본이었다.

예전이나 지금이나 가진 자들은 아랫사람들의 고통과 수모를 모른 채 살아가지만 그래도 사람의 등을 밟고 올라가는 것은 비참하다고 느껴진다. 그러나 이와 같은 필자의 생각은 전근대 봉건적 사고방식이 아닌 민주화된 사회의 인식일 수밖에 없다.

예전에 하인이나 노비들이 주인을 위해 이 정도의 일을 하는 것은 너무도 당연하다고 생각했다. 그래서 이들의 등을 밟고 올라가는 것을 진보적인 생각을 가진 실학자들조차 이것이 나쁜 행동이라고 전혀 인식하지 못했다.

하지만 정조는 그렇게 생각하지 않았다. 조선의 모든 노비를 없애 평등한 사회를 만들고자 했던 정조에게 고귀한 인간과 천한 인간의 구분은 없었다. 정조는 "인간으로 태어나 어찌 귀한 자가 있고 천한 자가 있겠는가? 이 세상에 노비보다 슬픈 존재는 없다. 고로 마땅히 노비는 혁파되어야 한다." 라며 이들에 대한 전면적인 혁파 기획을 세웠다. 정조를 위대한 성인으로 만들고자 없는 말을 만들어내는 것이 아니다. 실제 그의 삶은 노비의 슬픔과 광대들의 고통, 궁녀들의 한恨을 이해하는 모습들로 가득하다.

그래서 정조는 화성행차 시 화성행궁에 들어가 정무를 볼 때와 군사들을 격려하기 위해 찾아갔던 연무대를 오를 때 군사들의 등을 밟고 말에서 내리는 것을 용납하지 않았다. 그래서 굳이 만들지 않아도 될 하마석을 만든 것이다.

하마석에서 말을 내리고 사열을 받은 이후 하마석에서 말에 올라타는 정조는 그 얼마나 인간적인가! 사람을 사랑할 줄 아는 사람만이 지도자가 되어야 한다는 평범한 진리를 정조는 몸으로 실천한 것이다. 이러한 정신으로 화성은 백성들에게 꿈과 희망을 줄 수 있는 위민爲民의 터전이 될 수 있었던 것이다.

거대한 형태의 문화재, 온갖 치장이 들어간 문화재만이 우리의 자랑이 아니다. 오랜 세월 만고풍상을 겪으면서 보잘것없는 모습이지만 백성들을 사랑하는 마음이 담긴 문화재야말로 진정 우리의 귀한 문화유산인 것이다.

자신의 백성들과 군사들의 인격을 존중하고 이를 통해 조선의 모든 백성을 사랑하고자 했던 정조, 그의 마음이 담긴 화성행궁 봉수당과 연무대 하마석을 보며 서로를 사랑하는 마음과 마음이 모여 진정 아름다운 화성을 만든 것이 아닌가 생각해 본다. 이 하마석이야말로 우리나라의 진정한 보물이다.

리더라고 해서 자신과 함께하는 이들에 대하여 모든 것을 알 수도 없고 모든 것을 배려할 수도 없다. 하지만 눈에 보이는 것을 배려하지 않으면 안 된다. 타인에 대한 배려는 그냥 나오는 것이 아니다. 사람들에 대한 애정이 기본적으로 갖추어져야만 한다. 이 애정이 없이 사람들에 대한 존중과 배려는 할 수 없다.

보통 사람들이 모두 타인에 대한 애정과 배려, 존중의 마음을 갖고 있지는 않다. 그러나 리더가 되려는 사람에게 이것이 없다면 훈련을 통해서라도 만들어야 하고, 만든 이후에는 늘 몸과 마음에 지니며 실천해야 한다. 사람들은 작고 세심한 배려에 늘 감동한다. 그러면 그들은 리더가 하는 일을 적극적으로 따라 한다. 그러면 세상을 바꿀 수 있다.

40

공자를 내세워
학문의 정통성을 드러내다

조선의 건국 이념은 숭유억불崇儒抑佛이다. 조선은 유교를 숭상하고 불교를 억누르는 것을 기본 이념으로 삼은 유교 국가였다. 따라서 유교를 확산하는 일은 조선시대 국왕과 관료들이 해야 할 중요한 임무였다. 이를 수행하기 위하여 조선 건국 후 성균관을 만들어 공자를 배향하고 전국 모든 고을에 향교를 만들어 공자 제향과 유교 이념 교육을 시켰다. 이처럼 조선시대는 전국 모든 고을에서 해마다 봄, 가을 두 차례 공자의 제향을 지냈다. 자기 나라 선조도 아닌 인물에게 온 나라 백성들이 해마다 제향을 두 차례나 지냈으니 공자의 위상은 참으로 대단했다.

정조는 공자의 위상을 통해 왕권을 강화하고자 했다. 군사의 지위를 얻고자 한 정조는 주자성리학이 만연한 시대에 공자의 학문으로 들어갔다. 사실상 주자성리학은 주자가 공자의 학문을 해석한 것이다. 공자 원류의 학문이라고 할 수 없는 것이다. 당시 주자성리학은 노론 중심으로 집중되었고 주자가 이야기한 학문 이외에 다른 학문을 꺼내면 사문난적이라는 비판을 들어야 했다. 사문난적으로 몰리면 곧 죽음에 이르렀다. 그러니 주자성리학 외에 다른 이야기를 한다는 것은 어려운 일이었고, 이를 기반으로 노론이 모든 분야를 장악했다. 그래서 정조는 강력한 군권을 행사하기 위해서 주자성리학보다 높은 차원에서 공자의 학문을 논의하는 것으로 방향을 정했다. 주자가 아무리 대단하다 하더라도 공자를 능가할 수는 없기 때문이다.

그래서 정조는 공자의 영정을 봉안하고 공자의 학문을 체계적으로 교육할 수 있는 특별한 기관을 만들기로 했다. 그것이 바로 궐리사闕里祠다. 궐리사는 일반적으로 공자의 고향인 중국 곡부에 있는 공자의 사당을 가리킨다. 이곳은 일반적인 중국의 향교와 달리 공자의 후손이 대대로 관리하고 제향을 하는 곳이다. 현재 사회주의 국가로 변한 중국에서도 이 제향만큼은 변하지 않고 공자의 후손들이 담당하고 있다. 중국의 역대 왕조들은 이곳 궐리사와 공자 후손에 대한 지원을 통하여 문치주의를 표방해왔다. 정조는 궐리사를 자신의 친위도시인 수원 신도시에 조성함으로써 자신이 공자의 학문적 후예임을 보여주고, 또한 수원 신도시가 조선 유학의 중심지임을 설파하고자 했다.

정조시대에는 공자의 조각상을 파는 상인들이 등장할 정도로 공자에 대한 배향 의지가 높았다. 당시 성균관의 중요 관직인 지성균관사 황경원이 상인들이 파는 공자의 조각상을 성균관 명륜당에 옮기기도 했다. 황경원은 공자의 조각상을 파는 것을 근절하려 했는데 정조는 오히려 공자를 존숭하는 풍토가 나쁘지 않다고 허용하도록 했다. 이는 당시 시대적 분위기가 공자에 대한 존숭이 강하다는 것을 보여주는 사례라고 할 수 있다.

이와 같은 공자 존숭의 분위기에서 정조는 국가 차원에서 공식적으로 공자의 초상을 모시고 배향하는 사당을 만들기로 했다. 정조는 사대부들에 의해 건립된 충청도 이성尼城의 궐리사를 인정하지 않았다. 국가가 해야 할 중요한 일을 일개 사대부들이 건립하여 제향을 하는 것이 타당하지 않다고 생각했기 때문이다.

> "이성尼城의 궐리사 역시 완전히 옳은 것이라고는 할 수 없다. 전국 3백 60군 데의 군현에 모두 공부자를 제사지내는 곳이 있는데, 어찌 유독 이성에서만 향교 이외에 별도로 사당을 설치한단 말인가. 교화가 지극하지 못하고 풍속이 바르지 못한 상황에서 내가 이왕에 만들어진 사당에 대해서는 일률적으로 논할 수 없으나, 앞으로는 감히 옛 성인의 화상을 그려 봉안하는 서원을 설치하지 못하도록 예조의 관리에게 지시하여 각도에 공문으로 알리게 하라."

정조는 충청도 이성의 궐리사가 당파 싸움에서 비롯된 것이라고 인식했다. 그래서 탕평정치의 일환으로 지역에서 공자를 모시는 사당을 세운 것을 인정하지 않고 조정의 책임으로 운영될 궐리사를 만들고자 한 것이다. 새로운 신도시 수원에 만들어지는 궐리사는 단순히 공자를 배향하기 위한 유학의 상징으로만 건립된 것이 아니라 바로 탕평을 위한 숨은 의도가 있었던 것이다. 정조가 향후 공자와 주자의 화상을 봉안하는 서원 역시 일절 금지하는 강경 조치를 내린 것은 각 당파들이 자신들이야말로 공자의 학문을 계승했다고 주장하는 것이 곧 당파 싸움으로 발전할 수 있다고 보았기 때문이다. 한편으로는 국가에서 만든 유일한 궐리사를 건립함으로써 화성의 위상을 높일 수도 있었다. 정조는 화성유수부에 궐리사를 건립함으로써 화성이 곧 노론 학통의 지류를 이루고 있는 기호 지역과 호서 지역과 퇴계 이황의 학통을 이은 영남 지역보다도 더 중요한 유교의 계승 공간이라는 것을 명확히 하고 싶었던 것이다. 결국 화성 궐리사 건립은 붕당정치의 폐해를 막기 위한 고도의 정치 운영이 내포된 것이다.

1793년(정조 17) 수원 신도시를 화성유수부로 승격시키고 난 뒤 궐리사 건립 공사를 시작하여 5월 12일에 건축을 마무리했다. 원래 공자의 영정은 화성유수부의 광덕면에 모셔져 있었다. 이 영정을 정조는 화성유수부를 승격하고 부의 남쪽 40리에 있는 초평면에 있는 기묘명현己卯名賢이자 공자의 후손이었던 공서린孔瑞麟의 생가로 옮겨 영당을 지어 모시도록 했다. 새로 만든 공자의 영정을 모신 사당이 곧 오늘날의 궐리사이다. 정조는 직접 궐리사 편액을 하사하여 궐리사의 위상을 한껏 높여주었다.

"공씨孔氏가 우리나라에 건너와 맨 먼저 수원에 정착한 사실이 읍지에 실려 있는데, 일전에 도신으로 하여금 그곳의 형태를 그림으로 그려 올리게 하여 그 그림에서 찾아보니 궐리사闕里祠란 사우祠宇도 있고 은행나무도 심어져 있으며 대대로 눌러 사는 후손들도 있었다. 또 궐리闕里에서 수십 리 떨어진 곳에는 새로 지은 영당影堂이 있다고 했다. 문헌공文獻公(공서린)의 시호를 내린 뒤로도 조정이 공씨 집안을 우대하는 일에 있어 보통의 예와는 달리 해야 할 것이니 도백으로 하여금 궐리 옛터에다 집 한 채를 세워 내각에 있는 성상聖像을 모시게 하고 영당에 모셨던 진영眞影도 모셔다가 함께 봉안하고서 이름을 궐리사라 하라. 사우의 편액은 써서 내리겠다. 봄·가을로 지방 수령에게 향香과 축祝을 내려 제사를 모시게 하고 제사에 쓰이는 제수들은 대략 이성尼城 궐리사闕里祠의 예대로 시행하되 한사코 정갈하고 간략하게 하라. 그렇게 하고 나면 이른바 새로 세웠다는 영당은 고을 유생들이 사사로이 세운 것에 불과하고 또 간직했던 영정마저도 함께 봉안했으니 재목이며 돌들도 당연히 이곳에다 옮겨 세워야 할 것이다. 어찌 감히 사사로이 제향을 드릴 일이겠는가. 서원을 지키는 재생齋生에 있어서도 그 마을에 대대로 살아온 공씨를 시키도록 하고 다른 유생은 감히 섞이지 못하게 하여 시빗거리가 없도록 하라. 이 전교를 써서 강당에다 게시하라."

정조는 궐리사가 공서린의 생가 옛터에다 만든 것임을 밝혀주면서 봄과 가을에 화성유수로 하여금 제향을 올리게 했다. 또한 자신의 이와 같은 생각을 아예 새겨서 강당에 게시하게 하라고 했다.

정조는 궐리사의 운영을 위하여 유사有司 1명과 장의 2명 색장 1명을 두게 했다. 화성유수부 전체에 유사는 향교 1명과 서원에 2명 등 전체 4명이었다. 더불어 장의도 8명인데 궐리사에 2명을 두었고 색장도 전체 4인 중에서 궐리사에 1명을 둔 것이다. 정조는 궐리사에 임명된 유사, 장의, 색장 모두를 공씨로 선정하여 임명하게 했다.

그리고 곧이어 창덕궁 규장각 이문원摛文院에 있던 공자의 진본眞本을 화성의 궐리사로 옮겨 모시게 했다. 더불어 제향의식을 정비했다. 처음에는 화성 궐리사의 제향의식이 따로 없어 노론들이 세운 이성의 궐리사 제향을 따르게 했으나 건립 후 예조의 요청으로 곧바로 궐리사 제향 의식의 절차를 하교했다. 궐리사 제향 의식은 단군을 배향한 삼성사三聖祠의 제향 의식과 같은 수준이었다. 정조시대에는 단군에 대한 배향도 재정비하고 이를 국가 제사로 승격해 놓았다.

정조는 궐리사를 단순히 공자의 제향과 수원 지역민의 교육만을 위하여 건립한 것이 아니라 자신의 왕권을 강화하고 탕평정책의 일환으로 건립했다. 공자의 학문적 후예라는 인식을 만들고 이를 통해 군사君師로서의 이미지를 확고히 한 것이다. 노론들이 만든 충청도 이성의 궐리사를 유명무실하게 하고 조정에서 만든 궐리사를 유일한 공자의 궐리사로 인정하게 함으로써 이를 통해 당파의 폐단을 근절하고자 한 것이다. 정조의 이러한 계획과 실천은 훌륭하게 성공했고, 오늘날까지 정조의 문화를 통해 탕평정치가 인정받고 있다.

리더는 자신의 정통성을 반드시 드러내야 한다. 가급적 그 정통성을 가장 높은 곳으로 끌어올리는 것도 좋은 방법이다. 자신이 어떤 위인의 사상과 정책을 계승하는지 밝히는 것도 매우 중요하다. 이렇게 자신의 정통성의 원류를 밝히게 되면 그에 대한 불신이나 의구심이 없게 된다. 그런 후에 리더는 진중하고 강력하게 일을 추진할 수 있다.

41

전문 기술자들을
존중하다

화성은 그 어떤 문화유산보다 민본주의 정신에 입각해서 만든 성곽이다. 일반적으로 성곽을 쌓을 때는 많은 사상자가 발생하기 마련이다. 화성역시 부상자들이 없을 수 없었는데 그 치료를 조정에서 책임져주었다. 또한거기서 그치지 않고 화성을 축성하는 모든 인부들에게 정당한 급료도 지급했다. 이로 인해 10년 걸릴 성곽 공사를 3년도 채 되지 않아 완성하게 되었다.

그런데 화성 축성 과정에서 모든 기술자와 일꾼들에게 임금을 지불했다는 것은 잘 알려져 있는 사실이지만 정조가 특별히 민본주의 정신을 발휘해서 기술자와 일꾼들에게 한겨울에 털모자를 선물한 일은 잘 모를 것이다. 화성은 전국의 모든 고을에서 보낸 성곽의 설계도를 비교해 장점과 단점을분석했고 더불어 그 분석한 내용을 가지고 정약용이 설계한 기본계획과 연계하여 최종설계를 한 것이었다. 여기에 더하여 성역소城役所라는 축성을 위해 조선 최초로 만든 특별기구에 속한 기술자인 편수들이 지혜를 합친 것이기도 하다.

정조는 기술자들을 대함에 있어 단순한 노동 계층이 아닌 그들의 기술과 지혜를 받아 안고자 했다. 그것은 화성의 4대문에 있는 공사 실명판만 보아도 알 수 있다. 거기에는 감독관인 정부 전·현직 고위 관리들과 기술자인 편수들의 이름이 나란히 올라와 있다. 이것으로 정조가 기술자들을 얼마나 높이 대우했는지 알 수 있는 것이다.

사실 화성은 이처럼 기술자와 하루하루 날품팔이를 하는 일당 노동자들을 높이 대우했기 때문에 견고하면서도 빨리 축성될 수 있었던 것이다. 우리는 흔히 정약용이 고안한 거중기, 녹로, 유형거와 같은 과학 기계로 인하여 축성이 빨라진 것이고 더불어 정조가 화성 축성에 참여한 모든 이들에게 임금을 주었기 때문에 빨라졌다고 이야기하고 있다. 물론 이 말도 틀린 말은 아니다. 하지만 그것보다 더한 것이 있었으니 다름 아닌 정조의 사랑 때문이었다. 양반도 아니요, 중인도 아니고 지위도 높지 않은 목수, 석수, 칠장이, 톱질장이, 기와장이 등 축성에 참여한 기술자와 허드렛일꾼 모두에게 정조가 깊은 사랑을 주었기 때문이다.

그 사랑은 다름 아니라 성곽을 쌓는 추운 겨울에 정조가 하사해준 털모자였다. 겨울은 다른 계절에 비해 활동하기 어려운 것이 사실이지만 그래도 흰 눈과 얼음은 어린이와 연인들을 들뜨게 하는 묘한 매력이 있다. 그러나 과거 200여 년 전으로 돌아가면 겨울은 고통의 계절이었다. 솜옷을 입고 따스하게 살아가게 된 것은 채 몇 십 년이 되지 않았다. 고려 말에 문익점에 의해 목화가 보급되었지만 실제로는 귀족들의 전유물이었지 조선조에 이르기까지 솜옷은 백성들의 의복이 아니었다. 그러니 겨울에 야외에서 일을 하면서 얼마나 추웠겠는가!

화성을 축성할 때도 겨울은 추웠고 축성에 참여한 기술자와 인부들은 너무도 힘들었을 것이다. 백성을 사랑하는 군주 정조가 왜 그런 사실을 몰 랐겠는가. 정조는 겨울을 이기면서 축성을 진행할 수 있는 특별한 조처를 내려주었다. 그것이 바로 기술자와 일꾼들에게 털모자를 선물하는 것이었 다. 그깟 털모자를 하사한 것이 뭐 그리 대수라고 민본주의 운운하느냐고 의아해 할 수 있다. 하지만 실상을 알고 나면 정조의 털모자 하사는 참으로 어마어마한 일이었다. 정조가 얼마나 화성을 축성하는 백성들을 사랑했는 지 알 수 있게 하는 대목이기 때문이다.

조선시대에는 한겨울에 정3품 당상관 이상만이 귀마개를 할 수 있었다. 토끼털로 만든 귀마개는 정3품까지 올라간 나이 많은 관료들의 건강을 지 켜주던 유일한 물건이었다. 더불어 털로 만든 모자 역시 이들만이 쓸 수 있 는 귀한 물건이었다. 지금이야 아무것도 아니지만 조선시대에는 모자를 아 무나 쓸 수 없었다. 신분 차별이 극심하던 시대였기에 털모자 하나도 아무 나 쓸 수 없었던 것이다. 물론 유득공의 문집을 보면 조선 후기 사회가 급격 하게 변화하게 되면서 서울에 있는 정3품 당상관 아래에 있는 일부 관료들 이 건방지게 귀마개를 한다고 개탄하는 대목이 나오지만 그래도 일반 평민 들은 언감생심 절대로 쓸 수 없는 것이 바로 털모자였다.

지리산과 설악산 등에서 호랑이를 잡는 포수들이 호랑이 가죽으로 털모 자를 만들어 쓰는 것이 일부 있기야 하겠지만 그것은 아주 특수한 사례이 다. 이처럼 감히 평민들은 만져보지도 못할 털모자를 겨울에 성곽을 쌓는 기술자와 인부들에게 나누어준 것은 감히 상상도 하기 힘든 일이었다. 그만 큼 정조가 화성에 대한 애정을 가지고 있었기 때문에, 아니 화성을 축성하 는 모든 백성들을 사랑하는 마음이 있었기 때문에 가능했던 것이다.

털모자만이 아니라 기술자와 막일꾼들에게 솜옷도 하사해주었다. 앞서 도 말했지만 조선시대에 솜옷을 입는 것은 그리 흔한 일이 아니었다. 여름에 입던 삼베옷을 겨울이 되어도 그냥 입는 사람들이 허다한 것이 당시의 실상이었기 때문이다. 그런 시대에 안에 솜을 두둑이 넣어 걸치기만 해도 따스함을 느낄 수 있는 솜옷을 임금님이 지어서 나누어주었으니 화성 축성에 참여한 모든 이들이 감격의 눈물을 흘리지 않을 수 없었을 것이다.

결국 화성은 정조의 그런 마음과 정조의 마음을 이해한 백성들의 마음이 하나가 되어 세계 최고의 걸작으로 탄생된 것이다. 작은 털모자와 솜옷이 사람의 마음을 움직이고 그로 인해 화성이 축성된 것이다.

이처럼 화성은 정조, 채제공, 조심태, 정약용 등 특정 인물들의 지도력 덕분에 이루어진 것이 아니라 전국의 백성들의 지혜와 기술자들의 헌신적인 노력 덕분에 만들어진 것이다. 물론 그 바탕에는 군왕 정조의 깊은 사랑이 있었기 때문이기도 하다.

오늘날 우리는 무척이나 각박한 사회를 살아가고 있다. 이러한 사회를 보다 더 아름답게 만드는 것은 서로를 사랑하는 것 말고는 없을 것이다. 세계문화유산 화성에 대해 건축미의 웅장함 혹은 아름다움만 볼 것이 아니라 그 속에 담겨 있는 인간에 대한 진실된 사랑을 보았으면 한다.

42

중요한 일이 있으면
반 잔 술도 입에 대지 않다

우리 민족이 즐겨 마시는 술은 거른 형태에 따라 청주淸酒와 막걸리인 탁주濁酒로 나뉜다. 이는 자연스럽게 고급술과 대중술로 나뉘었다고 볼 수 있다. 옛 사람들은 소주인 청주를 성인聖人이라 하고 탁주를 현인賢人이라고 하는 은어로 표현했다.

조선 초기 소주는 특정계급인 양반들에게만 접근 가능한 기호품이었고, 사치스런 고급주로 인식되었다. 그 이유는 발효시켜 증류하는 과정에 곡식이 많이 들어갔기 때문이다. 그래서 곡식 낭비를 이유로 소주를 금지하자는 간언이 있기도 했다.

퇴계 이황의 학통을 이은 정경세는 "술은 바로 사람을 죽이는 독약이다. 아주 통렬하게 술을 끊어서 누룩이나 술잔, 술동이 따위를 일절 집 안에 두지 말라."고 제자들에게 교육을 시켰다.

술에 대해 좋은 점과 나쁜 점을 동시에 평가한 이도 있다. 규장각 검서관 이덕무는 "술은 기혈을 순환시키고[導氣], 감정을 펴고[布情], 예를 행하는[行

禮] 세 가지 의의가 있다. 그러나 지나치게 많이 마셔 혼미한 지경에 이르면 인간의 도리를 해한다."라고 긍정과 부정적 측면을 모두 말하고 있다. 이처럼 술에 대한 의견이 다양한 것은 백성들의 삶에 술이 빠지지 않았기 때문이다.

정조는 술에 대한 적극적인 지지를 하는 입장에서 그에 따른 책임의식을 강조했고, 한편으로는 술의 폐단을 예방하고자 했다. 정조는 개인적으로 술을 좋아하는 사람이 아니었지만, 신료들과의 화합을 위해 술을 자주 마신 사람이기도 하다.

그는 경연에서 신하들과 다음과 같이 술에 대한 토론을 벌였다.

《예기》〈악기〉樂記에 '선왕先王이 주례酒禮를 만들 때에 일헌一獻의 예법을 빈賓과 주主가 백배百拜를 하도록 하여 종일토록 마셔도 취하지 않게 했다.'고 했으니, 술을 취하도록 마시는 것은 예에서도 깊이 경계한 바인데, 이 장에서는 '술은 정량이 없었다'[惟酒無量]라고 하고, 주자가 풀이하기를, '양을 정해 놓지 않고, 취하는 것으로 절도를 삼는다.'고 하여 마치 취하지 않으면 그치지 않는 것처럼 했으니, 어째서인가?"

이 같은 정조의 질문에 이익운李益運은 '정량이 없었다'[無量]는 두 글자는 외면만 얼른 보면 마치 사람을 취하도록 유도한다는 혐의가 있을 듯하지만, '어지러운 데에까지는 이르지 않았다'[不及亂]는 세 글자를 보면 정량이 없는 가운데 절로 정량을 둔 뜻이 있음을 알 수가 있습니다. 대개 사람들의 주량이 같지 않으니 다만 얼근히 마시는 것일 뿐입니다. '취하는 것으로 절도를 삼는다'[以醉爲節]의 취醉 자가 어찌 얼근히 마신다는 뜻이 아니겠습니까."라고 대답했다.

이는 술을 마심에 있어 절도를 가지고 마셔야 한다는 것이다. 즉 옛 사람들은 술을 마심에 있어 양껏 마시되 절도가 있어야 된다고 강조했다.

성인聖人으로 평가받는 공자孔子가 술을 좋아했다는 사실을 아는 사람은 그리 많지 않다. 왜냐하면 그가 한 번에 술 수십 병을 마시고도 실수를 한 적이 없기 때문이다. 공자의 음주 습관을 《논어》〈향당편〉鄕黨篇에서는 "주량이 무량이되 난잡하지 않았다."고 했다.

공자는 주역周易을 완성하면서 64괘 중 마지막 괘인 '화수미제'火水未濟 마지막을 음주문화와 관련해서 정리했다.

"술을 마시는 데 믿음을 두면 허물이 없거니와有孚于飮酒 無咎, 그 머리를 적시면 믿음을 두는 데 바름을 잃으리라濡其首 有孚失是!" 술을 마실 때 상대방과 믿음을 갖고 사이좋게 마시면 불신과 허물을 없앨 수 있지만, 너무 많이 먹고 취해 이성을 잃으면 잘못된 행동으로 오히려 신뢰를 깬다는 뜻이다.

공자가 주역 마지막 괘를 "술 마시는 것을 경계하라."고 한 것은 그 당시에도 그만큼 잘못된 음주문화가 많았고 그로 인해 역사 발전을 저해할 수 있다고 판단했기 때문이다. 그래서 공자는 《논어》에서 "몸가짐에 부끄러움이 없으며 곳곳에 사신으로 가서 군주의 명을 욕되게 하지 않으면 이를 선비라 부를 만하다."고 바른 처신을 하는 관료를 칭송했다.

술을 마시지 않는 일 또한 요즘 유행하는 풍조의 한 단면이다. 대개 술은 마구 마시면 실로 미치게 하는 약과도 같지만 절제하면 기운을 화평하게 하는 것에 도움이 되며, 또 약간 취할 듯 말 듯한 상태에서는 그 사람의 실상實相을 파악할 수 있다. 옛날부터 큰 학자들 중에는 술로 이름난 사람이 많았는데 지금은 쩨쩨하고 인색하게 마시는 태도가 풍습을 이루었으니, 이런 점에서도 또한 세태의 변화를 알 수 있다.

한편 정조는 술을 마시는 태도에 대해 독특한 사고를 갖고 있었다.

"무릇 사람들이 말하는 '주량酒量이 있다는 자'가 술에 의해 부림을 당하여서 절주를 하고자 하면서도 절주를 하지 못하니, 참으로 가소로운 일 중에서도 심한 경우가 아닌가. 절주를 해야 할 때는 절주를 해서 비록 반 잔의 술이라 할지라도 입에 가까이 대지 않고, 마시고 싶을 때는 마시되 비록 열 말의 술이라 할지라도 마치 고래가 바닷물을 들이키듯 마신다면, 이러한 경우를 두고 비로소 주량이 있다고 말할 수 있다. 그러므로 공자께서 말씀하시기를, '오직 술에는 한량이 없다'[酒無量]고 하셨으니, 여기에 비로소 '한량이 없는 술'은 곧 '한량이 있게 마신다'고 이를 수 있음을 알 수 있다."

즉 중요한 일이 있어 절대로 술을 마시지 말아야 할 상황이면 주변 유혹을 극복하고 술을 마시지 않고 해야 할 일을 하는 것이고, 중요한 일이 마무리되어 기쁜 자리를 축하해야 할 일이 있을 때 함께 즐거워하며 기쁘게 마시되, 난잡하게 먹어서는 안 된다는 것이다.

그래서 정조는 기쁜 일이 있으면 신하들과 흠뻑 취하는 술자리를 마련했다. 그는 1792년(정조 16) 3월 2일 성균관 제술 시험의 합격자들과 희정당에서 연회를 벌였다. 이 자리에서 정조는 합격자들에게 술과 음식을 내려주고는 한시에서 짝을 맞춘 글귀인 연구聯句로 기쁨을 기록하라고 명했다.

"옛사람의 말에 술로 취하게 하고 그의 덕을 살펴본다고 했으니, 너희들은 모름지기 '취하지 않으면 돌아가지 않는다'[不醉無歸]는 뜻을 생각하고 각자 양껏 마셔라. 우부승지 신기는 술좌석에 익숙하니, 잔 돌리는 일을 맡길 만하다. 내각과 정원과 호조로 하여금 술을 많이 가져오게 하고, 노인은 작은 잔을, 젊은이는 큰 잔을 사용하되, 잔은 내각內閣의 팔환은배八環銀盃를 사용토록 하라."

이를 통해 새로운 인재들이 들어온 것을 기뻐하는 정조의 모습을 그대로 볼 수 있다. 사실 정조가 이 자리에서 이야기한 '불취무귀'는 단순히 취하지 않으면 돌아가지 못한다는 말이 아니다. 정조의 이 말에는 아주 깊은 뜻이 담겨 있다.

사실 전근대 사회에서 술은 일반인들이 마음껏 먹을 수 있는 것이 못 되었다. 사극을 보면 주막에 가서 마음껏 먹는 장면이 나오지만 이는 실제가 아니다. 술은 곡식으로 만드는 것이었기에 흉년이 들면 곡식 생산량이 줄어 술을 빚을 수가 없고 가난한 자들은 원하는 만큼 먹을 수가 없었다. 오죽했으면 영조 재위 52년간 경제적 어려움 때문에 40년이 금주령의 시대였을까.

그래서 조선의 군왕들은 백성들이 마음껏 술을 먹고 기뻐할 수 있는 세상을 만들고 싶어 했다. 정도전이 경복궁의 이름을 지을 때 《시경》에 나오는 구절 중 하나인 "이미 술에 취하고 덕에 배부르니 군자만년 그대의 덕을 도우리라."에서 큰 복을 빈다는 뜻의 '경복'景福이라는 두 글자를 따온 것이 바로 그 이유인 것이다. 술에 취하고 군왕의 덕에 배부른 것이 가장 이상적인 사회라고 생각했기 때문이다.

'불취무귀'란 말은 실제로 취해서 돌아가라고 한 말이 아니라 자신이 다스리는 백성들 모두가 풍요로운 삶을 살면서 술에 흠뻑 취할 수 있는 그런 아름다운 세상을 만들어주겠다는 의미인 것이다. 한편 아직도 그런 사회를 만들어주지 못한 군왕으로서의 자책감과 미안함을 토로한 것이었다. 그래서 정조는 젊은 신하들에게 불취무귀의 정신을 생각하고 자신과 함께 백성들을 위한 정치를 하자고 하는 것이다. 그러면서 정조는 이 젊은 학자들에게 함께 술을 마시며 최고의 예우를 해준 것이다. 성균관 유생 신분임에도 불구하고 이들에게 조선 최고의 지식인이라고 평가받는 규장각 각신들이 사용하는 팔환은배를 사용하도록 한 것은 국왕이 술자리를 통해 최고의 격려를 해준 것으로, 술에 대한 정조의 철학을 현실적으로 보여준 사례라 할 수 있다.

또 한편으로 술좌석에 익숙한 사람으로 하여금 술잔을 돌리게 하여 술을 마시는 음주문화가 있었음을 확인시켜준다. 조선시대 선비들의 음주문화에 잔 돌리는 문화가 있었고, 이러한 음주문화가 오늘날까지 이어지는 것이다.

요즘 시대는 단체로 하는 회식문화가 거의 사라지는 시대다. 특히 코로나 19의 발병 이후 단체 회식은 지양하는 문화로 변해가고 있다. 그러니 리더들이 단체 회식에서 술을 권하는 행동도 자연스럽게 사라지게 될 것이다. 그럼에도 리더라면 지인들과 개인적으로 술을 마실 일이 있을 것이다. 리더들은 정조의 술에 대한 철학을 생각하고 중요한 일을 해야 할 때는 절대로 술을 마시지 말고, 해야 할 일이 다 끝나면 동료들과 함께하면서 우의를 다지는 것이 좋다.

7장

조선의
진경문화시대를 열다

무예도보통지(국립중앙도서관)

통일된 군사훈련을 위하여 도보(圖譜)로 편찬된 군대교련서로 세계 최고의 종합무예서

43

활자 주조 활성화로
문예를 부흥시키다

　리더들이 해야 할 중요한 일 중 하나가 다양한 정보를 제공하거나 아니면 기반을 만들어 주는 일이다. 사회는 빠르게 변화하는데 그에 대한 정보를 제때 제공하지 않으면 국가든 조직이든 발전할 수 없다. 어느 시대를 막론하고 정보의 제공은 문자를 통해 이루어진다. 지금 시대는 문자가 인터넷을 통해 정보로 제공되지만 전근대 봉건시대에는 문자 그 자체가 책으로 전해질 수밖에 없었다.

　문자가 책으로 만들어지는 경우는 크게 두 가지 형태가 있다. 하나는 손으로 직접 쓰는 것이고, 또 하나는 활자로 만들어 찍어내는 것이다. 우리가 흔히 필사본이라 부르는 책들은 모두 손으로 쓴 것이다. 활자 문화가 발달이 안 된 시대에는 자신이 공부하고자 하는 책을 직접 손으로 베껴서 사용할 수밖에 없었다.

　활자에는 여러 형태가 있다. 나무로 만든 활자가 있고, 동으로 만든 금속활자가 있었다. 금속활자는 당연히 돈이 많이 들어가기 때문에 정부에서 만들 수밖에 없었을 것이고, 나무로 만든 활자는 민간에서 주로 만들었다. 나무 판에다 글씨를 새긴 목판도 큰 틀에서는 활자의 일종이라고 할 수 있는데 이는 돈이 없으면 만들 수 없다.

돈이 많다는 양반사대부들도 뛰어난 학자의 문집을 제작하려고 하면 돈이 많이 들어가서 주로 관청의 비용으로 목판을 만들었다. 집안사람이 어느 고을의 수령으로 가게 되면 그 고을 비용으로 목판본을 찍어 문집을 만든다. 목판본은 훼손되지 않고 잘 남아 있기 때문에 아주 많은 분량을 찍어서 책을 만들 수 있는데 실제로는 그렇게 하지 않았다. 대략 100질 정도만 제작을 하여 집안사람들끼리 나누었다. 그 이유는 지식이 여러 사람에게 공유되기를 원하지 않아서이다.

국가에서 중요한 행사를 하게 되면 그 행사의 전말을 '의궤'라는 책으로 기록한다. 그리고 이 의궤의 그림은 목판에 새겨 인쇄하고, 글은 금속활자로 인쇄했다. 금속활자는 목판보다도 더 안정되고 단단한 활자이기에 여러 질을 인쇄할 수 있지만 9질 이상을 만들지 않았다. 국왕과 5대 사고 그리고 홍문관과 규장각 등 주요 기관에 소장하게 하고 양반 사대부들조차 보지 못하게 했다. 그러니 백성들은 더더욱 볼 수가 없었다. 다시 말해 조선시대는 지식을 양반사대부들이 독점하려고 했다. 기득권들이 지식과 정보가 백성들에게 전파되는 것을 원하지 않았기 때문이다.

그러나 정조는 이러한 시대를 거부했다. 양반사대부든 기층 백성들이든 모든 이들이 자유롭게 책을 접하여 많은 지식을 얻기 바랐다. 그러면 자연스럽게 문화도 발전하고 백성들의 권익도 높일 수 있다. 이를 위해 기본적으로 해야 할 일이 바로 활자 문화의 활성화였다.

정조시대는 조선중화주의를 바탕으로 조선 문화의 수준에 자신감을 가졌다. 정조는 자신의 학문적 소양을 바탕으로 강력한 문화정치를 추구했으며, 여기에 청나라의 문화를 적극적으로 수용함으로써 조선 후기의 문예부흥 시대를 열었다.

정조시대는 새로운 실학의 학풍이 거세게 일었으며, 정조 자신부터 정주학程朱學과 한문학漢文學에 관한 관심과 소질이 비범하여 즉위 초부터 규장각을 두어 국내의 준재를 뽑아 경사經史를 토론하게 하는 우문정치右文政治를 펴나갔다. 정조는 당파를 초월하여 인재본위로 관리를 등용해서 당쟁을 없애기 위해 노력했다. 농업을 장려하고 기근 방지에 유의했고, 농업에 대한 서적을 인쇄하여 배부하고, 지방관리로 하여금 실정을 알리게 하여 시정施政의 참고로 삼았다.

정조는 지식을 제공해 줄 수 있는 다양한 서적의 신속한 편찬을 위한 기본 작업으로 활자의 주조에 힘을 기울였는데 이는 서지학적 측면에서 중요한 사실로 주목된다.

정조는 책을 간행하기 위하여 활자의 중요성을 인식했다. 앞서의 이야기처럼 활자를 통해 책을 다량으로 간행하여 조선 백성들에게 지식을 보급하는 것이 국가가 해야 할 중요한 일이라고 생각했기 때문이다. 그래서 정조는 동궁 시절인 1772년(영조 48)에 갑인자甲寅字의 글자체로 임진자壬辰字 15만 자를 주조하도록 했으며, 즉위 원년인 1777년 정유년에는 임진자의 글자본으로 정유자丁酉字 15만 자를 다시 주조하게 했다.

호학好學의 군주였던 정조가 책의 수집, 출판에 열의를 보였던 까닭은 단순한 개인의 취향 때문만은 아닐 것이었다. 자신의 생부를 죽인 정치 세력의 위협 속에서 성장하고 왕위에 오른 정조는 자신의 지지 세력을 확보하고, 자신이 추구하는 정책을 수행할 관료집단이 필요했다. 이에 정조는 규장각과 초계문신제도抄啓文臣制度 등을 통해 지지 세력을 형성했으며, 학자군주를 자처하며 이들을 교육시키기 위해 많은 서적을 확보할 필요가 있었다. 이런 상황에서 정조가 책의 효율적인 편찬을 위해 활자 개량 의지를 보였음은 당연한 일이라 하겠다.

한편으로 정조가 책의 저술, 간행, 구입 등에 남다른 애정을 보인 것은 학문으로 통치 이념을 관철시키겠다는 의지를 드러낸 것일 것이다. 정조의 활자에 대한 관심도 이와 같은 맥락에서 심도 있게 고찰할 필요가 있다.

앞서의 이야기처럼 정조는 동궁 시절인 1772년(영조 48) 임진년 3월 15일 이전부터 6월 15일경까지 갑인자를 본떠 주조한 금속활자인 '임진자'壬辰字를 만들었다. 임진자가 비록 영조시대에 만들어진 것이기는 하나 이는 정조의 의도가 반영된 것이다. 동궁 정조는 자신의 우빈객인 서명응을 통해 영조에게 활자 제작을 청하게 했고, 영조는 무신자 인본인《심경부주》心經附註와《증보만병회춘》增補萬病回春을 글자본으로 하여 주조하게 했다.

이 활자는 주자서인〈중전사서집석서〉重鐫四書輯釋敍에 따르면, 교서관에서 3개월에 걸쳐 덧붙여 주조했고, 이 활자의 자보인〈신정자수〉新訂字藪에 따르면 큰 자 10만 2,326자와 작은 자 4만 441자를 합해 14만 2,767자를 주조하여 7장의 자장에 보관했다.

정조가 국왕으로 즉위하고 나서 가장 먼저 만든 것은 바로 1777년(정조 1) 정유년 8월 3일에 평안감사 서명응에게 지시하여 만든 금속활자 '정유자' 丁酉字이다.《정조실록》에 의하면 갑인자를 글자본으로 하여, 15만 자를 더 주조하여 올렸다 한다. 이 활자의 자보인〈규장자수〉奎章字藪,〈주자소응행절목〉鑄字所應行節目에 따르면, 큰 자가 10만 5,638자이고, 작은 자는 4만 4,532자로 모두 15만 170자이며, 7장의 자장에다 두었고, 활자의 감독은 사자관인 이종빈李宗賓 등이 했다고 한다. 정조는 서명응의 공로를 높이 평가하고 특별히 판중추부사의 품계에 올렸다가, 이어 다시 규장각 제학을 제수했다

《홍재전서》의《군서표기》에는 이 활자로 찍은 책들이 기록되어 있는데,

그중에서 가장 일찍 찍은 책은 《어정팔자백선》御定八字百選이며, 주로 어제나 어정서를 찍었다. 이 활자로 찍은 책은 규장각의 관원이 반사의 일을 맡았으며, '규장지보'奎章之寶라는 내사인기가 찍혀 있어 임진자로 찍은 책과 구분할 수 있다.

1782년에는 숙종 때 만든 한구자韓構字를 바탕으로 재주한구자再鑄韓構字 8만여 자를 다시 주조하게 했다. 이어 1792년에 나무로 생생자生生字 32만 자, 1796년에 생생자를 바탕으로 금속활자인 정리자整理字 30만 자를 주조하게 하여, 재위 기간 동안 수십 만 자의 활자가 제작되었다. 가히 정조시대는 활자의 시대라고 할 수 있다. 한 국왕의 재위 기간에 이처럼 많은 활자를 만든 일은 조선시대 전체에 걸쳐 한 번도 없었으며, 세계적으로도 유례를 찾아보기 어렵다.

정조가 만든 활자 중 가장 특별한 것은 목활자인 생생자生生字이다. 정조는 1792년(정조 16)에 청나라의 사고전서취진판四庫全書聚珍版 식을 본떠 강희자전자康熙字典字를 자본字本으로 오늘날 회양목이라고 부르는 황양목黃楊木을 사용해 목활자木活字를 만들었다. 이 활자는 대자大字 15만 7,200자와 소자小字 14만 4,300자를 조성造成했는데, 그중 반은 규장각에서 만들고 나머지는 평양에서 만들었다.

중국은 목판의 한계를 느낀 청나라 강희제 때 동銅활자를 만들었다. 출판이 끝난 동활자를 무영전武英殿에 방치했다가 건륭제 때 활자를 녹여 동전을 만들었다. 자신의 실책을 깨달은 건륭제는 나무 활자를 만들었는데 이를 '취진'聚珍이라 불렀다. '구슬을 모아 놓은 것'처럼 귀한 보물이라는 의미로 이름을 하사했다. '활자'가 직설적이고 형태적인 데 치중한 작명이라면, '취진'은 시적이고 문학적인 작명이다. 그에 비하면 '생생자'는 이 모든 것을 아우르고 있을 뿐 아니라 철학적인 의미까지 부여한 것이다.

보통 활자는 만든 해의 간지를 따서 임진자, 정유자 등으로 불린다. 생생자 역시 그해가 임자년王子年이었기 때문에 '임자자'王子字로 불릴 수 있었겠지만 정조는 그렇게 이름을 붙이지 않고 '생생자'로 명명했다. 동활자에 비해 제작하기 쉬운 목활자로 만든 이 활자가 살아 움직여서 백성들에게 도움이 될 것이라는 확신 때문이었다. 결국 '생생'生生이란 말은 백성들의 제2의 탄생을 의미하는 것이다.

이 활자는 정성스럽게 도각刀刻한 인서체印書體로, 그중 대자는 자체가 넓적하고 자획이 굵은 것이 특징이며, 정리자整理字의 자본이 되었다. 그 인본印本으로서는 《생생자보》生生字譜와 《어정인서록》御定人瑞錄이 있다. 《생생자보》 1책은 활자를 주조한 바로 그해에 《강희자전》의 예를 따라 생생자의 자종字種 및 자수字藪를 기록한 자보이다. 《어정인서록》 4권 2책은 1794년 홍낙성 등이 왕명을 받아 편찬, 간행하여 교열한 여러 신하에게 하사한 책이다.

생생자는 종래의 동활자의 활판인쇄술을 개량하는 데 그 목적이 있었으나 정조 19년인 1795년에 생생자체의 정리자가 30여 만 자로 주조되자 정리자와 혼용하게 되었다.

정조는 생생자와 정리자는 고르고 반듯하며 주조한 것이 정교하여 이전의 활자들과 비교하면 젖은 종이를 고르게 붙여야 한다든가 글자가 삐뚤거나 흔들리게 인쇄될 근심이 없다고 했다. 그리고 인쇄가 간편하고 빠르며 비용과 수고를 줄일 수 있어서 중국의 취진판식보다 도리어 더 나으니, 실로 책을 간행한 이래로 드러나지 않았던 비법이 모두 여기에 모여 있다고 했다. 당시 정조와 조정 관료들은 생생자와 정리자가 중국 활자를 뛰어넘어 세계 최고의 활자라는 자부심을 갖고 있었다.

결국 정조는 이러한 활자를 더욱 많이 제작하여 조선의 문화를 활성화하기 위하여 1796년(정조 20) 12월 15일에 각종 경적 인쇄처의 명칭을 국초와 같이 주자소로 부를 것을 명하여 운영했다. 주자소를 만들어 운영한다는 것은 결국 문화의 시대로 가는 것을 의미하는 것이고, 이것이 정조시대 문예부흥의 기반이 되는 것이다.

정조가 활자를 만들어 조선의 문화를 발전시키고 백성들을 똑똑하게 했듯이 오늘 시대의 리더들 역시 정보와 지식을 창조적으로 공유할 수 있는 기반을 조성해야 한다. 그래야만 시대를 이끌어갈 수 있다. 그러나 리더는 생각만 해서는 안 된다. 정조처럼 강력한 의지를 갖고 창조적으로 고민하고 실천해야 한다.

44

창조적 사고를 지니고
첨단 기계를 사용하다

상상력이 풍부하고 창의적인 일을 하는 사람이 인류의 역사를 바꾼다. 고루한 사고와 변화를 거부하는 이들은 그저 편안하게 일생을 살다가 죽을 수는 있겠지만 역사에 기억될 수는 없다. 리더가 창의적 사고를 통해 조직의 변화를 이끌거나 새로운 시도를 한다면 처음에는 실수할 수 있지만 반드시 성과가 있다.

정조는 뛰어난 창조적 사고를 지니고 있었다. 그는 창조적 사고만이 아니라 디자인에 대한 탁월한 감각도 가지고 있었다. 그러한 정조로 인하여 정조시대 문화가 진일보했고, 그가 만든 유산인 수원 화성이 세계문화유산으로 등재되었다.

정조가 화성의 축성을 준비하던 계축년(1793) 12월 8일에 이러한 말을 했다. "대개 누첩樓堞의 웅장하고 미려함은 선인들의 적의 기선을 빼앗기 위한 방법이 되기에 충분한 것이다. 바로 소하蕭何가 말한 '웅장하고 미려하지 않으면 무게나 위엄이 없다'는 것과 같은 것이다." 즉 웅장하면서 아름답게 만들어야 한다는 것이다. 당시에 성곽을 아름답게 만들 생각을 했다는 것이 그저 놀라울 따름이다. 아름다운 것을 만드는 사람들은 특별한 힘을 가지고 있는 사람들이기 때문에 이들의 힘이 크니 공격하여 이길 수 없을 것이라는 말이다. 이처럼 정조는 200여 년 전에 이미 디자인의 힘을 알고 있었다. 그래서 수원 화성은 1997년에 유네스코가 세계문화유산으로 등재할 때 '군사시설물인 성곽임에도 너무도 아름답다'란 등재 이유가 기록되었다.

정조는 아름다움만이 아닌 창조적 사고를 통해 수원으로 행차하기 위해 한강을 건널 수 있는 배다리를 만들었다. 여기에 더해 수원 화성을 안전하고 빠르게 축성하기 위해 거중기, 녹로, 유형거 등의 축성도구를 만들었다. 사람들은 이 도구들이 모두 정약용에 의해 만들어진 것으로 생각하지만 실제로 이런 도구를 만들라고 구상하고 제안한 인물은 바로 정조였다. 그만큼 놀라운 창조적 식견을 가진 인물이었다.

정조는 과거에 합격한 지 6개월도 안 된 정약용에게 한강을 편안하게 건너갈 배다리를 설계하는 일을 맡겼다. 정조는 이를 위해 한강에 배다리를 놓기 위해 주교사舟橋司를 만들었다. 주교사의 도제조 3명이 영의정·좌의정·우의정일 정도로 그 중요성이 컸는데 정조는 막상 주교(배다리)의 설계는 갓 급제한 정약용에게 시킨 것이었다. 당시 정조가 표면적으로 정약용을 선택한 것은 그가 서학서를 통해 서양 과학지식에 정통해 있다는 것을 알고 있었기 때문이었다.

실제 배다리 축조는 쉬운 일이 아니었다. 먼저 그 넓은 한강의 어디에 배다리를 만들 것인가부터 정해야 했다. 처음 고려되었던 곳은 오늘날 동호대교 자리였다. 이곳은 물살의 흐름도 적고 수심도 그리 깊지 않았지만 강폭이 너무 넓었다. 그래서 정약용은 한강의 전체 지역을 둘러본 후 최종적으로 노량진을 선택했다. 이곳이 강폭과 수심, 물살 모두가 만족스러운 곳이었

다. 그렇다면 배를 어떻게 모아 나무로 연결하고 위에 판을 깔아 평평하게 할 것인가를 고민했다

정조는 노량진으로 선정했다는 비변사의 결정을 듣고 깊이 고민했다. 비변사에서 계획한 대로 공사를 진행하면 제대로 설치되지 않을 것이라 생각되었기 때문이다.

"천하의 일은 요컨대 먼저 그 요체를 얻어야 하는데 묘당의 의논은 그 요체를 얻지 못한 듯하다. 그래서 분수分數에 있어 분명하고 적확함이 크게 부족하다. 한신韓信이 용병用兵을 잘했던 것은 분수가 분명했다고 하는 데 지나지 않는다. 이 일은 어렵지 않다. 먼저 강물의 너비가 얼마인지를 헤아리고 다음으로 배의 너비가 얼마인지를 헤아려 큰 배와 같은 것은 너비가 얼마인 것이 몇 척이나 들어갈 것이며 작은 배는 너비가 얼마인 것이 몇 척이나 들어갈 것인가 하는 이러한 분수를 가슴속으로 먼저 정해야 할 것이다. 그러면 물력物力과 경비經費가 얼마나 들 것인가를 문을 나서 보지 않아도 알 수 있을 것이다. 지금 삼도三道의 선척船隻을 우선 한결같이 아울러 모아야 한다고 하고, 또 포판鋪板에 4만 립立을 써야 한다고 한다. 그러나 경강京江의 가로지른 너비로 보면 경강의 배만으로도 충분하며, 만약 기호圻湖의 민선民船을 조발調發한다면 한갓 소요만 불러일으키고 끝내는 아무 쓸모없는 것이 되어버릴 것이니, 장차 어떠한 정령政令이 되겠는가. 포판으로 말하자면, 경강의 너비로는 결코 2천 판板을 펼쳐 놓을 곳도 없을 것이다. 만약 4만 판으로 한다면 남는 것이 실제 쓰이는 것에 비해 20배나 많으니, 분수가 있다고 할 수 있겠는가." 하고, 곧 《주교지남》舟橋指南 한 편을 친히 내려 주었다. 정우태丁遇泰라는 자는 교묘한 생각을 잘하는 자로서 그 일을 맡았는데, 세세한 절목 부분에는 자못 넣거나 뺀 것이 많았으나 큰 규모에 있어서는 끝내 바꿀 수 있는 것

이 없었다. 이에 앞서 내각內閣이 《주교지남》을 어제御製로 편입編入하기를 청했으나 허락하지 않았었다. 주교가 완성되자 하교하기를, "처음에는 스스로 자랑하고 싶지 않아 감추어 두었는데, 지금은 내 말이 이미 대부분 시행되지 않았으니 편입한다 해도 무슨 문제가 있겠는가."

정조의 생각을 공유한 정약용은 노량진 일대의 폭과 수심을 살펴 배의 높이를 12척으로 확정했다. 1척에 요즘 수치로 30.8cm이니 12척이면 4m가 약간 못 되는 높이였다. 높이와 폭을 산정하고 그 위에 깔 판자를 준비했다. 배와 배를 나무로 연결하고 판자를 깔고 그 위에 흙을 깔고 잔디를 심었다. 마지막으로 안전을 위하여 배다리 옆으로 난간을 만들어 강물로 떨어지는 이들이 없도록 했다. 이로써 배다리가 완성되었고 이후 정조의 현륭원 행차가 있을 때면 이들 배들은 임시로 징발되어 배다리로 쓰이다가 행차가 끝나면 군사훈련과 상업선으로 이용되었다

정조는 한강의 배다리 설치 때와 마찬가지로 화성 축성의 기본 설계 역시 실학이라 불리었던 과학정신과 능력을 가지고 있던 정약용이 필요했다. 그래서 정약용에게 사람을 보내 화성 축성의 기본 설계를 지시했고 설계에 필요한 책을 내려주었다.

그 책이 바로 《기기도설》奇器圖說이다. 이 책에 정약용이 만든 거중기와 유사한 '기중가'起重架(거중기의 중국식 표현)라는 크레인의 그림과 기계를 만드는 작성법이 그림과 글씨로 설명되어 있다. 《기기도설》은 중국 명나라 때에 기계를 그림으로 그려 풀이한 책으로 본문은 서양인 등옥함鄧玉函이 저술하고, 부록인 〈제기도설〉諸器圖說은 왕징王徵이 편찬했다.

정조는 이 기록들을 모두 보았다. 그리고 《기기도설》에 나오는 내용을 분석하고 크레인을 만드는 기술을 터득했다. 정조는 화성華城에 성을 쌓음에

그 제도를 생각하고 축성 설계자와 책임자들에게 전해주었다. 기계도 역시 정조가 직접 개발에 참여했다.《홍재전서》에 정조의 기계 연구의 내용이 기록되어 있다.

"화성의 계획이 모두 성상의 헤아림에서 나왔고 기용器用 가운데 더러 대내大內에서 나온 것은 더욱 모두 편리했다. 인중기引重機라는 것이 있는데 굉장히 커서 수천, 수백 명도 움직일 수 없는 돌덩이를 서너 명만 써서 그 도르래를 잡아당기면 돌덩이가 도르래를 따라 올라오니, 오르내리는 운동이 오직 기계에 의해 이루어진다. 자행거自行車라는 것이 있는데 수백 마리의 소도 끌어당길 수 없는 것을 기괄機括이 서로 격동하여 사람의 힘을 빌리지 않아도 자연히 움직이니 목우木牛나 유마流馬와 같다. 무릇 이와 같은 것들은 매우 정밀하고 교묘했다."

정조의 이 같은 기중기 연구는 아마도 정약용에게 전달되었을 가능성이 높다. 정조가 하사한《기기도설》을 연구하여 정약용은 마침내 거중기를 개발하게 되었다. 우리는 거중기의 개발이 정약용의 단독이라고만 생각하는데, 이는 사실이 아닐 가능성이 높다. 정조가 이처럼 크레인에 대하여 깊이 연구한 것을 확인할 수 있기 때문이다.

정조는 수레도 직접 고안하고 개발했다 정조는 화성의 공사에 큰 돌을 써서 쌓는데 한 수레를 60마리의 소가 끌어도 운반하기가 어렵다는 소식을 듣고 깊이 고민한 끝에 새로운 수레를 하나 만들었다. 이 수레는 9마리의 소로 1만 근의 무게를 옮길 수 있는 기능을 가지고 있었다. 기술자들이 해야 할 일을 정조가 이치를 궁구하다 보니 자연스럽게 개발한 것이다. 정조는 자신이 만든 수레 제작법을 서울과 지방에 반포하여 활용하라고 했다.

도대체 못하는 것이 없는 임금이다.

정조와 정약용의 합작품이라고 볼 수 있는 거중기는 현재 수원화성박물관 야외전시장에 재현하여 놓았는데 300㎏의 돌도 초등학교 6학년 학생의 힘으로 가볍게 들어 올릴 수 있다. 이처럼 거중기는 중국이나 서양의 앞선 문물을 충분히 활용하여 만들어진 것이다. 특히 백성의 수고를 덜어주고 공사의 효율을 높이기 위해 거중기 등을 고안했다는 점은 당시 실학파 학자들의 위민사상爲民思想을 잘 반영하고 있다.

그 거중기로 인하여 화성을 축성하는데 무려 4만 냥이라는 거금이 절약되었다. 화성 축성의 전체 비용이 87만 냥이었다. 당시 일반 백성들이 가장 많이 살았던 5칸짜리 초가집의 비용이 보통 25냥 정도 했으니 4만 냥이라는 금액은 정말 엄청난 것이었다.

이러한 시간과 비용 절감뿐만이 아니라 거중기로 인하여 축성 공사에서 더욱 중요한 것은 단 한 명도 죽지 않았다는 사실이다. 요즘처럼 과학문명이 발달해 있는 현대사회에서도 대형 공사 현장에서 많은 사람들이 안전사고로 목숨을 잃기도 한다. 그렇지만 정조시대 화성 축성에서는 단 한 명도 목숨을 잃은 사람이 없었다. 그 무거운 돌을 사람의 힘으로만 들어 올려 성곽을 쌓았다면 아마도 엄청난 인원이 돌에 깔려 죽었을 것이다. 하지만 안전하고 쉽게 돌을 들어 올리는 거중기와 녹로가 있었기 때문에 단 한 명의 피해도 없었던 것이다. 이것이 바로 과학과 창조의 정신이 낳은 결과물인 것이다. 또한 신도시 화성의 우수성이 이와 같은 과학과 창조정신에서 나타나는 것이기도 하다. 오늘날의 리더들은 바로 이와 같은 창조적 도전 정신을 늘 지니고 있어야 한다.

45

조선의 음악으로
혜경궁의 잔치를 열다

우리 전통 음악을 계승하고 이를 바탕으로 새로운 공연문화를 창출하는 곳이 바로 국립국악원이다. 판소리와 정가, 민요, 사물놀이, 단소, 대금 등의 연주와 전통춤인 정재 등의 공연은 우리 민족의 음악과 예술이 얼마나 아름답고 수준이 높은지 알 수 있다.

이처럼 다양한 공연을 하는 국립국악원에서 해마다 가장 많은 노력을 기울여 재연하는 공연이 있다. 바로 1795년 윤2월에 수원의 화성행궁 봉수당에서 개최된 혜경궁 홍씨의 회갑진찬연이다. 이 공연은 〈원행을묘정리의궤〉라는 기록을 통해 그대로 남아 있기 때문에 재연이 가능하기도 하지만 조선 역사상 최고의 공연이라고 할 수 있을 정도로 다양한 예술의 주체들이 참여한 버라이어티한 공연이라는 점도 있다.

정조는 어머님의 회갑잔치에 특별한 의미를 부여했다.

"예禮는 의義로써 일으키고 정情은 예를 인연해서 펼쳐진다. 이 해의 이 경사,

이 곳의 이 예는 자궁의 마음을 감동하여 돌릴 것이니 어찌 일거양득^{一擧兩得}

의 마땅함을 얻은 것이 아니겠는가!"

이처럼 정조는 어머니 회갑잔치를 한 번의 거사를 통해 두 가지의 이득을 얻을 수 있다고 했으니, 이것이 바로 단순히 효심만이 아닌 국가 전체의 부흥을 위한 왕권 강화로 추진되었음을 알 수 있는 것이다.

마침내 1795년 윤2월이 되었다. 윤2월 9일 화성으로 내려가는 거대한 행렬은 창덕궁 정문인 돈화문을 출발했다. 양력으로 3월 29일이었으니 봄이 한창인 시기였다. 아직 농사일이 본격적으로 시작되기 전이고 날씨는 따뜻해서 행사하기 나쁘지 않은 날씨였다. 매화꽃이 가득 피어 산천은 온통 분홍빛이었다.

화성에 도착한 이후 향교에 가서 공자님을 참배하고, 사도세자의 묘소도 참배했다. 화성 내의 여러 곳을 다니는 동안 백성들을 만나 다양한 이야기도 들었지만 그에게 중요한 것은 바로 어머님의 회갑잔치였다.

2년 전에 대소신료들에게 천명한 대로 잔치의 무대는 화성행궁 봉수당이었다. '봉수당'^{奉壽堂}은 어머님의 만수무강을 위해 정조가 직접 지은 이름이었다. 봉수당 앞마당이 그리 크지 않기 때문에 화성행궁의 중삼문인 중양문을 활짝 열어 놓아 봉수당 앞에서 치러지는 회갑진찬연을 모두가 볼 수 있게 하고 봉수당 월대의 양쪽 끝에 특별무대를 설치하여 춤을 비롯한 공연과 왕실의 친척과 고위 관료들이 배석할 수 있게 했다. 이 무대에서 조선에서는 단 한 번도 볼 수 없었던 최초의 행사가 개최된 것이다.

혜경궁 홍씨의 회갑연에서 가장 독특한 것은 우선 여성을 중심으로 행사가 진행되었다는 것이다. 조선시대의 가부장적인 형태는 너무도 잘 알려져 있다. 조선은 철저한 남성 중심의 사회였다. 남자는 여러 번 결혼을 해도 아무 문제가 없고, 여성들은 재가만 하여도 난리가 난다. 남편이 죽으면 반드시 수절하고 따라 죽으면 더 훌륭한 여인이 된다. 양반사대부 여인들도 고운 옷 입고 맛난 음식 먹으며 명산대천을 여행하는 것이 아니라 늘 무명옷을 입고 손에서 길쌈을 놓아서는 안 된다. 조선시대는 여인들에게 시부모와 남편, 그리고 자식을 잘 봉양하는 것이 미덕이라고 가르쳤다. 그래서 여인들은 전면에 나서지 못하고 늘 집안의 깊은 곳에서 그늘에 있어야 했다.

그런데 이 잔치에서 파격적인 일이 벌어졌다. 물론 주인공이 혜경궁 홍씨이기는 하지만 여인들이 봉수당 안을 차지하고 의젓하게 앉아 있었던 것이다. 당시 혜경궁의 회갑잔치를 위해 혜경궁과 관계가 있는 여성들을 대거 불렀다. 친고모인 조엄의 아내, 자신의 오라버니인 홍낙성의 아내, 동생의 아내 등 일가친척 여성들을 참석케 한 것이다. 물론 당시에도 일반 양반가에서는 회갑잔치에 여성들을 불러서 잔치를 했겠지만 왕실에서 국왕의 어머니 회갑잔치에 지방으로 여성들을 불러 모아 그들을 행사의 중심 전각에 모시는 예는 존재하지 않았다. 결국 남성들은 전각 밖의 무대에 앉았다. 아니 국왕 정조부터 어머니가 계신 봉수당 밖의 월대에 작은 자리를 마련하여 앉아 있으니 혜경궁의 남자 친척이나 고위 관료들이 전각 밖에 앉는 일은 너무도 당연한 것이었다. 즉 여인을 우대하면서 잔치를 치른 이 행사는 조선 역사상 최초의 일인 것이다.

두 번째로는 여인과 남성이 함께 모여 잔치를 치른 최초의 행사라는 점이다. 앞서 이야기한 것은 여인을 우대했다는 것인데 본질적으로 이 행사를 이야기하자면 조선 왕실 역사에서 감히 존재할 수 없는 행사였다.

조선시대 왕실 행사는 내연과 외연으로 구분된다. 내연은 철저히 여인들의 행사이다. 왕비를 비롯한 후궁과 영의정의 아내인 정경부인을 비롯한 고위 관료들의 아내들이 참석한 행사가 바로 내연이다. 요즘도 대통령의 아내가(물론 여인도 대통령이 되지만) 고위 관료의 아내들과 함께 고아원 방문 등 여러 행사를 치르듯이 조선시대에도 왕비의 주도하에 수시로 고위 관료의 아내들과 더불어 잔치를 베풀었다.

반대로 외연은 철저히 남성 중심의 잔치였다. 국왕과 관료들이 모여서 하는 잔치였고, 다양한 의미의 잔치들이 수시로 벌어졌다.

그런데 문제는 왕실에서 외연과 내연은 철저히 구분되어 여성과 남성이 함께 참석한 잔치는 없었다는 것이다. 남성의 잔치에 여인이 참여할 수 없었고, 여성의 잔치에 남성이 자리에 참여할 수 없었다.

그렇기 때문에 내연에서 잔치에 사용되는 음식을 나르고 춤을 추는 것은 모두 궁녀들이 하지만 외연에서 음식을 나르고 술을 따르고 춤을 추는 것은 모두 내시와 10살 미만의 어린 무동, 즉 모두 남성이었다.

우리가 보는 드라마나 영화처럼 국왕을 비롯한 공신들 그리고 고위 관료들의 잔치에 여성 궁녀들이 술을 따르고 같이 웃어주고 춤을 추는 일은 그저 공상일 뿐이다. 그런 일은 실제로 존재하지 않는다. 여성들의 잔치에 음악을 연주하는 악공이 동원되지만 실제 그 악공들은 모두가 맹인이었다. 왕실의 지엄한 여성들을 볼 수 없게 하기 위하여 내연에는 반드시 맹인 악공들을 쓰게 한 것이다. 외연에서도 10살 미만의 어린 무동들을 악공청에서 훈련시켜 왕실의 외연만이 아니라 종묘대제, 석전대제에서 일무를 추게 했다. 유교의 명분주의와 남녀칠세부동석이 얼마나 깊게 조선 사회에 뿌리내렸는지 이를 통해서도 알 수 있다.

그런데 이 행사는 남과 여가 함께 하는 행사였다. 여성인 본전이 봉수당에 자리를 잡고 남성들이 무대 양쪽에 자리를 잡고 여성 무용수들이 춤을 추고 남성 악공들이 연주를 했다. 내연과 외연의 합연이 시작된 것이다.

이 얼마나 놀라운 일인가! 어쩌면 이 행사야말로 근대화의 시작인지도 모른다. 근대화라는 것이 산업화로 잘못 이해되곤 하는데 근대화의 시작은 바로 자유로움이다. 여성과 남성을 분리했던 고루한 시대정신에서 남성과 여성이 함께 잔치를 하며 서로를 존중해주는 것이 바로 새로운 시대정신이요, 근대화가 아니겠는가!

이 속에는 또 다른 비밀이 숨어 있다. 그것은 바로 정조의 검약 정신이다. 혜경궁 홍씨의 회갑연에서 무용수들은 33명이었다. 정조는 이 무용수들이 모두 서울에서 내려올 경우 상당한 경비가 소요될 것으로 보았다. 이들의 출장비를 고려한 것이다. 거대하고 중요한 행사이지만 최대한 경비를 아끼고자 하는 마음이 강했다. 그래서 서울 무용수는 17명만 내려 보내고 수원 화성행궁 소속의 여령(기생) 16명을 참여시켰다. 악공 또한 한양에 있는 악공청의 악공들이 내려온 것이 아니라 화성에 주둔한 장용영외영 소속의 악공들로 하여금 연주케 했다. 이는 단순한 경비 절감만의 의미는 아니다.

그것은 바로 지방 문화에 대한 인정이요, 확신이었다. 당대뿐만 아니라 오늘날의 문화 역시 모두 서울 중심이다. 문화예술 전반이 서울에 집중되어 있어 지방의 문화는 발전하지 못하고 서울에 있는 대부분의 사람들도 지방의 문화를 인정하지 않는다. 그런데 정조는 당시 화성을 중심으로 새로운 지방 문화를 양성하고 싶어 했다. 그래서 천년 만의 경사라고 강조했던 어머니의 회갑연에서 무용과 음악을 지방의 예인들에게 맡긴 것이다. 그들이 잘할 수 있으리라는 확신을 가지고 있었기 때문이다. 결국 다양한 문화공연은 대성공이었고 정조는 행사를 마친 후 이들에게 포상을 했다. 자신의 생각이 옳았음을 확인하고 기뻐한 것은 너무도 당연한 일이었다.

이 과정에서 정조는 새로운 시도를 했다. 여기에 사용된 음악의 반을 조선의 음악으로 대체하고 춤 역시 백성들의 춤을 도입한 것이다. 조선시대 왕실 의례에 있어 반드시 지켜야 할 것은 철저히 중국의 음악을 사용하는 것이었다. 중국에 대한 사대가 너무 크다 보니 발생한 일이었다. 하지만 중국에 사대하지 않겠다는 주체적 의지를 가지고 있는 정조에게 모든 의례를 중국식으로만 하는 것은 참을 수 없는 일이었다. 그래서 정조는 조선의 악기로 조선의 음악을 연주하게 했던 것이다. 당시 김홍도, 신윤복의 풍속화 등을 통해 정조시대를 진경시대眞景時代라고 불렀지만 정조는 음악에 있어서도 진경시대를 만들어 갔던 것이다.

여기에 더해 마지막 무대 공연이었던 〈선유락〉船遊樂은 고유 왕실 무용이 아닌 백성들의 놀이문화였다. 정조는 이 공연을 왕실 공연으로 승화시켜 백성들의 문화와 왕실 문화의 교류를 꾀했다. 백성들의 문화에 대한 자부심이 있었기에 가능했던 것이다.

결국 정조의 어머니 혜경궁 홍씨의 회갑진찬연 행사는 단순히 효심을 보여주기 위한 잔치가 아니었다. 이 행사는 근대화의 시작이요, 조선 문화의 자부심을 보여주는 행사였다. 진정한 기반으로 새로운 문화와 미래의 좌표를 보여준 백성을 위한 새로운 나라 만들기의 출발이었다.

오늘 한국 사회는 2000년대 이전과는 매우 다른 사회로 변화되었다. 전 세계가 한류 문화에 열광하고 있다. 우리의 문화가 이제는 미국과 유럽을 뛰어넘었다. 빌보드 차트 1위를 10여 년 전에는 생각하지도 못했다. 그러나 이제 우리말로 부르는 노래가 빌보드 차트 1위에 수시로 올라간다. 이제 우리의 문화가 바로 세계의 문화가 된 것이다.

리더들은 바로 이것을 주목해야 한다. 지금까지 우리 역사에서 존재하던 수많은 문화들이 중국과 해방 이후 미국의 영향을 받아 만들어진 것이 상당수다. 이것을 인정하지 않는 것이 아니다. 그러나 이제 우리의 문화는 우리가 만들어낸다. 우리의 문화가 갖는 힘을 믿어야 한다. 그러니 리더들은 우리 고유의 것에서 진정성을 찾고, 우리 것으로 새로운 것을 창조하려는 노력을 해야 한다. 비단 공연 문화에서만이 아니다. 정치, 경제, 사회, 예술 모든 분야에서 우리 전통의 것을 통해 우리의 문화를 조직하고 창조해야 한다. 구체적인 것은 전문가들이 할 일이지만 리더들은 그 길을 만들어야 한다. 그래야 우리가 더욱 빛을 발하고 오래갈 수 있다. 이제 대한민국은 변방의 국가가 아닌 인류 문화의 중심에 있는 국가다.

46

훈민정음을
활성화하다

정조의 놀라운 개혁 정책 중 하나는 바로 훈민정음 활성화다. 요즘말로 하면 한글 보급운동이고 당시 상황으로 이야기하면 언문을 통한 국가 정책 홍보였다. 국왕이 관리와 백성들에게 타이르거나 당부하는 말씀을 '윤음'綸音이라 했는데, 정조 이전까지는 윤음을 반포할 때 한문으로 작성된 것만을 반포했다. 그러니 한문을 모르는 일반 백성들은 제대로 알아들을 수가 없었다. 그래서 정조는 윤음과 법령을 반포할 때 훈민정음으로도 써넣어 일반 백성들이 쉽게 읽고 이해할 수 있도록 했다. 이 역시도 가난하고 배우지 못한 기층 백성들을 사랑하는 마음이 없었다면 도저히 있을 수 없는 일이었다.

사실 조선왕조에서는 백성들을 위한 언해본은 거의 간행하지 않았다. 세종이 훈민정음을 창제했지만 세종이 죽고 난 후 훈민정음은 정음正音이 아닌 언문諺文으로 천대받기 시작했다. 세종의 생각과 달리 한문만을 중요시 여기는 양반사대부 등 기득권 세력들에 의해 훈민정음은 철저히 외면받았다. 그들에 의해 훈민정음은 천한 글 혹은 여자들이 사용하는 글이라는 뜻을 가진 '언문'으로 격하되고 활용되지 못했다. 조정에서 훈민정음으로 책을 낸 것이 세종대 《용비어천가》와 《월인천강지곡》, 그리고 세조대의 《석보상절》 등이지 나머지 국왕대에는 거의 없었다. 양반사대부들이 읽는 경서를 훈민정음으로 번역하거나 아니면 국가의 정책과 법률을 훈민정음으로 번역하여 백성들이 읽고 생각할 수 있게 하는 일도 거의 없었다.

《훈민정음》 창제 후 《석보상절》, 《용비어천가》 등 조선 전기의 한글문헌은 주로 왕실의 필요성과 의지에 의해 간행했으며, 세조는 간경도감을 설치하여 여러 종류의 불경 언해본을 간행했다.

간경도감본을 비롯한 조선 전기에 간행된 불경의 언해본은 조선 중기까지 여러 사찰에서 번각하여 많은 판본이 전해지고 있으며, 이외에도 중앙 관청을 중심으로 하여 의서, 구휼 관련 서적을 언해본으로 간행하여 보급했다. 16세기 말에는 경서를 언해하기 위해 교정청을 설치하여 경서언해를 금속활자로 인출한 것을 비롯하여 조선 말기까지 다양한 주제의 한글활자본이 인출되었다.

《훈민정음》 창제 후 조선 초기의 한글문헌은 《석보상절》, 《용비어천가》 등이 간행되었고, 유학자들의 반대에도 불구하고 불경을 번역하는 기관인 간경도감을 설치하여 《법화경》, 《능엄경》 등 여러 불교경전을 언해하여 목판본으로 간행했다. 조선 전기 이러한 불경의 언해 사업은 주로 왕실이나 종친을 중심으로 이루어졌다. 조선조의 치국 이념이나 당시의 시대 상황과는 배치되는 가운데 이러한 문헌을 간행한 이유는 죽은 모후의 명복을 빌기 위해서였다. 이는 왕실 내부의 모든 사람들에게 알리고 싶은 군주의 의도이고, 또 하나는 조선의 백성들에게도 군주의 효심을 알려 역으로 충성을 유도하기 위함이기도 한다.

또한 한글문헌의 간행 배경은 세종이 지은 《훈민정음》 서문에서 언급한 것처럼 이 시기 지배층은 중국의 언어가 조선과 다르다는 사실을 명확히 인지하고 있었고, 이 때문에 어리석은 백성이 자신의 뜻을 제대로 전달하지 못한다는 것을 안타까워하고 있었다. 지배층은 한문이라는 표기 수단을 가지고 있었지만 백성들은 한문에 접근하기가 대단히 어려웠고, 자신의 뜻을 표현하는 것은 물론 일상생활에서도 어려움을 겪고 있어 일상생활에서 사용하기 편리하도록 표기 수단을 마련해 줄 필요를 느꼈던 것이다.

백성의 교화를 위한 한글문헌의 간행은 훈민정음 반포 이후에도 계속되었다. 그러나 대부분의 훈민정음으로 번역한 문헌들은 모두 백성들을 교화시키려는 의도를 가지고 있었다. 중종대 소학을 언해본으로 간행한 것이 그 대표적인 예라고 할 수 있다. 한문이 어려워서 소학을 가르치지 못한 것을 훈민정음으로 번역하여 교화를 시키고자 한 것이다.

훈민정음으로 펴낸 문헌은 세종대부터 성종 즉위대까지는 주로 불경 번역이었다. 성종 즉위 후부터 임진왜란 전까지 간경도감에서 불경을 번역했고, 1481년에 두보의 시를 한글로 처음 번역한 《두시언해》杜詩諺解가 간행되었다. 더불어 《구급방언해》救急方諺解, 《구황촬요언해》救荒撮要諺解 등 전염병 예방과 치료, 기근 구제 등 백성들을 위한 한글문헌이 나왔다. 임진왜란(1592)부터 경종조(1724)에 이르는 시기에는 경서언해를 비롯해 의서, 구황서, 왕실용 교화서 등의 한글문헌이 많이 간행되었다. 그러다가 영조, 정조대에 이르러 본격적으로 훈민정음으로 번역한 다양한 책들이 간행되었다.

정조는 국방력 강화를 위하여 표준 무예를 정립할 수 있는 《무예도보통지》를 간행했다. 조선의 무예를 비롯하여 중국과 일본의 무예를 24가지로 정리한 무예서를 간행한 것이다. 조선 건국 후 각 군영마다 익히는 무예가 달랐고, 무과시험 역시 표준무예가 없었다. 그래서 정조는 국방력 강화의 핵심으로 표준 무예의 정립이 그 무엇보다도 필요하다고 생각했다. 이러한 엄청난 성과를 더욱 빛나게 하는 것이 있었으니 그것은 바로 《무예도보통지》의 훈민정음 언해본을 동시에 간행한 것이다. 백성들이 어려운 한문으로 된 《무예도보통지》를 읽을 수 없을 것이므로 백성들이 읽고 무예를 익히게 하기 위하여 언해본을 간행하게 한 것이다.

정조는 훈민정음이 천대받던 시절 이전 시대와는 전혀 다른 생각을 했다. 백성들이 읽고 쓸 수 있어야 국가가 올바르게 발전할 수 있다고 생각한 것이다. 정조는 즉위 후 가난으로 버려진 아이들과 전염병으로 부모가 죽어 고아가 된 아이들을 기르기 위한 〈자휼전칙〉이란 법을 제정했다. 이 법대로 하자면 해당 고을의 수령은 고아가 된 아이들이 10살이 될 때까지 반드시 책임지고 관아에서 생활비를 제공하여 살 수 있게 해야 했다. 정조는 이 법의 존재를 백성들이 알아야 한다고 생각해서 이를 훈민정음으로 번역하여 간행하게 했다.

정조는 그후 죄를 지어 관아에서 심문을 받는 죄수들의 인권을 생각하여 가혹한 체벌을 금지하는 〈흠휼전칙〉이란 법도 제정했다. 수령이나 관원들로 하여금 비록 죄인이라 하더라도 가혹한 매질과 고문을 가하지 못하게 하고, 감옥 안을 청결하게 유지하게 만든 법이었다. 이 역시 훈민정음으로 번역하여 반포했다.

이처럼 정조는 국가의 법률과 정책 그리고 새로운 지식을 제공하는 서적들의 상당수를 훈민정음으로 번역하여 간행했다. 새로 간행된 언해본 《무예도보통지》를 통해 무예에 자질이 있는 백성들은 표준 무예를 익힐 수 있었고, 무과에 당당히 합격하여 새로운 신진 무반이 될 수 있었다. 백성들을 똑똑하게 만드니 자연스럽게 국방력도 강화될 수 있었다.

정조는 《무예도보통지》만 훈민정음으로 번역한 것이 아니었다. 무과시험을 보기 위해서는 반드시 2차로 병법서의 면접시험이 있었다. 무과 과거제도의 폐단이 바로 여기에 있었다. 서울의 명문거족의 자식들은 한문 공부를 할 수 있어서 병법서 교재인 《무경칠서》武經七書를 읽을 수 있었지만 평민으로서 무예가 뛰어난 시골 무사들은 한문 공부를 하지 못해 무경칠서를 제대로 공부할 수 없었다. 그러니 서울의 명문거족 자제들이 무예 실력은 없지만 무과에 합격할 가능성이 훨씬 높았다. 정조는 능력 있는 새로운 무반을 선발하기 위하여 무경칠서를 모두 훈민정음으로 번역했다. 이 번역본을 편하게 읽을 수 있었던 평민들이 무예 실력이 출중하고 병법서에 대하여 시험관의 질문에 응대할 수 있어 합격률이 늘어났다. 훈민정음의 활용이 국방개혁에 그대로 반영된 것이다.

동서고금을 막론하고 기득권층들은 자신들만 문자를 알고 백성들은 무지하게 하려는 것이 일반적이다. 하지만 정조는 그러지 않았다. 백성들이 똑똑해져야 국가가 발전할 수 있다고 확신한 것이다. 당시에 훈민정음을 적극 보급해서 백성들의 지식을 높인 것은 오늘날 최신 정보를 국민들에게 제공하여 올바른 선택을 할 수 있게 하는 것과 다르지 않다. 이처럼 백성들의 지식과 정보가 늘어나니 자연스럽게 문명이 발전하게 되었다.

우리의 리더들도 이 점을 깊이 생각했으면 한다. 지식과 정보를 나와 주요 이너서클들만이 갖는 것이 좋은가 아니면 특급 정보를 제외한 대부분을 함께하는 동료들과 공유하는 것이 좋은가를 깊이 있게 고민하고 보다 현명한 선택을 하기 바란다. 가장 중요한 것은 나와 함께하는 사람들이 똑똑해져야 조직이 발전할 수 있다는 것이다.

무예를 발전시켜
국방력을 강화하다

1790년(정조 14) 4월 29일, 정조가 야심차게 준비했던 특별 사업인《무예도보통지》편찬이 완료되었다. 정조는 임진왜란, 병자호란 같은 외세의 침입을 다시는 받지 않기 위해 국방력을 강화해야 한다고 강조했다. 이를 위해서는 반드시 정예화된 군사를 만들어야 하고, 정예병을 양성하기 위해서는 무예를 제대로 익힐 수 있는 무예서가 필요하다고 생각했다. 그래서 만든 무예서가 바로《무예도보통지》였다.

물론《무예도보통지》는 완전히 새로 만들어진 무예서는 아니다. 이 무예서는 따지고 보면 200여 년의 편찬 역사가 있다. 임진왜란 기간인 1598년에 훈련도감 낭청이었던 한교韓嶠에 의해 6기의 무예를 담은《무예제보》武藝諸譜가 만들어지고, 1759년에 무예에 탁월한 능력을 갖춘 사도세자가 한교가 완성한 6기의 무예에 권법 등 12기의 무예를 추가하여 18기를 완성했다. 이 18기의 무예를 담아 편찬한 무예서가《무예신보》武藝新譜이다.

현재《무예제보》는 수원화성박물관이 소장하고 있어 곧 국보급 유물로 지정이 될 것으로 보인다. 하지만 사도세자가 편찬한 《무예신보》의 원본은 실전되어 존재하지 않는다.

정조는 사도세자가 편찬한 《무예신보》의 18기에 말을 타고 공격과 방어를 할 수 있는 마상무예 6기를 추가하여 24기의 무예를 완성했다. 이 24가지 무예를 정리한 무예서가 바로 《무예도보통지》이다.

정조의 명으로 《무예도보통지》를 만든 이들은 조선 후기 최고의 실학자들로 평가받는 인물들이다. 그 중심 인물들이 바로 이덕무, 박제가, 백동수였다. 이덕무는 실용적인 학문과 제도를 추구했고, 박제가는 규장각 검서관으로 당대 학문의 최고 경지에 있었음에도 불구하고 무과로 급제한 인물이었다. 또한 무예 시연을 주관한 장용영 초관 백동수는 조선 최고의 협객이자 무사로 평가받는 인물이었다.

이들이 《무예도보통지》를 만들면서 특별하게 정리한 무예가 바로 권법이었다. 《무예도보통지》에 존재하는 24가지 기예 중 유일하게 맨손으로 하는 무예가 바로 권법이다.

이 권법의 출발은 석굴암 본존불 옆에 있는 금강역사로부터 시작한다. 석가모니를 악귀로부터 지키기 위해 온 몸에 불같은 기운을 내뿜으며 공격과 방어의 자세를 취하고 있는 금강역사의 모습은 권법의 대표적인 자세였다. 이 권법은 손으로 하는 공격과 발로 하는 공격이 모두 존재하여 중국의 권법과도 다른 우리 민족 고유의 권법을 그대로 보여준다. 이 권법을 신라의 화랑과 낭도들이 익혔을 것은 너무도 당연한 것이다.

이 권법이 이어져 나타난 현대 무예가 바로 태권도이다. 태권도는 사도세자가 만든 《무예신보》와 정조시대 만든 《무예도보통지》의 권법을 그대로 이어받아 현대적으로 다시 창안한 우리 고유의 무예다. 이 무예가 오늘 전세계로 퍼져 우리 민족 무예의 우수성을 알리고 있다.

정조는 조선의 무예를 발전시키기 위해《무예도보통지》를 간행하기 전에 기존의 무예서를 연구했다. 가장 대표적인 무예서가《병학지남》이었다. 정조는《병학지남》의 판본을 연구했다. 당시 장용영, 훈련도감, 남한산성 개원사 등 13곳에《병학지남》의 판본이 남아 있었다.《병학지남》은《기효신서》를 기반으로 조선의 상황에 맞게 재편집한 것이었다.

《기효신서》는 육지에서 왜구의 창, 검을 막아내는 보병 중심의 전술이었다. 명나라 장수 척계광이 중국 남방의 왜구를 소탕하는 과정에서 창안한 방법을 정리한 책이다. 척계광은 왜구의 피해가 극심한 절강, 복건 등에서 왜구 격퇴에 큰 공을 세웠고, 이 경험을 바탕으로《기효신서》를 저술했다. '절강병법'浙江兵法 또는 '척법'戚法이라 불리는 이 전술은 보병을 중심으로 화기火器와 단병기短兵器의 긴밀한 협조로 이루어졌다. 기병을 쓰지 않은 채 군대를 소대小隊로 편성해 한 손에는 단병기, 다른 손에는 방패를 적용한 것이 특징이다.

임진왜란 이후《병학지남》은 다양한 판본으로 나와 통일성이 없었다. 어떤 책은 자세하고, 어떤 책은 너무 소략했다. 또 내용 가운데 한글번역본인 언해諺解가 달린 부분도 적었고, 아예 주가 없는 경우도 있었다. 전국에서 활용되는《병학지남》의 수준이 천차만별이다 보니 결과적으로 훈련의 결과나 수준도 다를 수밖에 없었다.

정조는 군사력 향상을 위해 무엇보다도《병학지남》의 전본이 필요하다고 보았다. 그래서 정조는 선전관 이유경에게 명하여 훈련도감본, 남한산성본, 해서본 등을 참고해 잘못된 부분을 바로잡고 대대적인 교정을 가했다. 여러 판본을 종합적으로 정리하여 하나로 정리하고 그 과정에서 단점을 버리고 장점만을 선택해 두주頭註를 부치고, 정조가 직접 서문을 작성했다. 그렇게 하여 1787년(정조 11)에《병학지남》이 새롭게 간행되었다.

정조는 《병학지남》을 자신의 친위군영인 장용영에서 목판본으로 간행하게 했다. 정조시대 장용영은 단순히 친위군영만을 양성하는 곳이 아니라 조선의 군사력 전체를 향상시키기 위한 군영이었기에 무예서 간행을 상당수 이곳에서 추진했다.

《병학지남》을 다시 출간한 정조는 《병학지남》을 알기 쉽게 풀이한 《병학지남연의》를 간행하기도 했다. '연의'는 뜻을 더 보태 알기 쉽게 설명한다는 의미다. 이 책의 저자 이상정李象靖은 정조의 좌우명을 정리할 정도로 정조의 의중을 꿰고 있는 인물이었다. 이상정은 《병학지남》이 너무 어려워 무신들이 익히기 어렵다고 판단했다. 그래서 각종 운서를 참고해 글자의 음과 뜻을 달았다. 그리고 《병학지남》이 진법 중심으로 엮여 있어 병법 이론이라 할 수 있는 도략韜略이 결여되어 있기에 이를 보완하기 위하여 《병학지남연의》를 만들었다. 이는 처음에는 개인의 의견이었지만 정조의 지시로 간행되었음은 너무도 당연하다.

정조 즉위 초에는 무장 장지항에게 명하여 《병학지남》을 약간 수정하여 장조정식場操程式을 만들고, 이를 《병학통》이라고 했다. 병학통은 명나라 장수인 척계광의 병법을 새롭게 정리한 것으로, 그가 만든 《기효신서》紀效新書의 군사훈련법을 잘 정리했다.

《기효신서》의 영향을 받았음에도 정조는 병학통의 원류를 세조의 《오위진법》을 거쳐 영조의 《속병장도설》에 두었다. 《정조실록》에는 정조가 장용영의 강서講書 시험에 병학통을 사용한 것은 영조의 유지를 천명하기 위해서라고 기록했다.

《무예도보통지》의 편찬에 참여한 이덕무는 《병학통》은 영진營陳의 강령이고 《무예도보통지》는 무예의 핵심이라고 했다. 군사를 논하는 사람들이 '병학통'과 '무예도보통지'를 버리고는 아무것도 할 수 없다고 할 정도로 《병

학통》과 《무예도보통지》는 당대 최고의 무예서로 평가받았다. 곧 《병학통》
과 《무예도보통지》가 표리의 관계를 이루면서, 《병학통》이 군사훈련과 진법
의 모범이라면 《무예도보통지》는 군사 훈련을 받는 주체인 개인의 기예를
향상시키는 본보기였다.

정조는 《병학통》과 《무예도보통지》를 간행하면서 두 권의 무예서에 '통'
通이라는 글자를 사용하고 있다. '통'이란 바로 알다 또는 밝다는 의미로, 밝
으면 질서를 얻어 문란하지 않다고 했다. 즉 군사훈련이나 무예에 대해 조선
의 표준 무예를 만들겠다는 뜻이었다. 그리고 이를 통해 질서 있는 군대, 체
계화된 군대를 육성하겠다는 포부를 내비쳤다.

정조는 《무예도보통지》의 간행 의도를 다음과 같이 이야기하고 있다.

"앞으로 이 책이 나온 것을 계기로 하여 중위中尉와 재관材官은 나날이 용호
龍虎의 진법에 익숙해지고, 무사들은 저마다 무예를 익혀 비휴貔貅와 같이 되
어 국가에서 계속하여 인재를 양성하려고 하는 본래의 뜻을 저버리지 않는
다면, 앞으로 억만년을 두고 닦아 가야 할 군사 교육과 분명하게 일러준 내
뜻이 바로 여기에 있을 것이다. 제군들은 노력할지어다."

정조는 관무재觀武才 시험 종목에 유엽전, 편전, 기추, 조총만이 아니라 18
기, 24기 무예를 포함시켰다. 또한 장용영 장관·장교 군사를 선발할 때는
물론 복무 중에도 기회가 닿는 대로 무예 24기를 시험함으로써 무예를 숙
련할 수 있게 했다. 무예 24기는 장용영을 대상으로 하는 각종 시험에 채택
되었다.

이로써 《무예도보통지》는 장용영외영 군사들의 무예 훈련에 표준적인
교본이 되었다. 1793년(정조 17) 10월에 비변사가 올린 〈장용외영군제절목〉에

의하면, 외영군 가운데 보군이 머물며 방어할 때 날마다 무예를 연마하여 소기의 성과를 거두도록 했다. 즉 번을 서는 군사들의 자체 훈련 과정에서 《무예도보통지》에 의거해서 마상무예 6기를 제외한 18기를 가르치고 또 시험을 보게 했으며, 각 초마다 전법교사 1명과 기예교사 1명을 두게 했다.

외영 마군인 친군위는 행궁 호위 이외에는 기예를 연습하는 것이 가장 중요한 일로 간주되었다. 그것은 대부분 마상기예에 관한 것들로《무예도보통지》단계에서 새롭게 강조된 무예들이다. 친군위는 좌우열 장교 가운데 선발된 교관의 지도를 받아 마상 기예의 기초를 익혔으며, 이는 장용외영 별군관들의 시험 과목 중 하나로 규정되었다.

이로써《무예도보통지》는 장용영의 장교 이하 군사들을 강화하는 무예서로 완전한 자리매김을 했으며, 이 무예 24기는 조선의 표준 무예로 확립되어 갔다. 결국《무예도보통지》의 무예기는 장용영의 무예이자 조선을 대표하는 무예로 평가되었다.

《무예도보통지》는 2017년 10월 27일 유네스코 세계기록유산 국제자문위원회(IAC)를 통해 세계기록유산으로 선정되었다. 남북이 공동으로 신청해서 세계기록유산으로 등재시켰어야 하는데 아쉽게도 북한의 단독신청으로 세계기록유산이 되었다. 유네스코에서는《무예도보통지》가 현대 북한 태권도의 원형이 됐고, 김홍도가 삽화를 그렸다고 강조한 점을 받아들였다. 즉 《무예도보통지》의 권법이 현재 태권도의 원형이 되었다는 것을 인정한 것이다. 그러니 태권도의 역사는 삼국시대로부터 시작해서 오늘에 이르게 된 것이다.

무武란 지과止戈의 합성어이다. 결국 무武는 창을 내려놓게 하는 것이다. 바로 평화를 의미하는 것이다. 평화를 위해 군대가 존재하고 무예훈련을 하는 것이다. 그러니 역설적으로 가장 중요한 것은 평화라는 것이다.《무예도보통지》에 실려 있듯이 정조는 창을 내려놓게 하기 위해 《무예도보통지》를 만들었고 훈련을 시켰다. 이 진정한 평화의 의미가 2032년 남북평화공동올림픽이 성사될 수 있도록 우리의 리더들이 이념을 초월하여 지지해주기를 바란다.

48

문화의 다양성을
인정하다

현대 한국 사회의 가장 큰 문제는 이념의 갈등이다. 반공이데올로기로
무장한 변종 기독교 문화는 대통령을 북한의 간첩이라고 헛된 소리를 하고,
5.18 광주민주화운동을 북한의 소행이라고도 한다. 이렇게 잘못된 생각을
가진 이들은 정상적인 개혁 논의도 무조건 빨갱이의 허튼짓이라고 하기도
한다. 잘못된 기독교 신앙에 깊이 빠진 이들이 사찰에 가서 불상을 훼손하
고 전각에 불을 지르는 일들이 생기기도 한다. 그릇된 불교 신앙을 가진 이
들도 기독교 문화를 비난하는 지경에 이르렀다. 자신과 사상이 다르면 인정
하려 들지 않는 한국 사회의 부조리는 앞으로 크나큰 문제가 될 것 같다.

현재의 우리와 달리 200여 년 전 정조는 유교 중심의 사회를 극복하고
서학이라 불린 천주학, 불교, 도교, 양명학까지 모두 수용했다. 조선의 건국
이념이 '숭유억불'崇儒抑佛이었는데 불교와 서학을 포용하다니, 정말 놀라운
일이 아닐 수 없다. 우리가 정조에게서 배울 가장 중요한 것 중의 하나가 바
로 이것이다.

정조는 동궁 시절부터 주자학과 우암 송시열의 주자존숭주의 등 노론의 학문 분위기를 적극적으로 지지하면서도 내면으로는 노장老莊사상, 양명학, 불교 등을 인정하는 자유로운 생각을 가지고 있었다. 이는 당대 주자 중심주의 사상에서 볼 때 매우 파격적인 것이라고 할 수 있다. 숙종대 대학자인 윤휴가 주자 중심주의를 비판하고 공자의 사상을 조선 선비의 시각으로 해석하겠다고 했다가 사문난적으로 몰려 죽었다. 송시열 등 노론의 사상가들은 주자 이외에 어떠한 인물의 공자에 대한 해석도 인정하지 않았고, 노장사상이나 불교학, 더욱이 서학에 대해서는 결단코 인정하지 않았다. 따라서 조선의 사상계는 주자만이 옳은 시대였다. 이러한 시대에 정조가 양명학, 노장사상 등에 대한 포용을 한다는 것은 놀라운 일이다.

사실 정조는 공자의 계승자를 자처하고자 하는 의도도 있었다. 정조는 자신이 세운 신도시 수원에 공자의 위패와 영정을 봉안한 궐리사를 건립했다. 당시 노론 신하들이 지역에 궐리사를 만들고, 특히 충청도 이성에 궐리사를 세움으로써 공자의 후예임을 은근히 내포하였다. 이런 상황에서 정조가 사대부를 포함하여 민간에서는 궐리사를 세우는 것을 허락하지 않고 대부분을 철거하게 하는 특단의 조치를 했다. 이는 유학의 실질적인 계승자가 조선의 국왕인 자신이라는 것을 보여주기 위함이었다. 이처럼 공자 본류의 유학을 중시했던 정조는 두려움 없이 양명학과 노장사상 그리고 불교에 대한 인정을 했다.

정조는 특히 장자莊子에 대하여 애착을 갖고 소요유편逍遙遊篇을 높이 평가하며, 장자의 문장이야말로 수많은 학자들의[諸子]의 문장 중에서 제일이라 평가하기도 했다. 또한 왕양명王陽明에 대하여도 "왕양명王陽明의 학문에 대해 사람들이 혹 이단이라고 하지만 그의 기상과 문장과 공로는 마땅히 명明나라 제일의 인물로 꼽아야 한다."라고 평가하며 조선의 사대부들이 왕양명의 문장을 읽어보아야 한다고 했다.

정조는 경산瓊山 구준丘濬의 《대학연의보》大學衍義補 와 《왕양명집》王陽明集은 항상 책상에 놓아두고 아무리 정무政務가 바빠도 반드시 한 해에 한 번은 통독을 했다. 이는 구준과 왕양명을 아침저녁으로 만나 대화를 나눌 정도로 그들의 사상을 받아들이고 싶었다는 의미이다.

아마도 사대부들이 이런 말을 꺼냈다면 사문난적으로 몰려 엄청난 고생을 했을 것이다. 정조가 이렇게 이야기한 것은 주자성리학만이 절대화 되는 것을 바라지 않았기 때문이다.

정조는 정치적으로도 파격적인 언어를 내보였다. 바로 왕안석에 대한 인정이다. 왕안석에 대해 정조는 1791년(정조 15) 4월 30일 어전회의에서 이렇게 옹호해주었다.

> "왕안석의 고집이 너무 지나쳤지만, 그 재주야 어찌 세상에 쓸 만한 것이 없겠는가, 신종神宗이 왕안석을 등용한 것을 보면 그 역시 큰일을 할 수 있는 임금이었음에 틀림없다."

조선 사회에서 왕안석王安石은 금기의 대상이었다. 송나라의 대표적 개혁론자인 왕안석은 신종의 신임을 얻어 정치·재정·사회·군사 등 각 방면에 신법新法을 도입, 대대적인 개혁을 시도했으나 개혁 추진자들의 경험부족과 타락, 그리고 사마광司馬光과 같은 정적들의 공격으로 인해 실패하고 말았다. 이러한 왕안석의 시행착오는 조선시대 정치에 큰 영향을 주어 잘못된 정치의 표본이 되었다. 이러한 시대 상황에도 불구하고 정조는 왕안석의 실패로 인해 역사 속 대부분의 임금과 신하들이 경장(개혁)을 하고 싶어도 감히 마음먹지 못했다고 생각하며 새로운 개혁정치를 위해 금기의 벽을 깨기 위해 노력했다. 그래서 정조는 자신의 생각만이 옳은 것이 아니라 다양한 사상의 장점을 취하여 세상을 발전시켜야 한다고 생각했다.

정조의 이러한 학문적 개방성은 가히 파격적이라 할 수 있으며, 이러한 점에서 정조의 학문이 주자학으로만 경도되지 않았음을 보여준다. 이러한 개방성이 불교를 이단으로 판단하던 정조에게 새로운 불교인식을 갖게 해준 밑바탕이었다고 볼 수 있다.

정조는 "유가儒家, 불가佛家, 도가道家를 세상에서 삼교三敎라고 칭한다. 유자儒者는 불가나 도가를 허여하지 않지만, 그 조예造詣의 깊은 곳을 논한다면 모두가 최고의 경지이다."라고 했다.

또한 정조는 "노자와 석가모니를 이단異端이라고 하는 것은 바로 말류末流의 폐단을 가리키는 것이지 그 시원始源을 말하는 것이 아니다. 예컨대 '만법이 하나로 귀결된다'[萬法歸一]는 것은 불교나 유가儒家가 애당초 다르지 않았는데 불씨가 '일귀하처'一歸何處라는 네 글자를 덧붙여 놓은 따위가 이것이다."라고 했다.

이처럼 유교와 불교, 도교에 대한 포용을 통해 정조는 불경의 하나인 《부모은중경》父母恩重經을 간행했다. 이는 당대 사회에서는 획기적인 일이라 할 수 있다. 《부모은중경》의 간행은 세조대에 간경도감에서 간행한 일이 있지만 당시 세조는 스스로 '호불의 왕'이라 칭할 만큼 불교에 깊이 심취해 있었다.

그러나 유학자로서 당대에 학자들을 지도하고 있던 정조가 불경을 간행했다는 사실은 그가 얼마나 현실적으로 불교를 대했는지를 알 수 있다. 하지만 그 역시 《부모은중경》의 간행이 자신이 불교에 심취했다기보다는 그 내용이 부모의 은혜에 보답하게 하는 좋은 내용이기 때문이라고 강조했다. 물론 후에 《부모은중경》의 간행에 또 다른 마음이 있었음을 나타내지만 처음 간행 시에는 신료들에게 불경을 숭상하는 것은 아니라는 점을 강조했다. 왜냐하면 현실은 유교를 신봉하는 사대부들에 의해 좌지우지되는 사회였기 때문이다.

그러나 정조는 스스로 안변의 석왕사에 비문을 씀으로써 불교에 대한 특별한 애정을 보여주었다. 안변 석왕사는 태조 이성계의 꿈을 무학대사가 풀어준 곳이다. 무학대사는 이성계가 꾼 꿈이 역성혁명을 통해 새로운 나라를 창업하는 것이라고 해석해주었고, 이때부터 이성계는 창업군주로서의 꿈과 의지를 실천했었다. 그러니 석왕사는 단순한 사찰이라고 할 수 없는 조선 왕실과 매우 밀접한 곳이었다.

정조는 석왕사 비문을 이렇게 썼다.

"불교는 삼교三敎 중에 가장 늦게 나왔지만 그 영험함은 가장 두드러진다. 유자儒者는 이를 믿지 않지만 또한 왕왕 믿지 않을 수도 없으니, 이를 어떻게 말할 것인가. 대체로 사람에게는 서원誓願이 있으니 부처에게는 자비慈悲가 있어 지성으로 빌면 무량한 축력呪力을 받을 수 있다. (중략) 목숨을 구하는 자는 목숨을 얻고, 자식을 구하는 자는 자식을 얻고, 삼매를 구하는 자는 삼매를 얻고, 마니를 바라는 자는 마니를 얻게 되는 것이다. 그것은 이치가 원래 그런 것이다"

이처럼 정조는 불교가 갖는 신비로움을 이야기하며 이러한 부처의 은덕이 조선의 건국도 도와주고 자신이 아들을 얻는 데도 도움을 주었다고 생각했다. 여기에 더해 정조는 자신의 아버지 사도세자의 원찰인 용주사를 만들고 용주사의 대웅보전에 안치될 석가모니불상에 대한 기복게祈福偈도 직접 작성했다. 조선시대 국왕 중에서 부처를 찬양하는 글을 쓴 이는 정조밖에 없다. 숭불론자인 세종이나 세조도 쓰지 않은 것을 대유학자인 정조가 쓴 것이다. 이는 그만큼 통이 크고 문화의 다양성을 인정했기 때문이다.

"석가모니가 '생명이 있어 움직이는 것은 모두 불성佛性이 있다.'고 했는데, 우리 유가에서 '인간과 사물은 각기 오성五性을 갖추고 있다.'고 한 말과 같은 뜻이다. 그러나 다만 불교는 영각靈覺을 성性으로 삼고, 우리 유가에서는 실리實理를 성으로 삼는다. 이것이 다른 점이다."

정조는 여기에 더해 무군지교無君之敎인 서학마저 포용했다. 서학은 군왕의 존재를 인정하지 않는 종교이자 제사를 금지하는 종교였기 때문에 사악한 학문, 즉 '사학'邪學으로 평가받았다. 이런 서학을 인정하다니, 이는 정말 파격이 아닐 수 없었다.

정조대에 들어와 서학이 신앙의 문제로 처음 제기된 것은 이른바 명례방사건이라 불리는 추조적발사건으로부터 비롯되었다. '추조'秋曹라고 불리는 형조에서 이율과 홍복영, 문인방 등이 정조를 죽이려고 하는 역모사건을 수사하는 과정에서 명례방에 거주하는 중인 김범우의 집에서 기호남인 계열의 이승훈 등이 천주교 미사를 드리다가 우연히 적발되었다.

당시 장령 유하원은 서양의 책들이 관상감의 역관들을 통해 들어오면서 전국에 퍼져 믿는 이들이 늘어나는 것을 염려했다. 더불어 이른바 도道라는 것은 다만 하늘이 있다는 것만 알고, 임금이나 부모가 있는 줄을 알지 못할 뿐만 아니라, 천당이니 지옥이니 하는 말로써 백성들을 속이고 세상을 현혹시키니, 그 해독은 홍수나 맹수보다도 심하다며 사교邪教를 금지하고 엄벌할 것을 청원했다. 유하원의 이와 같은 상소는 서학을 '무군지교'로 규정하면서 정조에게 강력한 제재를 요구한 것이었다. 겉으로 보기에는 사교를 없애

국왕의 권위를 높이자는 내용이었지만 한편으로는 정조의 친위세력인 기호 남인을 제거하자는 의도가 깊이 배어 있는 것이었다. 결국 이승훈이 개입된 추조적발사건은 서학을 사교로 규정 지은 최초의 사건이 되고 말았다. 하지만 정조는 유하원의 상소에 대하여 서학을 신앙적 차원으로 접근하는 것은 차단했지만 당시 명례방에 있던 서학 신도들에 대해서는 잡범으로 규정하고 모두 풀어주었다.

1786년 정조는 박제가가 올린 서양선교사 수용론을 배척하지 않았다. 정조는 이 해에 모든 관료들에게 자신에 대한 어떠한 비방도 용서할 테니 국가 개혁을 할 수 있는 정책을 건의해 달라고 요청했다. 이러한 정조의 의중을 파악한 박제가는 청나라가 서양 선교사들을 파격적으로 등용하여 서양 기술을 적극적으로 받아들여 나라가 발전하고 있음을 역설했다. 몇 차례 청나라를 다녀온 그로서는 우물 안 개구리처럼 서양 학문을 무조건 배척하는 사대부들의 졸렬함을 비웃었을 것이다. 박제가는 정조에게 서양 종교인 서학은 우리나라에 있는 불교와 같은 종교일 뿐이고 이 종교가 국가 운영을 제어할 수도 없고, 유교 사회의 근본 원리를 저해할 수도 없다고 강조했다. 그렇기 때문에 서학을 두려워하지 말고 서양 선교사들을 적극 받아들여 서양의 기술로 조선을 발전시키자고 했다. 이에 정조는 박제가의 의견을 적극 받아들이겠다고 했다. 만약 정조가 열린 생각이 없었다면 박제가의 의견을 절대로 받아들이지 않았을 것이다.

1788년(정조 12) 8월 당시 정언이던 이경명이 상소를 하여 '요망한 학설로 종당의 화가 어느 지경에까지 이를지 모를' 서학을 엄히 다스릴 것을 요구하자 정조는 다음 날 어전회의를 열어 서학의 유포 상황에 대하여 논의했다. 이에 정조는 서학 문제가 발생하는 것은 정학이 바로 서지 않았기 때문이라며 사건이 확대되지 않도록 조처했다.

"나의 생각에는 오도吾道와 정학正學을 크게 천명한다면 이런 사설邪說은 일어났다가도 저절로 없어질 것으로 본다. 그러니 그것을 믿는 자들을 정상적인 사람으로 전환시키고 그 책을 불살라 버린다면 금지할 수 있을 것이다."

정조는 사건의 확대를 방지하면서 오히려 정학이 바로 서지 않아서라고 공박했다. 더불어 정조는 그들을 포용하는 것이 오히려 사학에 빠진 백성들을 위하는 길이라고 했다.

"서양의 사학이 여러 도에 두루두루 편재해 있으나 유독 영남과 해서에는 들어오지 않았다. 영남은 퇴계의 유풍이 남아 있고, 해서는 율곡의 지나친 감화가 남아 있다. 내가 사학에 미혹된 무리들에 대하여 사람들은 혹 너무 느슨하게 다스린다고 말하고 있으나 이는 그렇지 않다. 저 미혹된 자는 술 취한 사람과 같으니 술이 깨면 다시 정상인이 된다. 만약 그가 취했다 해서 재빨리 법률을 사용해서 후회의 길을 열어주지 않는다면 이것은 백성을 그물질하는 것이니 내 어찌 이를 할 수 있겠는가?"

이와 같이 정조는 서학이 비록 신앙적으로 문제가 되어도 정학이 바로 서면 모두 해결될 것이라 강조하고 그들을 함부로 처벌하는 것은 오히려 백성들을 위하는 길이 아니라고 강조했다. 정조가 이처럼 서학에 대한 대응을 온건하게 한 것은 자신의 왕권강화를 위해 서양 기계[西器]에 대한 이해도가 높은 남인을 등용하고 이를 통해 자신의 국정 운영을 추진하고자 함이었다. 정조는 수학, 역상과 관련된 서적의 수입 문제를 이가환에게 문의할 정도로 서학에 깊은 관심을 가지고 있었다.

정조가 화성 축성의 설계를 상중이었던 정약용으로 하여금 맡게 한 것은 그가 일찍부터 서학에 대한 관심을 통해 서양 기계에 대한 지식을 가지고 있었기 때문이다. 그래서 정조는 중국에서 수입한 서기서를 다산에게 하사함으로써 화성 축성의 완벽성을 기하고자 했다. 이와 같은 생각에 따라 정조는 1781년(정조 5) 중국으로부터 구입한 《내각방서록》에 포함된 《기기도설》, 《직방외기》, 《서방요기》 등 서양의 과학과 인문지리에 대한 내용을 담고 있는 이 서적들을 적극 활용하기로 하고 이 중에 《기기도설》을 내려주었다. 정약용은 정조로부터 《기기도설》을 받아 인중引重과 기중起重의 방법을 연구하여 이를 기초로 하여 《기중가도설》起重架圖說을 작성해 바치고 화성 건설에 실제 이용했다.

결국 정조의 이와 같은 서학 포용과 서양 기술을 이용하고자 한 뜻은 농업과 상업 등 사회 전반에 대한 과감한 개혁을 하기 위함이었으며 장기적으로 국정운영 전반과 훗날에 있을 신도시 수원 건설과 화성 축성을 서양 기계에 능통한 기호남인과 함께하고자 함이었다.

정조의 이와 같은 문화다양성을 우리도 인정하고 있는지 생각해 볼 필요가 있다. 우리 사회의 리더들도 자신과 다른 사상을 인정하고 살고 있는지 다시 한 번 성찰하고 고민해야 할 것이다. 우리가 문화의 다양성을 인정하는 만큼 사회는 더욱 풍요로워지고 아름다워질 수 있다 리더가 해야 할 일은 너무도 많다.

진경문화로
새로운 문화시대를 열다

정조시대는 조선중화주의朝鮮中華主義를 바탕으로 조선 문화의 수준에 자신감을 가졌다. 이런 시대에 왕위에 오른 정조는 자신의 학문적 소양을 바탕으로 강력한 문화정치를 추구했으며, 여기에 청나라의 문화를 적극적으로 수용함으로써 조선 후기의 문예부흥 시대를 열었다. 이 시기는 기존의 시대와 다른 문화적 특성이 한껏 드러나고 있기에 다른 말로 진경시대眞景時代라고도 한다. 진경시대라는 것은 조선왕조 후기 문화가 조선의 고유색固有色을 한껏 드러내면서 난만한 발전을 이룩했던 문화 절정기를 일컫는 문화사적文化史的인 시대구분 명칭이기도 하다.

정조는 조선 전체가 평화롭고 평등하며 그 어떤 외세의 침입도 받지 않는 자주적인 나라를 만들고자 했다. 그러한 의지의 발현 속에서 조선의 문화와 중국 문화의 차별성을 분명히 두고자 했으며 그 결과 이전 시대의 문화와는 근본적인 차이가 나는 문화의 장르가 나타났다.

도화서에서 규장각으로 이관된 자비대령화원 단원 김홍도와 혜원 신윤복이 등장하여 정조의 뜻과 희망에 따라 백성들의 삶의 모습을 그림으로 나타냈다. 더불어 음악에서도 중국의 당악唐樂이 아닌 우리 고유의 음악을 만들고 백성들의 삶을 윤택하게 해주었다. 우리가 알고 있는 판소리의 원형이 정조시대부터 비롯된 것은 너무나 잘 알려진 사실이다.

더불어 이 시대에 우리 역사를 바로 세우고자 하는 국학國學운동이 일어나고 새로운 역사관 정립과 역사 서술이 시작되었다. 이전 시대까지 조선 역사의 한 부분으로 평가받지 못하던 발해의 역사가 정조의 지시에 의해 규장각 검서관 유득공이 《발해고》渤海攷를 저술하고, 안정복은 《동사강목》東史綱目을 저술했다.

또한 정조는 문화의 한 장르였던 조선의 무예도 정립했다. 《무예도보통지》武藝圖譜通志를 저술하여 신라시대 황창랑으로부터 시작된 본국검을 비롯한 지상무예 18가지와 마상무예 6가지를 정리하여 우리 역사상 최고의 무예서를 편찬했다.

이렇듯 우리 고유의 색을 찾아가는 진경문화는 정조시대 이전부터 나타나기 시작했지만 실제 가장 역량 있는 문화의 발현은 정조시대였고 그 문화적 공간은 바로 화성이었다. 진경시대를 이룬 정조의 새로운 문화정책의 기반은 말할 것도 없이 화성華城이다. 화성은 우리가 알고 있는 성곽만이 아닌 도시 전체를 일컬음이니, 화성이 정조의 문화적 기반이라 함은 수원이 당시의 문화기반이라는 것을 말하는 것이다. 화성에는 조선, 중국, 일본의 성곽들의 장점이 모두 포함되어 있었다. 동서양의 모든 문화를 수용하여 그것을 조선화 하고자 했던 정조와 당대 학자들의 포용력이 보여준 결과라고 할 수 있다. 남의 것을 배척하지 않는 열린 마음이 화성에서 극명하게 나타나는 것도 바로 이 때문이다. 중국식 건물인 듯 하면서 조선식이고, 일본식 성벽인 듯하면서도 조선식인 것이 바로 이 때문이다. 정조시대에 우리 산천을 고민하고 우리 민족의 삶을 고민하는 진경문화가 나타난 것은 우연이 아니고 조선이 세계 문명의 중심이라는 조선중화주의가 나타난 것도 바로 이러한 사상에 대한 포용과 관용 덕분이었다.

정조시대 문화예술이 가장 발달한 분야는 회화 분야이다. 회화 분야에서는 단원檀園 김홍도金弘道(1745~1806)와 고송유수관古松流水館 이인문李寅文(1745~1824), 긍재兢齋 김득신金得臣(1764~1822), 초원蕉園 김석신金碩臣(1768~?) 등이 출현하여 겸재 세대를 계승하려는 강한 의지를 나타내게 되는데 공교롭게도 이들은 모두 화원화가들이었다.

이들이 화원화가라는 것은 결코 우연한 일은 아니다. 진경시대 초기문화를 주도하면서 조선의 고유색이 짙은 화풍을 창안해 내던 인물들이 한결같이 조선성리학 이념에 투철한 사대부 화가들이었다는 사실과 대조적인 현상이기 때문이다. 진경산수화풍을 창안해 낸 겸재 정선과 풍속화풍의 시조인 관아재 조영석이 그런 대표적인 인물이다.

새로운 양식의 창안이라는 것은 그 뿌리가 되는 바탕 이념에 대한 선구적 이해를 전제로 해야 하기 때문에 이념집단 중에서도 선두주자만이 감당해 낼 수 있다. 그러나 화원화가들은 정조에 의해 성장한 왕실 전속 전문화가이니 왕실이나 궁척들의 주문에 따라 기존의 화풍을 활용하여 보다 훌륭한 그림을 그려내는 것이 그들의 몫이었으므로 회화사에서 대미大尾를 장식하는 역할을 담당하게 된다.

단원 김홍도의 그림에서 보이는 다양한 구도감각이 음양대비와 음양조화로 일관하던 겸재의 단조로운 구도감각을 깨뜨리고 있는 것이 그 대표적인 예이다. 뿐만 아니라 풍속화에서도 그 인물묘사를 초상화처럼 정확히 해내서 어진도사御眞圖寫가 본업이었음을 과시하는데 조선 고유색을 드러내는 진경, 풍속 양대 화풍 중 특히 풍속화가 이들의 손에서 최고의 발전을 보이면서 대미를 장식하게 되는 이유가 여기에 있다. 화재和齋 변상벽卞相璧 (1730~?) 같은 화원화가는 초상화 그리는 기법을 영모화翎毛畫에 적용하여 짐 승의 모습을 극사실적으로 핍진逼眞하게 그려내기도 했다.

한편 이들이 이처럼 진경풍속화풍의 계승 발전에 매진할 수 있었던 것 은 이들의 절대적인 후원자이던 영조와 정조가 진경문화에 대해 충분히 이 해하고 있었기 때문이었다. 특히 이들의 양성에 앞장섰던 같은 세대의 정조 대왕(1752~1800)은 비록 국왕이지만 당대를 대표할 만한 최고의 학자이자 예술가로《홍재전서》184권 100책이라는 방대한 문집을 남기고 〈파초〉나 〈 국화〉 같은 그림도 남긴 분이었다.

그래서 정조는 진경문화의 바탕 사상인 조선성리학이 이미 백여 년 동 안 그 절정을 구가하며 사회를 주도해 왔으므로 이제는 노쇠하여 그 기능 에 더 이상 기대하기가 어렵다는 사실도 간파했다. 이에 정조는 연경사행燕 京使行의 자제군관 출신인 담헌 홍대용, 연암 박지원 등 당시 최고집권층 연소 자제들을 중심으로 청조고증학淸朝考證學을 받아들이려는 북학北學운동이 일 어나자 규장각의 제도를 개편하여 이들의 학문 활동의 터전을 마련해 주는 등 적극적인 지원을 아끼지 않았다. 그 결과 연암 일파인 청장관 이덕무, 영 재 유득공, 초정 박제가 등이 규장각 검서檢書가 되어 규장각을 실제적으로 운영하며 청조문화淸朝文化를 수용해 들이니 그때부터 진경문화에 서서히 청 조문화의 영향이 배어들기 시작했다.

이는 곧 북학을 이념 기반으로 하는 새로운 사회건설을 예고하는 변화 의 조짐이었는데, 이런 개혁의 움직임이 온건하게 진행되어 갈 수 있었던 것 은 신구 이념에 정통했던 문예군주인 정조가 개혁의 속도를 적절하게 조절 해 가고 있었기 때문이었다. 정조의 개혁이 문화예술 분야에 깊이 영향을 준 것은 말할 나위도 없다.

그래서 조선의 고유색 짙은 진경문화는 정조의 치세 하에서 대미大尾를 찬란하게 장식하면서 북학문화로 연결될 수 있었던 것이니, 단원이나 혜원의 풍속화나 화성행궁, 화성 등에서 그 사실을 확인할 수 있다. 결국 정조시대 진경문화는 조선 전체 문화예술의 꽃으로 평가받는 것이다. 정조를 중심으로 이와 같은 진경문화를 만들었기 때문에 조선의 주체적 문화가 만들어질 수 있었다.

이후 정조시대의 주체적 진경문화는 19세기에 이르러 세계 최고의 인물 추사 김정희를 탄생시켰다. 중국의 문화를 받아들여 중국의 문화를 뛰어넘은 그야말로 청출어람의 문화가 탄생한 것이다. 추사의 그림과 글씨 그리고 그의 철학은 이미 세계 최고 수준으로 발전하였다. 이 힘이 바로 정조시대 진경문화에 있었던 것이다.

여기에 더해 정조시대 진경문화는 사상적으로 발전하여 동학까지 이르게 된다. 주체적인 진경문화는 바로 자주의식을 만들었고, 그러한 자주의식은 조선의 고유한 유불선儒佛仙 합일사상까지 연결되어 동서양의 사상을 종합하여 동학사상이 탄생한 것이다. 이것이 바로 정조시대진경문화의 중요성이다.

새로운 문화를 만들어내는 것은 리더가 해야 할 가장 중요한 일이다. 리더가 조직을 잘 이끌고 경제 활동을 통해 돈을 많이 벌어 직원들을 행복하게 해주는 것도 중요한 일이다. 그러나 이것보다 한 차원 더 높은 일을 하려면 시대를 이끌어가는 사상과 문화를 만들고, 그러한 문화와 사상을 통해 우리나라를 널리 세계에 알려야 한다. 우리가 가지고 있는 나약성을 극복하고 진정 세계의 문화를 이끌어가는 문화인임을 우리 스스로 자각하게 해야 한다. 이것이 바로 오늘 우리시대 리더들이 해야 할 중요한 일이다.

정조시대 진경문화의 계승이 바로 방탄소년단이고, 〈기생충〉이고, 영화

감독 봉준호이고, 소설가 한강이다. 이들은 바로 그들과 함께하는 리더들이 우리 문화에 대한 자신감을 심어주었거나 스스로가 자신감을 가진 것이다. 그렇기 때문에 이들이 세계의 중심에 서고, 이를 통해 우리 문화의 우수성을 알릴 수 있게 된 것이다. 우리의 힘을 믿는 리더, 그러한 리더가 바로 새로운 힘을 가진 리더가 된다.

정조의 인장 '만천명월주인옹'

에필로그

군주민수君舟民水!

해석을 하자면 아주 간단하다. 임금은 배고, 백성은 물이라는 것이다. 즉 백성은 임금을 떠받들지만 임금이 잘못하면 백성들이 임금을 끌어내릴 수도 있다는 이야기다.

군주민수를 정확히 이해한 국왕은 동양의 역사에서 수도 없이 있겠지만 그중 대표적인 인물이 조선의 22대 국왕 정조正祖가 아닐까 한다. 정조는 항상 백성을 물로 보고 임금을 배로 보았다. 자신의 싱크탱크인 규장각 각신들과의 대화에서도 국왕과 백성의 관계를 늘 이야기하며 국왕 스스로 경계를 했다. 정조는 군주민수와 연계하여 독특한 자신의 철학을 내놓고 자신이 국왕이 된 지 22년째인 1798년에 이를 자호自號로 삼기도 했다. 그것이 바로 '만천명월주인옹'萬川明月主人翁이다.

'만천'萬川이란 한자 그대로 만 개의 시내를 의미하는 것이다. 여기서 시내란 작은 시내뿐만이 아니라 조선의 8도에 있는 모든 물길을 의미하는 것이다. 한강과 대동강 등 서해로 흘러가는 큰 강과 8도 곳곳에 있는 크고 작은 천들을 말한다. 이는 곧 민수民水, 즉 백성을 말하는 것이다.

'명월'明月은 말 그대로 하늘에 떠 있는 밝은 달을 의미하는 것이다. 밝은 달은 군주君㕼, 즉 국왕을 의미하는 것이다. 결국 '만천명월'이란 우리 땅에 있는 수많은 천을 고루 비쳐주는 밝은 달을 의미하는 것이다.

정조는 이렇게 이야기한다. "하늘에 떠 있는 밝은 달이 어느 천은 작은 것이기에 작게 비추고, 어느 강은 큰 것이기에 더 많이 비추어서는 안 된다." 국왕이 힘 있고 돈 많은 사람에게 은혜를 많이 베풀어 주고, 힘없고 가진 것 없는 서민들에게는 적게 베푸는 것이 아니라 모든 이들에게 공평하게 베풀어주어야 한다는 뜻이다.

정조는 '만천명월'의 의미를 이 정도로만 해석하지 않았다. 그는 크고 작은 천과 강물이 갖고 있는 힘을 정확히 알고 있었다. 바로 '군주민수'의 힘을 알고 있었던 것이다. 정조는 '만천명월'의 진정한 의미를 이렇게 이야기한다.

"천이 흐르면 달도 흐른다. 천이 멈추면 달도 멈춘다. 천이 고요하면 달도 고요하다. 그러나 천이 소용돌이치면 달은 이지러진다." 즉 하늘에 있는 밝은 달이 물과 함께 흘러가는데 그 물이 고요할 때는 같이 고요하며 평화로운데 천이 계곡을 만나거나 불규칙한 지형을 만나 소용돌이치면 달은 본래의 둥근 모습을 잃어버리고 모나거나 찌그러진 모습으로 제 모습을 잃게 된다는 것이다. 이는 곧 거센 물결로 배가 뒤집힌다는 것을 의미하는 것이다. 결국 군주君㕼와 명월明月, 민수民水와 만천萬川은 같은 것이다. 이것이 바로 정조의 생각이고 이런 생각으로 평생을 살았다.

이 책은 정조의 리더십을 49가지의 정책과 실천의 사례로 풀어서 이야기하고 있다. 어찌 그의 리더십과 백성을 위해 한 일이 49가지만 있겠는가? 물론 그도 인간인지라 때로는 실수하고 때로는 격한 언어를 쓰기도 했다.

한편으로 노회한 정치가라는 소리도 듣고 보수적인 군주란 소리를 듣기도 했다. 그럼에도 불구하고 우리 역사에서 정조와 견줄 만한 인물을 만나기는 쉽지 않다. 그래서 이 땅의 개혁을 위해 매진하는 리더들을 위해 이 책을 마련했다.

필자가 정조를 만난 지 어언 40여 년이 되어 간다. 정조가 만든 '대유평'에서 자라 오늘까지 그곳에서 살고 있는 필자는 정조처럼 되고 싶었다. 정조처럼 행동하고 정조처럼 따스하고 정조처럼 과감하게 살고자 했다. 그러나 어찌 정조가 될 수 있겠는가? 그러나 최소한 정조처럼 되려고 노력은 하고 있다. 그러다 보면 시나브로 올바른 사람으로 자리매김할 수 있지 않을까 한다.

이 책을 읽은 독자들과 이 사회의 리더들도 당장 정조처럼 될 수는 없겠지만 어느 순간 그처럼 되어가고 있음을 알 수 있을 것이다. 정조처럼 말이다. 그럼 그때 정조가 그랬던 것처럼 동료들과 함께 '불취무귀'不醉無歸를 외치며 높이 술잔을 올리고 기분 좋게 한잔 하기를 바란다.

사료^{史料}

『宣祖實錄』

『仁祖實錄』

『孝宗實錄』

『肅宗實錄』

『英祖實錄』

『正祖實錄』

『弘齋全書』

『純祖實錄』

『日省錄』

『備邊司謄錄』

『承政院日記』

『壯勇營故事』

『壯勇營大節目』

『萬機要覽』

『國朝寶鑑』

『燕巖集』

『北學議』

『湛軒書』

『風泉遺響』

『園幸乙卯整理儀軌』

『練藜室記述』

『武藝圖譜通志』

『閑中錄』

『凌虛關漫稿』

『茶山詩文集』

『青莊館全書』

『過庭錄』

『磻溪隧錄』

『青城雜記』

『林下筆記』

『備邊司謄錄』　　　　　　　　『定辨錄』

『華城城役儀軌』　　　　　　　『玄皐記』

『華城志』　　　　　　　　　　『개벽』

저서^{著書}

金成潤, 1997,『朝鮮後期 蕩平政治 研究』, 지식산업사

金弘, 1997,『韓國軍事制度史』, 명성출판사

김문식, 2007,『정조의 제왕학』, 태학사

김영호, 2003,『조선의 협객 백동수』, 푸른역사

김용흠, 2006,『조선후기 정치사연구1』, 혜안

김우철, 2000,『朝鮮後期 地方軍制史』, 경인문화사

김종수, 2003,『조선후기 중앙군제 연구 – 훈련도감의 설립과 사회변동』, 혜안

김준혁, 2008,『이산 정조, 꿈의 도시 화성을 세우다』, 여유당출판사

김준혁, 2017,『정조와 다산의 꿈이 어우러진 대동의 도시, 화성』, 더봄출판

나영일, 2003,『정조시대의 무예』, 서울대학교 출판부

박광용, 1998,『영조와 정조의 나라』, 푸른역사

박현모, 2001,『정치가 정조』, 푸른역사

백기인, 2004,『조선후기 국방론 연구』, 혜안

백승종, 2006,『정감록 역모사건의 진실게임』, 푸른역사

송양섭, 2006,『조선후기 둔전연구』, 경인문화사

유봉학, 1996,『꿈의 문화유산 화성』, 신구문화사

유봉학, 2001,『정조대왕의 꿈』, 신구문화사

장필기, 2004,『조선후기 무반벌족가문 연구』, 집문당

정옥자, 1991, 『조선후기 지성사』, 일지사

정해은, 2004, 『한국전통병서의 이해』, 국방부 군사편찬연구소

정해은, 2002, 『조선후기 국토방위전략』, 국방부 군사편찬연구소

차문섭, 1973, 『朝鮮時代 軍制研究』, 檀大出版部

최완수 외, 1998, 『우리 문화의 황금기 진경시대』 1·2, 돌베개

崔洪奎, 1995, 『禹夏永의 實學思想研究』, 一志社

최홍규, 2005, 『정조의 화성경영 연구』, 일지사

한국역사연구회 17세기 정치사연구반, 2003, 『조선중기 정치와 정책』 인조~현종 시기

한영우, 1998, 『정조의 화성행차 그 8일』, 효형출판

한영우, 2001, 『정조의 문예사상과 규장각』, 효형출판

홍대용 저, 소재영 외 주해, 1997, 『주해 을병연행록』, 태학사

논문論文

강문식, 1996, 「正祖代 華城의 防禦體制」, 『韓國學報』 82

고성훈, 1992, 「正祖朝 鄭鑑錄 관련 逆謀事件에 대하여-李京來·文仁邦 사건을 중심으로」, 『동국사학』 26

高成勳, 1992, 「正祖朝 洪福榮 獄死와 山人勢力」, 『東國史學』 26

권오영, 2004, 「남한산성과 조선후기 대명의리론」, 『한국실학연구』 8, 한국실학학회

金文植, 1997, 「18세기 후반 정조 능행의 의의」, 『한국학보』 88

김백철, 2011, 「英祖의 綸音과 王政傳統 만들기」, 『장서각』 26, 한국학중앙연구원

김성윤, 1996, 『朝鮮後期 正祖의 蕩平政治 研究』, 釜山大學校 大學院 史學科 博士學位論文

김성윤, 2002, 「英祖代 中半의 政局과 壬午禍變」, 『역사와 경계』 43

김성윤, 2012, 「정조의 경세론과 효제(孝悌)윤리」, 한국실학학회 『한국실학연구』 23

김세영, 2012, 「사도세자 廟宇 건립과 '景慕宮舊廟圖' 연구」, 『장서각』 28, 한국학중앙연구원

김영민, 2004, 『壬午禍變의 발생과 正祖代의 思悼世子 재평가』, 한신대학교 국사학과 석사학위논문

김영민, 2007, 「정조대 '임오의리' 논의의 전개와 사회적 반향」, 『조선시대사학보』 40, 조선시대사학회

김용흠, 2006, 「인조대 원종 추숭 논쟁과 왕권론」, 『學林』 27

김용흠, 2006, 「19세기 전반 勢道政治의 형성과 政治運營」, 『한국사연구』 132

김용흠, 2012, 「총론 : 조선후기 당론서의 객관적 연구는 가능한가?」, 『역사와 현실』 85

김용흠, 2014, 「17세기 공론과 당쟁, 그리고 탕평론」, 『조선시대사학보』 71

김용흠, 2016, 「조선의 정치에서 무엇을 볼 것인가 : 탕평론·탕평책·탕평정치를 중심으로」, 『한국민족문화』 58

김정자, 2008, 「영조말(英祖末)~정조(正祖) 초(初)의 정국(政局)과 정치세력(政治勢力)의 동향(動向) : 영조(英祖) 46년(1770)경~정조(正祖) 원년(元年)(1777)을 중심으로」, 『조선시대사학보』 44, 조선시대사학회

김정자, 2012, 「正祖代 前半期의 政局動向과 政治勢力의 變化(I)」, 국민대학교 한국학연구소 『한국학논총』 37

김정자, 2013, 「朝鮮後期 正祖代의 政局과 市廛政策 : 貢市人詢瘼을 중심으로」, 국민대학교 한국학연구소 『한국학논총』 39

김정자, 2013, 「朝鮮後期 正祖 末~純祖 初의 政局과 通共政策」, 국민대학교 한국학연구소 『한국학논총』 40

김종수, 2003, 『朝鮮後期 中央軍制硏究 -訓鍊都監의 設立과 社會變動』, 혜안

김준석, 2003, 「柳馨遠의 政治·國防體制 改革論」 『연세실학강좌』 3, 『혜안』

김준혁, 2006, 「正祖代 軍制改革論과 守摠兩營 革罷」 『中央史論』 23

김준혁, 2005, 「정조대 장용위 설치의 정치적 추이」, 『사학연구』 78

김준혁, 2005, 「정조의 무예도보통지 편찬 의도와 장용영 강화」, 『중앙사론』 21

김준혁, 2007,『조선 정조대 장용영 연구』, 중앙대학교 박사학위논문

김준혁, 2013,「사도세자의 무예인식과 정책」,『중앙사론』37, 한국중앙사학회

김준혁, 2017,「정조의 창덕궁 내원(內苑) 군신동행과 연회 정치」, 한국동양정치사상사학회
『한국동양정치사상사연구』16

김현진, 2012,「審理錄을 통해 본 正祖의 범죄판결 특성과 對民教化政策」, 인하대학교 한국
학연구소『한국학연구』28

노영구, 2000,「병서」,『정조시대 예술과 과학』, 문헌과해석사

노영구, 2000,「正祖代 兵書 刊行의 背景과 推移」,『藏書閣』3

노영구, 1999,「朝鮮後期 城制 변화와 華城의 城郭史的 의미」,『震檀學報』88

박경남, 2011,「18세기 서울 편중 인사(人事)와 정조(正祖)의 지역(地域) 인재 선발-정조대
(正祖代) 인사(人事) 관련 전교문(傳敎文)을 중심으로」, 성균관대학교 대동문화연구원『大
東文化研究』76

박광용, 1990,「정조년간 時僻 당쟁론에 대한 재검토」,『韓國文化』11

박광용, 1994,『朝鮮後期 蕩平研究』, 서울대학교 대학원 국사학과 박사학위논문

朴性淳, 1998,「朝鮮後期 對淸認識과 北學論의 意味」,『史學志』31, 檀國史學會

박정규, 1993,「조선시대 教書 綸音에 관한 연구」,『한국언론학회 연구보고서 및 기타 간행
물』, 한국언론학회

박현모, 1999,『正祖의 聖王論과 更張政策에 관한 研究』, 서울대학교 정치학과 박사학위논문

박현모, 2012,「사중지공(私中之公)으로 본 정조의 국가경영」,『한국과 일본의 공공의식 비교
연구: 공공의식 국제학술회의 자료집』, 한국학중앙연구원

박현순, 2013,「正祖代 科擧制 운영의 정비」, 서울대학교 규장각 한국학연구원(한국문화)『한
국문화』62

裵祐晟, 1991,「正祖年間 武班軍營大將과 軍營政策」,『韓國史論』24

裵祐晟, 1990,「正祖代 武班軍營大將과 軍營政策」, 서울대 석사학위논문

裵祐晟, 2001,「正祖의 軍事政策과『武藝圖譜通志』편찬의 배경」,『震檀學報』91

백민정, 2010,「正祖의 학문관과 공부 방법론」, 한국동양철학회『동양철학』34

변광석, 1996,「18세기 亂廛·都賈에 대한 정부의 상업정책」,『지역과 역사』

徐台源, 1999,『朝鮮後期 地方軍制研究』, 혜안

송양섭, 2000,「17세기 군영문 둔전의 확대와 경영형태의 변화」,『역사와 현실』36, 한국역사
연구회

송양섭, 2001,「17세기 말-18세기 전반 屯田釐整策의 論議와 展開」,『韓國文化』28, 서울대
학교 한국문화연구소

송양섭, 2001,「18세기 屯田의 守令收取制 확산과 그 性格」,『한국사학보』11, 고려사학회

송양섭, 2001,『朝鮮後期 軍·衙門 屯田의 經營形態 研究』, 高麗大學校 大學院 史學科 博士
學位論文

송양섭, 2002,「18·19세기 군·아문 둔전의 관리와 둔민의 존재양태」,『史學研究』66, 한국사학회

송찬섭, 1999,「정조대 장용영곡의 설치와 운영」,『한국문화』24, 서울대학교 한국문화연구소

송찬섭, 2001,「정조대 장용영 둔전의 설치와 운영」,『논문집』32, 한국방송통신대학교

송찬섭, 1998,「正祖代 壯勇營穀의 設置와 運營」,『韓國文化』24

申大鎭, 1995,『朝鮮後期 實學者의 國防思想 研究』, 東國大學校 大學院 史學科

안대회, 2019,「정조대 군신(君臣)의 비밀편지 교환과 기밀의 정치운영」, 한국학중앙연구원
『한국학』42

염정섭, 1996,「正祖 後半 水利施設 築造와 屯田經營−화성성역을 중심으로」,『韓國學報』
82, 一志社

염정섭, 1999,「정조 후반 화성의 수리시설 축조와 둔전 경영」,『한국농업연구 200년−전통과
계승방안』, 농촌진흥청·서울대학교 농업생명과학대학

염정섭, 2010,「18세기 말 華城府 수리시설 축조와 屯田 경영」,『농업사연구』9, 한국농업사학회

오종록, 1990,「중앙군영의 변동과 정치적 기능」,『조선정치사』(하), 청년사

유미림, 2002,「조선 후기 王權에 대한 연구(2) : 정조 연간의 의리논쟁을 중심으로」,『동양정
치사상사』1, 한국동양정치사상사학회

유봉학, 1996, 「正祖代 政局 동향과 華城城役의 추이」, 『奎章閣』 19

유봉학, 2005, 「정조시대 사상 갈등과 문화의 추이」, 『태동고전연구』 21

윤정(Yoon Jeong), 2018, 「正祖의 『大學』 이해와 君師 이념」, 한국외국어대학교 역사문화연구소 『역사문화연구』 65

윤진영·이상해, 「정조대 토목공사의 의의와 역사문화환경으로의 보존 -인공호수 만석거를 중심으로」, 『대한건축학회 논문집』 21, 대한건축학회

李達鎬, 2003, 『華城 建設 研究』, 祥明大學校 史學科 博士學位論文

李泰鎭, 1985, 「北伐計劃과 軍營體制의 확대」, 『朝鮮後期 政治와 軍營制 變遷』, 한국연구원

장필기, 1998, 「정조대 화성건설과 수도방위체제의 재편」, 『조선후기 수도방위체제』, 서울학연구소

鄭景姬, 2003, 「正祖의 義理論에 대하여-思悼世子 문제를 중심으로」, 『韓國學報』 29, 일지사

鄭萬祚, 1997, 「朝鮮後期 良役變通에 對한 檢討-均役法成立의 背景」, 『同大論叢』 7

정연식, 2001, 「화성의 방어시설과 총포」, 『진단학보』 91

정연식, 2001, 「화성공심돈의 유래」, 『역사학보』 169

정옥자 외, 1999, 『정조시대 사상과 문화』, 돌베개

정재훈, 2012, 「18세기의 연행과 정조(正祖)」, 동국사학회 『동국사학』 53

정해은, 2002, 『朝鮮後期 武科及第者 研究』, 韓國精神文化研究院 韓國學大學院 博士學位論文

최기성, 1981, 「朝鮮後期의 軍備策研究 : 軍門屯田을 中心으로」, 『논문집』 7, 전북대학교 의과대학교 부설 간호전문대학

崔鳳永, 1992, 「壬午禍變과 黨爭」, 『朝鮮後期 黨爭의 綜合的 檢討』, 韓國精神文化研究院

최봉영, 1994, 「壬午禍變과 英祖末·正祖初의 정치세력」, 『조선후기 당쟁의 종합적 검토』, 한국정신문화연구원

최성환, 2009, 『正祖代 蕩平政局의 君臣義理 연구』, 서울대학교 대학원 국사학과 박사학위논문

최성환, 2009, 「정조대의 정국 동향과 벽파(僻派)」, 『조선시대사학보』 51, 조선시대사학회

최성환, 2012, 「임오화변(壬午禍變) 관련 당론서(黨論書)의 계통과 '정조의 임오의리'」, 『역사와 현실』 85, 한국역사연구회

최성환, 2012, 「사도세자 추모 공간의 위상 변화와 영우원(永祐園) 천장」, 『조선시대사학보』 60

최홍규, 1997, 「正祖代의 華城經營과 壯勇外營 문제」, 『京畿史學』 1

최홍규, 1991, 「朝鮮後期 華城築造와 鄕村社會의 諸樣相」, 『국사관논총』 30

최홍규, 2007, 「만년제 수축과 역사적 의의」, 『경기사학』 10, 경기사학회

한영우, 2005, 「정조의 화성건설과 화성성역의궤」, 『화성성역의궤 국역증보판』, 경기문화재단

홍형순, 2015, 「정조(正祖)의 궁원(宮苑) 유락(遊樂)」, 한국전통조경학회(구 한국정원학회) 『한국전통조경학회지』 33

리더라면 정조처럼

정조대왕의 숨겨진 **리더십 코드 5049**

제1판 1쇄 발행	2020년 6월 20일
제1판 16쇄 발행	2024년 3월 10일

지은이	김준혁
본문사진	수원화성박물관
펴낸이	김덕문
책임편집	손미정
디자인	블랙페퍼디자인
마케팅	이종률

펴낸곳	더봄
등록일	2015년 4월 20일
주소	서울시 노원구 화랑로 51길 78, 507동 1208호
대표전화	02-975-8007 **팩스** 02-975-8006
전자우편	thebom21@naver.com
블로그	blog.naver.com/thebom21

ISBN 979-11-86589-74-3 03910

ⓒ 김준혁, 2020